모노노아와레

일본적 미학 이론의 탄생

모들아카데미04

모노노아와레 もののあはれ
일본적 미학 이론의 탄생

모토오리 노리나가 지음

김병숙 이미령 배관문 신은아 신미진 옮김

일러두기

① 이 책은 모토오리 노리나가(本居宣長)의 『겐지 모노가타리 다마노오구시(源氏物語 玉の小櫛)』 1~2권 부분과 『이소노카미 사사메고토(石上私淑言)』 전 3권을 한국어로 옮긴 것이다. 번역의 저본으로는 『모토오리 노리나가 전집(本居宣長全集)』 제2권·제4권(大野晉·大久保正 校訂, 筑摩書房, 1968~1969)을 사용하였다.

② 『겐지 모노가타리 다마노오구시』와 『이소노카미 사사메고토』에 인용되어 있는 『겐지 모노가타리』의 본문은 원칙적으로 노리나가의 원문 그대로 번역하였으나, 현대의 일반적인 해석과 다른 경우를 포함하여 장면 설명을 간단하게 각주에 달았다. 또한 독자가 참고할 수 있도록 신편일본고전문학전집의 『겐지 모노가타리(源氏物語)』①~⑥(阿部秋生 外 校注·訳, 小學館, 1994~1998)에 의해 권명, 권수, 쪽수를 약기하였다.

③ 『겐지 모노가타리』 외에 다른 고전작품이 인용되어 있는 경우에도 별도의 표기가 없는 한, 기본적으로 신편일본고전문학전집에 의해 작품명, 권수, 권명, 쪽수 순으로 약기하였다. 단 『만요슈(萬葉集)』 및 팔대집(八代集)에 수록된 노래는 『국가대관(國歌大觀)』에 따라 노래번호를 제시하였다.

④ 【 】는 원문의 할주(割註), 〔 〕는 전집의 교정자가 판본 등을 대조하여 보충한 것이므로 그대로 두었다. 그 밖에 ( ) 및 각주는 모두 옮긴이의 주다.

⑤ 단락 구분은 옮긴이가 임의로 한 것이다. 또한 노리나가는 신이나 천황, 조정의 대신 등에 대해 항상 경어를 사용하지만, 번역에는 반영하지 않았다.

⑥ 인명과 지명 등 고유명사의 표기는 일본어 음을 따르는 것을 원칙으로 하여 국립국어원 외래어표기법에 따랐다. 서명의 경우 무리하게 통일을 꾀하지 않고 일본어 음과 한자음 표기를 병용하였다.

⑦ 한자는 원칙적으로 처음 나올 때만 병기하였다. 단 의미 전달을 위해 필요한 경우에는 다시 표기하였다.

옮긴이의 말

소개하는 말

　18세기 후반 일본의 고전 연구에 몰두하여 국학(國學)을 대성한 모
토오리 노리나가(本居宣長)는 '모노노아와레'론을 처음으로 주창한 것
으로 유명하다.
　'모노노아와레'는 한마디로 직역하기 꽤 어려운 개념인데, 어떤 사
물이나 상황에 접했을 때 마음 깊은 곳에서 흘러나오는 절절한 느낌
을 말한다. 예를 들면 계절에 따른 자연의 변화, 자신의 불우한 처지,
부모자식 또는 남녀 간의 애정 등 인간이 보고 듣고 만지고 겪게 되는
온갖 일에 대해 느끼는 감정으로, 특히 어딘지 모르게 덧없고 쓸쓸한
애상감을 일컬을 때가 많다. 노리나가는 일본 고래로 전해 내려오는
와카(和歌)가 바로 '모노노아와레'를 아는 것으로부터 창출된다고 하였
다. 또한 『이세 모노가타리(伊勢物語)』나 『겐지 모노가타리(源氏物語)』로
대표되는 모노가타리(物語)의 근본 의미도 역시 '모노노아와레'를 아는
것에 있다고 하였다. 이 설은 문학의 본질을 인간이 사물을 인식하고
감정을 표출하는 것에 있다고 보고, 나아가 그것을 상대방이 깊이 공

감하는 데서 찾는다는 점에서, 이른바 문예의 자율성이라는 새로운 시각을 확보하였다. 즉 문학의 존재 의의는 작자와 독자가 상호 감정 교류를 통해 얻는 일종의 정신적 카타르시스에 있다는 설명이다. 당시 근세 일본에서는 불교나 유교의 관점에 입각해서 『겐지 모노가타리』를 권선징악이라는 틀로 이해하는 경향이 주류였으나, 노리나가는 그와 같은 기존의 해석을 전면 부정하고 작품의 내재적 가치를 인정한 것이다.

노리나가의 '모노노아와레'론은 한 축에 가론(歌論), 다른 한 축에 모노가타리론(物語論)을 기반으로 한다. 이 책에서 번역한 『이소노카미 사사메고토(石上私淑言)』전 3권은 노리나가의 가론서다. 그리고 『겐지 모노가타리 다마노오구시(源氏物語玉の小櫛)』는 오랜 세월에 걸친 노리나가의 『겐지 모노가타리』 연구를 집대성한 주석서로 전 9권이다. 1권과 2권이 총론에 해당하는데, 여기에 『겐지 모노가타리』의 주제에 대해 논하는 가운데 '모노노아와레'론이 나온다. 3권은 연표, 4권은 각 사본의 본문 교정, 5권 이하는 『겐지 모노가타리』 54첩 각각에 대한 주석으로 구성되어 있다. 이 책에서는 『겐지 모노가타리 다마노오구시』의 경우 총론 부분만 번역하였다. 다시 말해 이 책을 통해 『이소노카미 사사메고토』와 『겐지 모노가타리 다마노오구시』를 읽어 보면, 노리나가의 '모노노아와레'론이 어떻게 전개되었는지 그 과정과 전체 내용을 총체적으로 파악할 수 있으리라 생각한다.

노리나가의 가론은 『아시와케 오부네(排蘆小船)』와 『이소노카미 사사메고토』라는 두 저서에 남아 있으나, 모두 완결된 형태의 원고는 아니다. 『아시와케 오부네』는 노리나가의 교토 유학 시기(1752~1757) 중에 혹은 적어도 마쓰자카 귀향 직후에 구상된 처녀작으로 알려져 있다. 여기서 그는 와카란 무엇인가, 왜 사람은 와카를 읊는가에 대해 66항목의 문답체로 써 내려갔다. 그의 대답은 와카란 심정 그대로를 표출한 것이라는 실정론(實情論)을 근간으로, 와카를 정치나 도덕으로부터 해방시키려는 와카 자립론이었다. 다만 이때까지는 가론을 구성하는 핵심 개념으로서 '모노노아와레'가 아직 전면에 부각되지 않는다. 노리나가의 '모노노아와레'론은 『아하레벤(安波禮辨)』(1758)이라는 짧은 논고에서 고대 문헌에 나타난 '아와레'에 대한 고증을 거친 후에 본격적으로 형성되기 시작한다.

『이소노카미 사사메고토』의 성립연대는 노리나가가 『겐지 모노가타리』를 처음으로 평론한 『시분요료(紫文要領)』(1763)와 같은 시기라고 추정하나, 이에 대해서는 설이 분분하다. 자필본은 노리나가 생전에 발표되는 일이 없다가 사후인 1816년에 제자들에 의해 서문과 발문이 붙어 간행되었다. 이때 완결되지 않은 권3은 제외하고 상하 두 권만 출판되었다. 이듬해에는 기슈(紀州)의 번주(藩主)에게 헌상도 하였다. 비록 노리나가 자신은 원치 않았지만, 제자들은 이 책을 세상에 공표하는 것이 적절하다고 판단했던 것이다. 참고로 『이소노카미 사사메고토』 권3 및 『아시와케 오부네』가 간행된 것은 1927년의 일이었다.

한편 노리나가가 『겐지 모노가타리』에 주목한 것도 와카를 읊기 위해서는 반드시 이 모노가타리를 읽어야 한다는 이유에서였다. 노리나가가 보기에, 작자 무라사키시키부는 '모노노아와레'를 알게 하고자 이 작품을 썼고, '모노노아와레'야말로 『겐지 모노가타리』의 주제라고 할 만하다. 즉 모노가타리라는 장르는 인간이 '모노노아와레'를 감지하는 온갖 장면을 세세하게 묘사하여 보여준다는 점에 고유한 의미가 있다는 것이다. 이러한 노리나가의 모노가타리론은 『시분요료』의 성립 후 30여 년이 지난 1796년에 제자들의 권유로 완성한 『겐지 모노가타리 다마노오구시』(1799)에서 확인할 수 있다. 초고에 해당하는 『시분요료』는 상하 2권으로 구성되어 있다. 그 세부항목은 『겐지 모노가타리』의 작자, 만들어진 유래, 만들어진 시대, 작자의 계보, 무라사키시키부라는 이름, 준거, 제목, 기타 논의, 주석, 대의, 가인으로서 이 모노가타리를 보는 마음가짐에 대한 것이다. 이 중 전체 분량의 절반 이상을 차지하는 것이 대의인데, 여기에 '모노노아와레'론이 처음으로 체계적인 형태를 갖추어 등장한다. 『시분요료』 자필본에는 이후에도 문장을 여러 차례 수정한 흔적이 확인된다. 그렇지만 수십 년의 간격이 있는 개정증보판임에도 불구하고 『겐지 모노가타리 다마노오구시』 권1과 권2에는 큰 맥락에서 논지의 변화가 거의 없이 『시분요료』의 내용이 수록되어 있다. 요컨대 『시분요료』와 『이소노카미 사사메고토』에 공유되었던 '모노노아와레'론은 『겐지 모노가타리 다마노오구시』 총론에 정리된 형태로 다시 등장하는 것이다.

　『이소노카미 사사메고토』 권1(상권)은 와카란 무엇인가라는 문제설

정을 비롯하여 그 형식이나 내용면에서 『아시와케 오부네』를 발전시킨 것이다. 여기서는 와카의 기원과 용어에 대해 고찰하면서 문헌 고증적인 성격이 보다 현저해지며, 무엇보다 와카의 본질을 '모노노아와레'에 두고 가론이 전개된다. 노리나가에 의하면, '와카'를 일본 노래라는 뜻으로 '화가(和歌)'라 쓰기 시작한 것은 헤이안 시대 이후의 일이다. 원래는 단지 '가(歌)'라고만 쓰고 '우타'라 했던 것을, 한시와 구별하기 위해 '왜가(倭歌)'라 쓰는 과정에서 '야마토우타'라 하게 되었다고 한다. 이에 권2(하권)에서는 그렇다면 '야마토우타'의 '야마토'란 무엇인가에 문제의 초점을 맞추고 있다. 여기에는 『국호고(國號考)』(1787)의 초고가 되는 내용이 다수 확인되는 등, 사실상 와카에 대한 논의로부터는 상당히 멀어지는 양상을 보인다. 게다가 훗날 간행된 권3을 보면 와카의 효용에 대한 논의와 와카의 여러 형태에 대한 물음이 이어지다가 도중에 끝나 버린다. 미완의 이유는 알 수 없으나, 노리나가가 고학(古學)에 정진하고자 가모노 마부치(賀茂眞淵)에게 입문한 것이 1763년 12월이다. 그래서 연구자들 중에는 이 시기를 가도(歌道)에서 고도(古道)로의 이행기로 보고, 그 점을 『이소노카미 사사메고토』가 미완된 배경과 관련짓기도 한다.

노리나가가 와카에 관심을 갖고 즐겨 읊기 시작한 것은 17~18세 무렵으로, 이때부터 와카는 평생 동안 그에게 삶의 일부였다. 실제로 그가 지은 와카만 해도 약 1만 수에 달한다고 알려져 있다. 하지만 그의 획기적이고 탁월한 가론에 비해, 그의 와카는 당시에도 스승에게 혹평을 받을 정도였다. 현대의 연구자들은 창작활동과 학문적 달성의 괴리를 이야기할 뿐이다. 그렇다 해도 와카를 읊는 행위 자체가 그의 가론을 뒷받침하는 구체적 실천이었음은 부정할 수 없다.

뛰어난 와카를 읊는가 아닌가의 문제와는 별개로, 당시 대부분의 국학자들은 그저 소박하게 노래를 애호하는 아마추어 가인이었다. 사실 중세 이래 와카는 소수의 특권적인 가단에서 일종의 면허제도를 통해 비밀리에 전수되는 세계였다. 이러한 인습적인 와카의 독점을 통렬하게 비판하며 와카 혁신운동에 앞장섰던 것이 바로 근세 전기 국학이라는 학문의 출발이었다. 국학자들은 중세 이래의 지배적인 가단에 대항하여 『고킨와카슈(古今和歌集)』 서문을 무기로 내세웠다. 중세 와카의 고전이자 권위이기도 했던 『고킨와카슈』를 역으로 이용했기에 어느 누구도 쉽게 부정할 수 없었다. 예컨대 노리나가는 『고킨와카슈』 서문에 있는 "살아 있는 모든 것 중 노래를 읊지 않는 것은 없다"라는 구절을 근거로 다음과 같은 주장을 펼친다. 노래는 모든 생물의 본성이므로, 사람은 누구나 노래를 읊지 않을 수 없다. 아니 사람이라면 곧 노래를 읊어야만 한다. 따라서 와카를 독점하는 것은 자유롭게 노래를 읊는 가단 본래의 정신에 반하는 것이라고.

여기서 중요한 것은 노래를 보편적 인간 본성의 발로라고 보는 관점에 그치지 않고, 노래를 읊는 것이 인간 본연의 모습이라고 규정하는 점이다. 그것은 주자학에서 인간을 도덕적 존재로 정의하고 도덕을 완벽히 체현한 성인을 이상으로 지향하는 점과 대비된다. 도덕의 가르침으로 개인의 사적 욕망이 절제됨으로써 사회가 질서와 조화를 이루는 것이 아니라, 오히려 인간의 사심을 전적으로 표출하는 노래를 생의 가장 본질적인 영위라고 말하는 것이다. 이처럼 국학에서 제기한 노래·문학·인정은 도덕·유학·도리와 대립적인 도식을 이룬다. 노리나가에 따르면, 유교와 불교가 도래하기 이전의 고대 일본에는 인의예의를 설파하는 도(道)라는 말이 따로 존재하지 않았어도 실은 진정한 도가 존재했다고 한다. 도라는 말이 없기에 도가 존재했다고 보는 역설의 논리다. 중국 일변도의 유학자들에 대해 일본의 고전 속에서 일본 고유의 도를 찾으려고 하는 국학자들의 노력은 근세 후기 복고신도(復古神道)의 발전으로 이어진다.

근대에 들어오면, 노리나가가 발견한 '모노노아와레'는 헤이안 왕조의 궁정문학을 이해하는 중요한 문예이론으로 평가 받는다. 근대 일본의 국어국문학이 탄생하는 시점에 이미 그 향방을 결정지은 것이 노리나가의 고전 연구였던 만큼, 오늘날까지도 일본 고전문학 연구는 노리나가의 영향력에서 결코 자유롭지 못하다. 그뿐만 아니라 일본정신론 및 일본문화론에서 고유의 미의식을 재발견하고자 했을 때, '모노노아와레'는 독특한 일본적 정서, 가치관, 미적 감수성 등에 지대한 영향을 주었다고 자주 거론된다. 앞에서도 말했듯이, 노리나가의 '모노노아와레'론은 객체인 대상과 주체인 감정의 융합, 그리고 타자와의 공감을 통한 감정이입의 매커니즘을 날카롭게 지적한 것이었다. 이러한 논의가 지금까지도 일본인과 일본 사회를 설명할 때 논리적인 이성보다는 감성을 더 중시한다는 식의 결론으로 연결되기도 한다.

아마 일본학에 어느 정도 접한 적이 있는 독자라면 '모노노아와레'라는 말을 한 번쯤은 들어봤을 것이다. 그렇지만 그 출처가 되는 노리나가의 저서를 제대로 읽은 사람은 연구자들 중에도 드물다. 원전에 접근하기가 곤란하다는 이유에 더하여, 일본주의의 원형으로 이야기되는 국학자 노리나가에 대한 거부감도 한 몫을 하는지 모른다. 노리나가의 '모노노아와레'론이 과연 국내에서는 어떻게 읽혀질지, 비단 일본문학 관계자만이 아니라 다른 분야에 있는 많은 분들의 관심과 질책을 바란다.

감사의 말

이 책의 번역은 주로 일본 고전문학을 연구하는 옮긴이들이 2011년부터 틈틈이 지속 중인 모노가타리 번역 모임에서 기획되었다. 『겐지 모노가타리』의 전공자를 자처하면서도 의외로 『겐지 모노가타리 다마노오구시』를 읽은 사람은 별로 없다는 반성에서 그저 함께 공부해 보자고 한 것이 그 시작이었다. 그런데 번역이 진행될수록 나름대로 잘 알고 있다고 생각했던 '모노노아와레'가 점점 미궁 속으로 빠져드는 느낌이 들었다. 번역이 끝나자 자연스럽게 『이소노카미 사사메고토』를 같이 봐야겠다는 다음 계획이 섰다. 3년 남짓한 시간을 들여 번역은 일단락 지었는데, 그것을 다같이 윤문하면서 책으로 만드는 작업은 자꾸만 지체되었다. 까다로운 고문의 번역인 만큼 표기 원칙을 지키는 일은 끝까지 골칫거리였지만 결국 조금이라도 더 독자의 이해에 도움이 되는 방향으로 하자고 의견을 모았다. 예상보다 훨씬 더딘 속도 탓에 한없이 기다려 주신 도서출판 모시는 사람들의 소경희 선생님께 무한한 감사를 드린다. 마지막으로 우리의 모임을 위해 언제나 기꺼이 자리를 내어 주며 뒤에서 응원해 주신 가족 분들께 특별한 감사를 드린다.

덧붙이는 말

'모노노아와레'는 일본 상고 시대의 가나(假名) 표기법에 따라 '모노노아하레(もののあはれ)'라 쓰고 발음할 때는 '모노노아와레(もののあわれ)'라고 하는 것이 현대에도 일반적이다. 그러나 이 책에서 곧 밝혀지듯, 노리나가는 '아와레'의 어원을 설명하면서 발음으로나 의미로나 '아와레'는 '아하레'라고 해야 정확하다고 주장한다. 따라서 이 책의 제목에는 '모노노아와레'라고 썼지만, 본문에서는 노리나가의 설명에 따라 '모노노아하레'로 표기를 전부 통일하였다. 다소 혼란스럽더라도 고심 끝에 내린 선택이니 부디 독자 여러분의 너그러운 이해를 구한다.

2016년 5월
옮긴이 일동

모노노아와레

1부

겐지 모노가타리 다마노오구시

겐지 모노가타리 다마노오구시 서문

　옛 모노가타리 세상에 많은 중에 유독 출중하여 참으로 정취 있고 훌륭하고 흥미로운 것이 바로 이 『겐지 모노가타리』다. 그래서 이 모노가타리에 대해 풀이한 책도 대대로 많이 있었지만, 길고 긴 해변의 조개는 주워도 끝이 없고 수심 깊은 앞바다의 해초는 들어가 따오기 어려운 법, 그리 만족스럽지 못한 해설서뿐이었다. 그중에는 해녀들의 검은 머리카락이 엉켜있는 것과 같은 난문맥도 더러 섞여 있는데, 우리 스즈노야의 스승님[1]은 천하의 박식한 분으로 원래부터 고대 일본 정신(大和心, 야마토고코로)에 정통하여 신대(神代)의 서책들을 비롯해 상고의 책이란 책은 다 풀이하신 것처럼, 작자 무라사키시키부(紫式部)의 깊은 뜻도 잘 헤아려 그 엉킨 머리카락을 풀듯이 한 치의 망설임도 없이 풀어내셨다. 이 뛰어나게 아름다운 빗(玉の小櫛, 다마노오구시)을 이번에 이렇게 세상에 꺼내게 된 경위는 아래와 같다. 이와미 지방 하마다 고을의 마쓰다이라[2]님이 황공하게도 이를 들으시고 몇 번이고 물

1　모토오리 노리나가는 자택의 2층 서재 스즈노야(鈴屋)에서 제자들을 모아 강의했기 때문에 일명 '스즈노야의 어른(鈴屋大人)'이라고 불렸다. 스즈노야는 노리나가가 53세에 다락을 개조하여 만든 곳으로 기둥에 종을 걸어두고 필요할 때는 종을 쳐서 아래층의 사람을 불렀다고 한다. 미에 현(三重縣) 마쓰자카 시(松阪市)에 가면 모토오리 노리나가 기념관 옆에 남아 있는 스즈노야를 볼 수 있다.

2　마쓰다이라 야스사다(松平康定). 현재 시마네 현(島根縣) 하마다 시(濱田市)에 해당하는 이와미 하마다(石見濱田)의 제2대 번주(藩主)였다. 가신(家臣)인 오자사 미누(小篠敏)를 대신 보내

으셨는데, 스승님도 빗접의 빗을 꺼낼 틈도 없이 바쁜 해녀처럼[3] 다망했던 탓에 몇 해가 지나도록 꺼내보지도 못하시다가 겨우 찾아 꺼내어 묵은 먼지를 털고 정서해서 올리셨다. 감사하게도 마쓰다이라 님은 기왕이면 세상에 널리 알려 천하의 보물로 삼으라고 몇 번이고 권하셨다. 나 역시 평소 이 모노가타리의 애독자로서 기쁘고 또 기쁜 나머지 나서서 졸필의 부끄러움조차 잊고 감히 서문에 위와 같은 경위를 쓰는 바다.

기비쓰 신사 신관
후지이 다카나오[4]

노리나가의 『겐지 모노가타리』 강의를 듣게 하였다. 서문에 있는 것처럼 노리나가는 마쓰다이라 야스사다의 의뢰를 받아 1796년에 『겐지 모노가타리 다마노오구시』의 정서 작업에 착수하여 1799년에 간행에 이른다.
3 『만요슈』에 나오는 노래 '시가의 해녀 해초 따고 바닷물 말리느라 쉴 틈이 없어 빗접의 빗은 꺼내보지도 못하는구나'(萬葉集3・278)를 참조한 구절.
4 후지이 다카나오(藤井高尚). 현재 오카야마 현(岡山縣)에 있는 기비쓰 신사(吉備津神社)의 신관(神官)이었다. 30세에 스즈노야에 입문하여 노리나가의 제자 중에서도 뛰어난 국학자이자 가인으로 후대에 이름을 남겼다.

겐지 모노가타리 다마노오구시 1권

옛 마음 찾아 얽혀 있는 진정한 뜻 풀어내는 아름다운 빗이여[5]

모토오리 노리나가

모노가타리에 대해

중고 시대에 '모노가타리(物語)'라고 하는 한 부류의 글이 있다. '모노가타리'란 요즘 말로 하면 '이야기'에 해당하는 것으로, 즉 옛날이야기를 말한다. 『일본기(日本紀)』[6]에는 '담(談)'이라는 한자를 '모노가타리'라고 훈독한 예가 있다. 서명에 모노가타리라고 붙인 것은, 『겐지 모노가타리』 「에아와세(繪合)」권에 "모노가타리의 시초가 되는 『다케토리 모노가타리(竹取物語)』와 『우쓰호 모노가타리(宇津保物語)』 「도시카게(俊

---

5 서문에도 있듯이 노리나가는 본서를 아름다운 장식을 한 빗 '다마노오구시'에 비유한다. 서명의 유래가 되는 이 노래의 전거는 『겐지 모노가타리』에서 아키코노무 중궁이 온나산노미야의 성인식 때 정성스럽게 준비한 의류와 빗 상자를 전하며 같이 적어 보낸 '옛날의 그 빗 지금껏 간직하다 꽂아드리니 아름다웠던 빗도 낡아버렸습니다'(若菜上④43)라는 노래다.
6 일반적으로는 일본 최초의 정사 『일본서기(日本書紀)』를 가리키는 것으로 보지만, 『일본서기』 이하 육국사(六國史)를 뜻하는 것으로 보기도 한다. 『일본서기』의 원래 명칭이 『일본기』였다는 설도 있으나 분명하지는 않다.

蔭)」권을 견주어 우열을 가려"[7] 라는 구절로 보아,『다케토리 모노가타리』가 최초인 것 같다. 이『다케토리 모노가타리』를 누가 어느 시대에 만들었는지는 분명치 않지만, 아주 오래된 것 같지는 않고 엔기(延喜) 연간(901~923) 이후의 것으로 보인다.

그 밖의 비슷한 옛 모노가타리가『겐지 모노가타리』이전에도 다수 있어 그 이름들은 많이 남아 있지만, 후대에 전해지지 않은 것이 많다. 또한『겐지 모노가타리』와 동시대, 그리고 그 이후에도 모노가타리가 많이 만들어져 지금까지 다수의 작품이 남아 있다.『에이가 모노가타리(榮花物語)』「게부리노노치(煙の後)」권에 "모노가타리 경합이라 하여 모노가타리를 새로 만들어 좌우로 조를 나누고 스무 명이 경합을 벌이시니 실로 풍취가 있었다"[8]라는 구절을 보면, 이 당시에도 많이 만들었던 것 같다.

보통 모노가타리는 각각 조금씩 달라서 여러 종류가 있지만, 모두 옛날에 있었던 일을 이야기하는 것이다. 어떤 것은 약간의 사실을 근거로 바꿔 쓰기도 하고, 어떤 것은 실명을 감춘 채 바꿔 쓰기도 하고, 어떤 것은 전부를 지어 쓰기도 하고, 또 드물게는 있었던 일을 그대로 쓰기도 한다. 여러 가지 경우가 있지만 여하간 대개는 지어낸 것이다.

---

7 아키코노무 중궁을 후견하는 히카루겐지와 고키덴 황후를 후견하는 권대납언 측이 후지쓰보 중궁의 어전에서 모노가타리 그림 경합을 벌이는 장면.(繪合②380)
8 1055년 5월 3일에 열린 로쿠조 재원 모노가타리 경합(六條齋院物語合)을 말한다. 모노가타리 역사상 중요하게 평가되는 행사인데, 위의 기술과는 달리 실제로는 좌우 9인씩 18인에 의한 경합이었다고 알려져 있다.(榮花物語③402)

그런데 모노가타리는 어떠한 취지의 글이며, 무엇을 위하여 읽는 것인가. 일반적으로 모노가타리는 세상에 온갖 좋은 일, 나쁜 일, 신기한 일, 흥미로운 일, 정취 있는 일, 감동적인 일 등을 글로 표현한 것으로, 그것을 그림으로 그리기도 하여 무료할 때 유희로 삼는 것이다. 또는 마음이 착잡하거나 근심에 잠겼을 때 위안거리로 삼고, 세상의 이치를 헤아려 '모노노아하레(もののあはれ)'를 아는 것이다. 그리고 모든 모노가타리가 남녀 관계를 주로 다루는 것은 가집에 사랑 노래가 많은 것과 같은 이치로, 사람의 감정이 깊이 관여하는 것은 사랑만한 것이 없기 때문이다. 이에 대해서는 뒤에서 자세히 언급하기로 한다.

『겐지 모노가타리』의 작자

이 모노가타리를 무라사키시키부가 지었다는 것은 세상에 널리 알려진 바로, 일찍이 작자 자신의 일기에도 그런 내용을 담고 있기 때문에 이견이 없지만, 그에 대해서도 여러 가지 설이 있다.

우선 『우지다이나곤 모노가타리(宇治大納言物語)』에 『겐지 모노가타리』는 에치젠(越前) 지방의 지방관 후지와라노 다메토키(藤原爲時)가 만들고, 세세한 부분은 딸 무라사키시키부에게 쓰게 하였다고 나와 있는데, 이것이 『가초요조(花鳥餘情)』[9]에도 인용되어 있다. 그렇지만 이

---

9 무로마치 시대의 귀족이자 학자였던 이치조 가네요시(一條兼良)가 1472년에 저술한 『겐지 모노가타리』 주석서. 30권으로 이루어져 있으며, 기존 주석서들이 출전 고증을 중시한 것과 달리 문맥의 의미를 중시하였다.

설을 따라서는 안 된다. 『가초요조』에서도 확실하게는 언급하지 않으며 어느 쪽이 사실인지 알 수 없다고 하였다. 또한 『가카이쇼(河海抄)』[10]에 후지와라노 미치나가(藤原道長)가 『겐지 모노가타리』 필사본 말미에 자신이 글을 더한 것이라고 하고 있는데, 이 또한 사실과 다르다. 그 이유는 안도 다메아키라(安藤爲章)가 『시카시치론(紫家七論)』[11]에서 자세히 논하는 바와 같다. 이외에도 여러 설이 있지만 모두 후대 사람들이 만들어낸 말이다. 오직 무라사키시키부가 만들었다는 것 외에는 모두 받아들이기 힘들다.

또한 후반의 우지 십첩(宇治十帖)은 무라사키시키부가 지은 것이 아니라는 설이 있는데 사실이 아니다. 같은 사람이 지은 것은 확실하다.

또한 「구모가쿠레(雲隱)」권이 이름만 남아 있고 본문이 전해지지 않는 것은 무라사키시키부의 의도가 있었던 것인데,[12] 지금 세상에 「구모가쿠레」권이라고 하여 따로 그 권이 존재하는 것은 후대 사람이 지

---

10 남북조 시대의 귀족이자 학자였던 요쓰쓰지 요시나리(四辻善成)가 1367년경에 저술한 『겐지 모노가타리』 주석서. 20권으로 이루어져 있으며, 초기의 『겐지 모노가타리』 연구를 비판적으로 집성한 주석서로 평가된다.

11 에도 시대의 국학자 안도 다메아키라가 1703년에 저술한 『겐지 모노가타리』 평론서. 그 이전의 주석서와는 다른 형태로, 작자 무라사키시키부 및 『겐지 모노가타리』에 관한 7편의 논을 한 권의 책으로 엮은 것이다. 당시까지 거의 다루어지지 않았던 『무라사키시키부 일기』를 처음으로 『겐지 모노가타리』 해석에 적극적으로 이용하였다는 점에서 본격적인 작가론의 시초로 높이 평가된다. 노리나가는 이 책의 내용에 대해 부정적인 태도를 보이며 비판의 대상으로 삼고 있는데, 이는 한편으로 『시카시치론』을 그만큼 의식하고 있었다는 방증으로도 볼 수 있다.

12 『겐지 모노가타리 다마노오구시』 8권에 의하면, 노리나가는 무라사키시키부가 히카루겐지의 좋지 않은 모습인 노후와 죽음에 대해서는 일부러 묘사하지 않았기 때문에 「구모가쿠레」권의 본문이 없는 것이라고 설명한다.

은 것으로, 보기에도 민망한 졸작이다. 그리고 「유메노우키하시(夢浮橋)」권 말미에 「야마지노쓰유(山路の露)」권이 이어지는데, 앞의 「구모가쿠레」권보다는 편지글 등은 좀 낫다. 하지만 역시 후대 사람이 지은 것으로, 무라사키시키부의 글과는 비교도 할 수 없을 만큼 보잘것없다.

무라사키시키부에 대해

무라사키시키부의 계보가 여러 문헌에 보인다. 부친 후지와라노 다메토키에 대해, 에치고(越後)의 지방관이라고도, 에치젠의 지방관이라고도 한다. 에치고의 지방관이라는 설은 『고슈이와카슈(後拾遺和歌集)』 권8에 무라사키시키부의 오빠 노부노리(惟規)가 와카를 읊으며 그 사정을 적은 짧은 글에 보인다. 에치고 지방관에서 에치젠의 지방관이 되었다는 설은 『이마카가미(今鏡)』[13] 권9에 보인다. 그러므로 처음에 에치고, 나중에 에치젠의 지방관이 되었다고 볼 수 있다. 남편 후지와라노 노부타카(藤原宣孝)는 후지와라노 요시카도(藤原良門)의 5대손으로, 가주지(勸修寺) 가문의 선조다. 무라사키시키부가 이치조 천황(一條天皇)의 중궁인 쇼시(彰子)를 모셨다는 점에는 이견이 없다. 후지와라노 미치나가의 정처 미나모토노 린시(源倫子)의 뇨보(女房)라는 설은 근거가 확실치 않다. 후지와라노 미치나가의 첩이라는 것도 낭설이다.

---

13 헤이안 말기의 역사 모노가타리로 10권으로 이루어져 있다. 『오카가미(大鏡)』의 뒤를 이어 고이치조 천황(後一條天皇) 시대인 1025년부터 다카쿠라 천황(高倉天皇) 시대인 1170년까지의 역사를 기전체로 기록하였다. '쇼쿠요쓰기(續世繼)'라고도 한다.

무라사키시키부라는 이름은 실명이 아니다. 보통 뇨보를 부를 때 시키부(式部)·쇼나곤(少納言)·벤(辨)·우콘(右近) 등과 같은 호칭을 사용한다. 이는 고전을 처음 접하는 사람들을 위한 설명이다. 무라사키시키부의 실명은 세상에 전하지 않는다. 옛날 명성이 높았던 뇨보들은 대부분 실명이 보이지 않고, 찬집(撰集) 등에도 위와 같은 호칭으로 기록되어 있다.

또 무라사키시키부, 이즈미시키부(和泉式部), 고시키부(小式部) 등과 같이 시키부 앞에 다른 호칭이 붙는 것은 시키부라는 칭호가 많아 헷갈리는 것을 방지하기 위함이다. 이는 그 성(姓), 아버지 또는 남편의 관직, 어머니의 이름 등의 연고에 의해 붙여진 호칭이다. 세이쇼나곤(淸少納言)의 성은 기요하라(淸原)이고 고지주(江侍從)의 성은 오에(大江)다. 이즈미시키부는 이즈미 지방의 지방관 다치바나노 미치사다(橘道貞)의 처다. 고시키부는 이즈미시키부의 딸이다. 이세노다이후(伊勢大輔)는 이세 지방의 제주(祭主)인 오나카토미노 스케치카(大中臣輔親)의 딸이다. 다이니노산미(大貳三位)는 대재부(太宰府)의 차관 다카시나노 나리아키라(高階成章)의 처다.

무라사키시키부도 원래는 성에 따라 도시키부(藤式部)라 하였다고 한다. 이렇게 읽는 것이 맞다. 고지주 역시 마찬가지다. 세이쇼나곤의 예와 같다. 후지시키부, 에노지주라고 읽어서는 안 된다. 남자의 경우에도 고소쓰(江帥), 도다이나곤(藤大納言), 자이추조(在中將) 등과 같이 모두 음으로 읽었다.

또한 무라사키라고 한 취지는 『가카이쇼』에 의하면 일설에 원래 도시키부라고 한 것을 정취가 없다며 등꽃과 같은 색깔인 자(紫)라는 글자로 바꿨다고 한다. 생각건대 이 설은 무라사키라는 말에 근거한 추측으로 보인다. 그 성을 부르는데 무슨 그윽한 정취를 운운하는가. 특히나 등(藤)자는 대단히 세련된 정취 있는 글자다.

후지와라노 기요스케(藤原淸輔)의 『후쿠로조시(袋草紙)』[14]에 의하면 무라사키시키부라는 이름에 두 가지 설이 있다고 한다. 하나는 이 모노가타리에 「와카무라사키(若紫)」권을 만든 심원한 연유에서 이 이름을 얻었다는 것이다. 또 하나는 이치조 천황이 유모의 딸인 무라사키시키부를 쇼시 중궁의 뇨보로 보내며 "나와 인연이 있는 사람이니 어여삐 여겨주시오"라고 부탁한 까닭에 이 이름을 얻었다는 것이다. 이 이름은 '무사시 들판(武藏野)'이라는 노랫말에 연유한다. 대부분의 문헌은 이 두 가지 중 모두 앞의 설을 따르고 있다.

『가카이쇼』에도 무라사키노우에(紫の上)에 관한 이야기를 훌륭하게 써서, 도시키부를 무라사키시키부로 고쳐 칭하였다고 나온다. 생각건대 무라사키노우에에 관한 이야기를 훌륭하게 썼기 때문이라고 하는 것은 과연 그럴 듯하다. 그러나 「와카무라사키」권을 만든 심원한

---

14 헤이안 후기의 가론서(歌論書)로 2권으로 이루어져 있다. 와카의 작법 및 칙찬 와카집, 와카 경합, 가인의 일화 등을 다루고 있어 와카 연구에 중요한 자료가 된다. 저자 후지와라노 기요스케는 당시 가단을 주도했던 인물 중의 한 사람으로, 『후쿠로조시』 외에도 『오기쇼(奥義抄)』, 『와카이치지쇼(和歌一字抄)』 등의 가론서와 『기요스케 아손슈(淸輔朝臣集)』라는 가집을 남겼다.

연유라는 것은 이해가 가지 않는다. 어찌 「와카무라사키」권만 특별히 심원하다고 할 수 있겠는가.

한편 유모의 딸인 까닭에 이치조 천황이 '나와 인연이 있는 사람'이라고 말했기 때문이라는 설도 그럴 듯하다. 이는 후대 사람의 추측이라고는 생각되지 않는다. 무라사키시키부의 모친은 계보에 히타치(常陸) 지방의 차관 후지와라노 다메노부(藤原爲信)의 딸이라고 나와 있다. 그러나 이 여인이 이치조 천황의 유모였다는 사실은 어디에도 나와 있지 않음을 생각해볼 필요가 있다. 인연이 있는 사람이라는 것은 같은 유모 손에 자란 사람이라는 뜻이다.

'무사시 들판'의 가어에 연유한다는 것은 『고킨와카슈(古今和歌集)』「잡가 상(雜歌上)」에 보이는 '한 포기 지치풀 그 풀이 있으니 무사시 들판에 피어 있는 모든 풀 사랑스러워 보이네'[15]라는 노래를 뜻하는 것으로, 이에 의해 무라사키를 인연이 있는 사람이라고 말한 것이다.

『무라사키시키부 일기(紫式部日記)』[16]에 "좌위문(左衛門)의 장관[17]이 실례지만 이 근처에 와카무라사키가 계시느냐며 칸막이 사이를 살피

---

15 작자 미상의 노래. 사랑하는 한 사람으로 인해 그 사람과 인연이 있는 사람은 다 사랑스러워 보인다는 뜻이다.(古今和歌集17·867)

16 무라사키시키부가 썼다고 전해지는 두 권의 일기로, 『겐지 모노가타리』의 작자가 무라사키시키부라는 통설은 상당 부분 이 일기의 내용에 근거를 두고 있다. 무라사키시키부가 중궁 쇼시를 모신 기간 중 1008년 7월부터 약 1년 반에 걸친 시기의 자세한 궁정 일상의 기록과 편지 등으로 이루어져 있어 문학작품뿐만 아니라 사료로서의 가치도 높다.

17 헤이안 중기의 귀족이자 가인인 후지와라노 긴토(藤原公任)를 가리킨다. 와카뿐만 아니라 한시와 관현 등에도 모두 뛰어나 교양을 두루 갖춘 인물로 당대부터 유명하였다.

신다. 겐지와 비슷해 보이는 분도 안 보이는데 하물며 그 무라사키노우에가 어찌 여기 있을까 생각하며 나는 그 말을 흘려들었다"라고 쓰여 있다. 이 일기로 인해 인연설이 더욱 유력하다고 생각된다. 그 까닭은 인연설에 의할 때는 무라사키라는 이름이 무라사키노우에와는 관계가 없는데, 그에 비유해 말하는 것이 흥취 있기 때문이다. 보통 언어유희는 그렇지 않은 것을 기발하게 빗대어 말하는 것에서 흥취를 찾는다. 만약 무라사키노우에에 관한 이야기를 뛰어나게 쓴 것에 의해 얻은 이름이라면 농으로 와카무라사키라고 말하는 것이 대체 뭐가 기발하단 말인가.

저술 동기

『겐지 모노가타리』가 어떠한 연유로 만들어졌는지 확실하게는 알 수 없다. 무라사키시키부가 쇼시 중궁을 섬길 무렵, 무라카미 천황(村上天皇)의 황녀이자 가인인 대재원(大齋院)이 '어디 진귀한 모노가타리가 없는가'라고 하여 이 모노가타리를 짓게 되었다는 설은 받아들이기 어렵다. 이 설에 대해서는 『시카시치론』에도 상세하게 설명된 바와 같다. 그리고 무라사키시키부가 다이고 천황(醍醐天皇)의 황자 미나모토노 다카아키라(源高明)와 어렸을 때 친분이 있었다는 설 또한 시대가 달라 받아들이기 힘들다.[18]

---

18 미나모토노 다카아키라는 다이고 천황의 황자였으나, 920년 미나모토 성씨를 하사받아 신

일설에는 무라사키시키부가 이시야마(石山)에 칩거하며 이 모노가타리를 썼고, 그때 대반야경 종이 뒷면을 사용했다고 하는데, 이는 모두 잘못된 설이다. 후지와라노 유키나리(藤原行成)가 썼다는 설도 유키나리가 워낙 글씨를 잘 쓰는 사람으로 유명해서 후대에 붙여진 이야기인 것 같다. [19]

그리고 무라사키시키부가 이시야마에 칩거했을 때, 비와 호(琵琶湖)에 비친 팔월 보름날 밤의 달을 보고 마음이 맑아져 모노가타리의 풍정을 떠올렸기 때문에 제일 먼저 「스마(須磨)」·「아카시(明石)」권을 쓰기 시작했다는 설이 있다. 그러한 연유로 "오늘이 보름날 밤이로구나 하는 생각이 드셨다"[20] 라는 문장이 「스마」권에 쓰인 것이라고 한다. 그러나 이것도 도저히 받아들이기 어렵다. 만일 '오늘이 보름날 밤이로구나'라는 문장을 들어 실제로 무라사키시키부가 보름날 밤에 이 「스마」권을 쓴 증거라고 주장한다면, 「하쓰네(初音)」권의 "오늘은 자일

하의 신분이 된 인물이다. 황위 계승을 둘러싸고 모반을 획책하였다는 이유로 대재부 차관으로 좌천되기도 하였다. 이는 황족 출신의 미나모토씨에 위협을 느낀 후지와라씨에 의한 타 씨족 배척사건으로 평가된다. 이 좌천을 둘러싸고 점복에서 흉상이 나왔다거나 악령과 만난 결과라는 이야기들이 설화로 남아 있다. 다카아키라는 『사이큐키(西宮記)』를 저술하였으며, 칙찬집에도 20수 가까운 와카가 채택되었다. 비파의 명수이기도 하였다. 뒤의 「준거」에도 언급되어 있듯이, 이러한 면모로 인해 『가카이쇼』, 『모신쇼』, 『묘조쇼』 등에서 히카루겐지의 준거 인물로 제시하고 있다.

19 후지와라노 유키나리는 헤이안 중기의 귀족으로 당대 궁정에서 명필로 손꼽혔던 인물이다. 일본 서예의 유파 중 세손지류(世尊寺流)의 시조에 해당한다.

20 정쟁(政爭)에 휘말려 스마로 퇴거한 히카루겐지가 황량한 스마의 풍경 속에 주변 사람들과 거문고 연주와 와카를 주고받으며 예전 도읍에서 즐겼던 관현놀이를 그리워하는 장면에서 나오는 말.(須磨②202)

(子日)이로구나"[21] 라는 문장을 들어 무라사키시키부가 음력 정월 자일에 썼다고 할 것인가. 대단히 유치한 발상이다.

현재 이시야마데라(石山寺)에는 '겐지의 방'이 있다. 그 방에 무라사키시키부의 조각상과 직접 사용하였다는 책상, 벼루 등이 전시되어 있는데 모두 이 설에 따른 것이다. 이야기 만들기 좋아하는 호사가들이 일부러 지어낸 것이다.

히카루겐지(光源氏)의 실제 주인공이 미나모토노 다카아키라라는 주장은 물론이거니와, 무라사키노우에도 무라사키시키부가 자신을 빗대어 쓴 인물이라는 주장은 실로 어리석은 것이다. 어떻게 그런 당치도 않은 생각을 할 수 있단 말인가.

성립 시기

『가카이쇼』에 의하면 『겐지 모노가타리』는 간코(寬弘) 연간(1004~1011) 초기에 창작되어 고와(康和) 연간(1099~1103) 말기에 유포되었다고 한다. 다른 여러 주석서도 이를 따르고 있다. 지금 『무라사키시키부 일기』를 가지고 생각하니 간코 초기에 창작되었다는 의견은 맞는 것 같다. 이 시기에 관한 여러 설들은 역시 『시카시치론』에 상세하게 설명되어 있다. 대체로 조호(長保) 연간(999~1003) 말기에서 간코 초기 무렵으로

---

21 음력 정월 자일을 맞이하여 로쿠조인(六條院)의 봄 저택에서 히카루겐지의 장수를 기원하는 의식이 행해진다.(初音③145)

추정한다.

그런데 혹자는 『에이가 모노가타리』 「우라우라노와카레(浦浦の別)」 권의 "저 히카루겐지도 이런 모습이셨을 테지 하며 우러러보았다"[22] 라는 문장을 들어, 이 일이 조토쿠(長德) 2년(996) 4월의 일이기 때문에 『겐지 모노가타리』가 이 시기 이전에 이미 세상에 유포되었을 것으로 보고, 간코 초기에 창작되었다는 설은 틀린 것이라고 한다. 이는 매우 잘못된 주장이다. 왜냐하면 『에이가 모노가타리』가 만들어진 시기가 조토쿠 2년이라면 맞는 말일 수도 있지만, 실제 『에이가 모노가타리』 는 간코 연간 이후에 성립되었는데 어떻게 그럴 수 있겠는가.

그렇다면 고와 말기에 유포되었다는 설은 어떠한가. 『무라사키시 키부 일기』에 의하면 무라사키시키부가 쇼시 중궁을 섬길 때 이미 궁궐 내에 『겐지 모노가타리』가 널리 읽히고 있었던 것으로 보인다. 특히 많은 사람들이 즐기게 된 것은 후지와라노 슌제이(藤原俊成)와 그의 아들 데이카(定家)[23]의 시대부터라는 설도 있는데, 이는 어떠한가. 이 주장은 슌제이가 와카 경합에서 판정한 말[24]과 『겐지 모노가타리』를

---

22 숙부 후지와라노 미치나가와의 정쟁에서 패한 고레치카(伊周)가 대재부로 좌천되어 도읍을 떠나기 전, 그의 훌륭한 모습을 『겐지 모노가타리』의 주인공 히카루겐지의 모습에 빗대어 묘사하였다.(榮花物語①248)

23 후지와라노 슌제이는 칙찬집 『센자이와카슈』를 편찬하였고, 이를 도우며 와카의 명가를 계승한 아들 데이카는 『신고킨와카슈』 등을 편찬하였다. 또한 데이카는 가론서인 『마이게쓰쇼(每月抄)』를 집필하였고, 『겐지 모노가타리』의 주석서 『오쿠이리(奧入)』를 비롯하여 많은 고전작품의 서사 및 감교(勘校) 작업을 진행하였다.

24 1192년 가을, 후지와라노 요시쓰네(藤原良經)의 저택에서 육백번 노래 경합(六百番歌合)이 열렸다. 여기서 슌제이는 "겐지 모노가타리를 읽지 않고 와카를 읊는 사람은 유감스럽다"라

찬미한 데이카의 말을 근거로 미루어 짐작하여 주장한 듯하다.

『겐지 모노가타리』의 서명에 대해

대부분 많은 모노가타리들이 그 작품명을 주요 인물의 이름을 따서 붙인다. 『겐지 모노가타리』도 히카루겐지를 중심으로 쓰였기 때문에 '겐지 모노가타리'라고 한다.

이 귀공자의 이름에 '히카루(光る, 빛나는)'라고 붙인 것은 「기리쓰보(桐壺)」권에 "그 아름다움이 비할 데 없이 너무나 훌륭하여 세상 사람들이 빛나는 분이라고 불렀다"[25]라는 문장과, 또 빛나는 분이라는 이름은 "고려인이 그 아름다움을 상찬하여 붙여드렸다"[26]라는 문장에서 기인한다. 그런데 이것을 다른 설이라고 보는 것은 적절치 않다. 세상 사람들이 부르는 '빛나는 분'이라는 이름은 원래 고려인이 붙인 이름일 것이다.

이렇게 권마다 이 귀공자의 용모를 칭찬하는 말로 '빛나다'라는 표현을 많이 쓴다. 「모미지노가(紅葉賀)」권에 "그 용모가 뛰어나 평상시보다 더 빛나 보였다"[27]라는 표현이 보이고, 또 같은 빛을 가리키는 말

고 평하였다.
25 히카루겐지와 후지쓰보 중궁의 아름다움을 '빛나다'로 표현하고 있다.(桐壺①44)
26 기리쓰보 천황은 관상을 잘 보는 고려인이 있다는 소문을 듣고, 히카루겐지를 그에게 보내 관상을 보게 한다. 어린 히카루겐지의 아름다운 용모와 뛰어난 학문에 감탄한 고려인이 '빛나는 분'이라는 이름을 붙였다고 전해진다. '고려인'은 일반적으로 발해인으로 해석된다.(桐壺①50)
27 스자쿠인(朱雀院)에서 열리는 수연(壽宴)을 위한 시악(試樂)에서 세이가이하(靑海波) 춤을 추

로 「아오이」권에는 "이 한 분의 빛나는 아름다움에는 모두 빛을 잃어
버린 듯하다"[28]라고 되어 있다. 이러한 표현은 실로 많다. 「니오효부
쿄(匂兵部卿)」권 첫머리에는 히카루겐지의 죽음을 '빛이 사라진 이후'[29]
라고 묘사하고 있다. 또한 가오루(薫)를 칭찬하는 부분에서는 '가오리
(かをり, 향기)'라는 말을 사용한다.

한편 '겐지'는 주인공의 성(姓)이다. 히카루겐지는 「기리쓰보」권의
성인식에서 겐지 성을 하사받았다.[30] 모노가타리 중에 '히카루겐지'라
고 쓰인 곳은 「하하키기(帚木)」권의 첫머리, 그리고 「와카무라사키」·
「다마카즈라(玉鬘)」·「고바이(紅梅)」·「다케카와(竹河)」권 등이다.

이 모노가타리의 제목은 '히카루겐지 모노가타리'라고 해야지 '겐지
모노가타리'라고 해서는 안 된다고 말하는 사람이 있다. 하지만 그렇
지도 않다. 일찍이 작자의 일기에도 그저 '겐지 모노가타리'라고 쓰여
있기 때문이다.

고 있는 히카루겐지의 아름다운 모습.(紅葉賀①312)
28 아오이 축제에서 좌중을 압도할 정도로 뛰어나게 아름다운 히카루겐지를 찬미하는 장면.(葵
②24)
29 히카루겐지의 죽음은 모노가타리 안에는 보이지 않고, 그의 자손들에 대한 이야기가 시작되
는 「니오효부쿄」권 첫머리에 그가 이미 세상을 떠난 사실만이 간략히 서술되어 있다.(匂兵
部卿⑤17)
30 히카루겐지가 천황이 될 상을 지녔으나 그렇게 되면 나라가 어지러워진다는 말을 전해들은
기리쓰보 천황은 히카루겐지에게 '겐지'라는 성을 주어 신하로 삼는다.

준거

이 모노가타리는 여러 주석서에서 준거라고 지적하는 것이 있다.[31] 예를 들면 히카루겐지라는 실제인물은 없지만, 미나모토노 다카아키라에 견주어 썼다는 것이다. 그러나 모노가타리에 등장하는 인물들과 관련된 사건, 이 모든 것을 견줄 수 있는 실제인물이나 해당 사건이 있는 것은 아니다. 대개는 지어낸 것인데, 그중에는 실제 있었던 자그마한 일을 근거로 하여 그 양상을 각색하여 쓴 부분이 있다. 또 반드시 등장인물 한 사람을 실제의 한 인물에 대입하여 쓴 것도 아니다. 히카루겐지의 경우를 보아도 옛 사람들에게 일어났던 일을 일본과 중국에서 그 예를 구하여 취한 것도 있는데, 모두 확실한 것은 아니다.

무릇 준거라 함은 그저 작자의 마음속에 있는 것이다. 어쨌든 준거는 있겠지만, 후대 사람들이 준거에 대해 왈가왈부할 만한 성격의 것은 아니다. 다만 여기서는 옛날부터 주석서들이 지적해온 것이 있으

---

31 『겐지 모노가타리』 안에는 선행 모노가타리 작품과 전적(典籍) 및 역사적 사실들이 인용되어 있다. 이러한 준거는 작품 전체의 시대, 인물 조형, 표현에 이르기까지 영향을 미치고 있다. 『겐지 모노가타리』 연구에서 준거라는 용어가 처음 사용된 것은 『겐지 모노가타리』의 「난의십육제(難儀十六題)」를 논의 문답의 토론 형식으로 기록한 주석서인 『고안 겐지 논의(弘安源氏論議)』다. 이후 『시메이쇼(紫名抄)』와 『가카이쇼』는 개별적 표현의 준거 검토를 넘어서 모노가타리의 시대 설정 문제를 다루었다. 작품 속의 기리쓰보・스자쿠・레이제이 천황을 모노가타리가 쓰인 시대로부터 100여 년 앞선 다이고・스자쿠・무라카미 천황의 치세로 상정하는 엔기・덴랴쿠(延喜天曆, 901~957) 준거설이다. 엔기・덴랴쿠 준거설은 본문 해석에서 왕권과 정치라는 주제를 부각시켰으며, 이러한 입장은 『민고닛소』에 이르기까지 중세에 일관되게 견지되었다. 그러나 근세의 노리나가는 『가카이쇼』가 역설한 준거설에 대해 냉담한 태도를 보인다. 이는 유교적・불교적 입장에서 논한 중세의 주석에 대한 비판이며, 『겐지 모노가타리』의 본질로 '모노노아하레'를 내세워 모노가타리 문학의 자립을 논하고자 하는 태도에서 비롯된 것이다.

므로 잠시 언급했을 뿐이다.

차제에 말하자면 고조(五條)에 있는 유가오(夕顔) 관련지, 스마(須磨) 포구의 히카루겐지 관련지, 하세(長谷)의 다마카즈라(玉鬘) 관련지 등은 모두 호사가들이 꾸며낸 이야기임을 전혀 분별하지 못하는 것이다. 이는 실로 어리석은 것으로 미혹될 만한 일도 아니지만, 이렇게 언급하는 것은 처음 배우는 사람들을 위해 주의를 주고자 함이다.

제론

실로 이 모노가타리를 겐지 60권이라 하며 그것이 천태경전 60권을 모방하였다는 설은 그릇된 것이다.[32] 이 모노가타리는 54권이다. 60권은 근거가 없는데, 천태경전에 굳이 맞추고자 이렇게 말하는 것이

---

32 『겐지 모노가타리』가 60권이라는 언급은 『무묘조시(無名草子)』와 『이마카가미』를 비롯하여 다수의 중세 문헌에서 찾아볼 수 있다.
『가카이쇼』에서 "천태 60권을 본떠 겐지 60권이라고 한다. 그중에 '나라비노마키(并びの巻)' 도 있는데 이는 18권이다. 이를 법화경 18품에 빗대어 말한다. 천태 60권은 10권씩 6부로 도합 60권이다. 현재의 모노가타리는 히카루겐지가 죽는 「구모가쿠레」권이 이름만 남아 있고, 나라비노마키 5권도 결권으로 54권으로 끝난다"고 하여 천태 60권에 근거한 겐지 60권설을 적고 있다.
겐지 60권과 천태경전 60권 관련설은 에도 시대 국학자들에 의해 많은 비판을 받는다. 그렇지만 겐지 60권설은 널리 퍼져 많은 영향을 미쳤다. 예를 들면 『겐지 모노가타리』의 대표적인 보작인 「구모가쿠레 육첩」이 여섯 권으로 구성된 것도 본래부터 있던 54권에 이 6권을 더하여 전체 60권으로 하기 위해서라고 여겨진다. 에도 시대의 대표적인 『겐지 모노가타리』 간행본을 보아도 『에이리 겐지 모노가타리(繪入源氏物語)』는 『겐지 모노가타리』 본문 54권에 「겐지 안내(源氏目案)」 3권, 「히키우타(引歌)」 1권, 「계보」 1권, 보작인 「야마지노쓰유」 1권을 더하고 있다. 또한 『겐지 모노가타리 고게쓰쇼(源氏物語湖月抄)』는 「와카나」 상하권과 「구모가쿠레」를 권수에 포함하여 본문 55권에 「계보」, 「연표」 등의 5권을 더하여 전체 60권 구성으로 출간되었다.

리라. 설령 60권일지라도 천태경전과는 거리가 멀다. 또 권의 구성이
『사기(史記)』의 「본기」·「세가」·「열전」을 본떴다는 설도 맞지 않다. [33]
무릇 이러한 설은 나중에 끼워 맞추면 비슷하게 들어맞는 것도 있지
만, 그것은 우연의 일치일 뿐이다. 무엇을 본떴다거나 무엇을 준거로
삼았다거나 하는 등의 설은 대부분 맞지 않다.

시간적 추이에 따른 권인 '다테노나라비(縦の并)'와 동시기를 그린
'요코노나라비(横の并)'에 관한 설[34]은 그다지 중요하지 않지만, 예부터
논의가 있었던 것이므로 전반적인 이해가 필요하다. 모노가타리에 등
장하는 인물들의 계보는 확실히 외워 두어야 한다. 인물 간의 계보를

---

33 『묘조쇼』에 의하면 "아름답고 격식을 갖춘 바는 사기의 필법을 따르고, 권을 시간 순에 따
라 적는 사기의 방법을 모방한다.… 적은 바 거짓이 없음은 사마천의 사기의 필법을 따른 것
이다"라고 되어 있다. 「본기」는 「기리쓰보」권에서 「니오효부쿄」권까지, 「세가」가 우지 십첩,
「열전」이 나라비노마키에 대응하는 것으로 설명한다.

34 헤이안 모노가타리 중 복수의 권으로 구성된 것은 본류에 속하는 '모토노마키(本の卷)'와 그
에 속하지 않는 '나라비노마키(并びの卷)'로 권을 분류하거나 각 권의 관계를 나타냈다. 『겐
지 모노가타리』에서는 54권 중 18권이 나라비노마키로 분류된다. 예를 들면 「하하키기」권
은 본류에 속하는 권이며, 이에 대응하는 나라비노마키는 「우쓰세미」권과 「유가오」권이다.
「기리쓰보」권처럼 나라비노마키가 없는 것도 있으나, 나라비노마키에는 반드시 대응하는
모토노마키가 있다.
나라비노마키는 시간적 추이와 관련된 것이다. 『가카이쇼』에서는 나라비노마키가 시간 축
을 거슬러 선행하는 권과 같은 시간의 일을 그리고 있는지, 아니면 시간 축을 따라 선행하는
권에 이어서 이후의 일을 그리고 있는지에 따라 '요코노나라비'와 '다테노나라비'로 분류하
였다. 이와 같은 시간 축과의 관련에 근거하여 나라비노마키를 분류하는 것은 연표에 관한
고찰과 밀접하게 얽혀 있다. 그러나 『가카이쇼』 이후 연표가 정교해짐에 따라 나라비노마키
가 아닌 권에서도 선행하는 권보다 시간 축을 거슬러 올라간 서술이 보이므로, 나라비노마
키를 '다테노나라비'와 '요코노나라비'로 나누는 방법론은 그 유효성을 상실하였다. 이치조
가네요시에 의한 체계적인 연표가 성립된 이후로는 나라비노마키와 연표를 별도로 논하게
되었다. 옛 연표를 다시 정리하여 새로운 연표를 만든 노리나가는 이를 '의미가 없는 것'으로
정의한다.

모르고서는 헷갈리는 것이 많으며, 또 세세한 심정을 알기 어렵다. 그런데 전해 내려오는 계보는 누락된 부분이 많고 부분적으로 오류도 있어 혼란스럽다. 후대의 주석서가 잘못을 바로잡은 부분도 있지만 역시 완전하지 않다. 그리하여 나는 다시 꼼꼼하게 살펴 새로운 계보를 만들고 싶다고 계속 생각했지만, 시간이 여의치 않아 못하고 있었다. 지어낸 작품이지만 등장인물의 연령과 각 권의 연표들을 모두 고려하여 썼기 때문에 바로잡지 않을 수 없다. 그래서 예로부터 이에 관해 따져 연구해온 것이다. 그중 고조온지도노(後成恩寺殿)[35]가 만든 연표가 있는데, 전반적으로 오류가 많고 우지 이야기 권에 이르면 특히 틀린 부분이 많다. 여러 주석서가 수정하였지만 여전히 바람직하지 않은 것이 있다. 이에 나 자신도 궁리하여 연표를 만들어 각 권의 연월의 순서를 보기 쉽게 하였다.[36]

[35] 앞에서 나온 『가초요조』의 저자 이치조 가네요시를 가리킨다. 보통 쇼온지도노(成恩寺殿), 고조온지도노 등으로 불렸다. 가네요시는 9대 쇼군인 아시카가 요시히사(足利義尙)와 그의 생모 히노 도미코(日野富子)의 비호를 받았으며, 히노 도미코에게 『겐지 모노가타리』를 진강하기도 하였다. 당대인들로부터 '일본에 둘도 없는 재인'이라는 평가를 받았고 스스로도 '스가와라노 미치자네(菅原道眞) 이상 가는 학자'라 호언할 만큼 여러 분야에 해박하였다.

[36] 노리나가는 이미 1763년경에 『겐지 모노가타리 연기고(源氏物語年紀考)』라는 저술에서 히카루겐지와 가오루의 나이를 정리한 바 있다. 이는 이치조 가네요시가 만든 연표에 자신의 설을 기입한 것이었는데, 그때까지의 설을 전면 개정하였다. 노리나가는 그 후에도 연표의 수정을 거듭하여 『겐지 모노가타리 다마노오구시』 3권에 개정 연표를 부록으로 싣고 있다.

저본은 가우치 본(河內本)[37] 이라 불리는 것과 청표지본(青表紙本)[38] 이라 불리는 것, 대략 두 갈래가 있다. 그중에 후지와라노 데이카가 정리한 청표지본을 근래의 여러 주석서가 좋고 나쁨을 따지지 않고 택하고 있다. 이는 어떠한가. 어떤 사본이든 좋고 나쁨을 따져 취할 것과 버릴 것을 정해야 하리라. 어찌 그 사람을 보고 정한단 말인가. 지금 세상에 나와 있는 많은 책들이 인쇄본이든 필사본이든 모두 여기저기에 조금씩 다른 부분이 있어, 각기 좋은 부분과 그렇지 않은 부분이 있다. 나는 많은 책을 읽고 검토하여 이것저것 다른 부분 중에 좋은 것을 취하였다. 그 내용은 별도로 뒤에 정리하였다.[39]

무릇 히라가나로 표기되어 현재까지 전해지고 있는 많은 고서적들은 어느 것 할 것 없이 잘못 필사되거나 누락된 것들이 많아 해독하기

---

37 『겐지 모노가타리』 저본 중, 미나모토노 미쓰유키(源光行)와 그의 아들 지카유키(親行)가 작성한 것 및 이를 사서한 것을 가리킨다. 미쓰유키 부자는 당시 난립했던 『겐지 모노가타리』의 본문을 바로잡기 위해 21부의 『겐지 모노가타리』 고사본을 수집하여 여러 차례의 교합 작업을 거쳐 완성하였다. 가우치 본의 특징은 의미가 통하기 쉽도록 본문을 수정한 점이다. 남북조 시대, 무로마치 시대 초기까지 많이 이용되었으나 무로마치 중기 청표지본이 중시되면서부터 저본으로 잘 채택되지 않게 되었다.
38 『겐지 모노가타리』 저본 중, 후지와라노 데이카가 작성한 것 및 이를 사서한 것을 가리킨다. 청표지본이라는 이름은 데이카가 작성한 사본의 표지가 파란색이었던 것에 유래한다. 데이카의 일기인 『메이게쓰키(明月記)』에 의하면, 자신의 집에 예부터 증본(證本)이라 할 만한 신뢰할 수 있는 『겐지 모노가타리』 사본이 있었는데 이를 도난당하고 말았다. 그 후 오랫동안 그 상태가 계속되었는데, 어느 날 그럴만한 곳에서 사본을 빌려와서 시녀들에게 명하여 사본을 만들게 하고 그 후에도 여러 곳에 있는 사본과 대조하였다고 전한다. 청표지본은 가우치 본과는 달리 의미가 잘 전달되지 않더라도 본문을 그대로 남겨놓은 점이 특징이다. 본문이 다를 경우 어느 것이 맞는지 알 수 없다는 인식이 있었기 때문이다. 이로 인해 가우치 본보다 원문의 형태를 보존하고 있는 것으로 평가된다. 그러나 데이카가 어떤 사본을 참조하였는지에 관한 기록이 없는 점 등은 문제점으로 지적된다.
39 『겐지 모노가타리 다마노오구시』 4권에 각 사본의 교정 내용이 실려 있다.

어려운 구절이 많다. 그러나 이 모노가타리는 세상 사람들이 특별히 깊은 관심을 갖고 널리 즐겨 읽은 작품이기에 다른 책과 비교하면 필사의 오류는 매우 적은 편이다. 그렇다고 해도 역시 잘못 필사되었다고 여겨지는 부분이 전혀 없지는 않다.

주석

주석서는 『가카이쇼』를 제일로 꼽을 수 있다. 그 이전에도 이후에도 많은 주석서들이 있지만 폭넓고 치밀한 주석이 이루어지지 않았다. 그러나 『가카이쇼』는 일본과 중국, 유교와 불교 등 다양한 서적들을 광범위하게 참고하여 빠짐없이 주석을 달고 있다.

또한 『가초요조』는 『가카이쇼』의 잘못된 부분을 지적하고, 누락된 부분을 추가하여 전반적으로 신뢰할 만하다.

이 두 주석서는 반드시 보아야 한다. 다만 잘못된 부분이 많은데, 특히 어석(語釋)에 오류가 많기 때문에 따르기 힘든 부분도 있다.

그 이후의 주석서로는 『로카쇼(弄花抄)』[40]와 『사이류쇼(細流抄)』[41]가 있는데, 이는 『가카이쇼』와 『가초요조』의 잘못을 수정하고 보완한

---

40 쇼하쿠(肖柏)의 『겐지 모노가타리 기키가키(源氏物語聞書)』를 기초 자료로 하여 산조니시 사네타카(三條西實隆)가 보충한 것으로 1504년경에 성립하였다. 소기(宗祇)와 이치조 가네요시, 쇼하쿠와 가네요시의 문답서를 포함하여, 사네타카가 선행하는 주석을 정리하고 자신의 해설도 덧붙였다. 산조니시 가문에 의한 『겐지 모노가타리』 연구의 원류가 된다.

41 산조니시 사네타카가 1510~1514년경에 집필하였다. 가네요시, 소기, 쇼하쿠로 이어지는 『겐지 모노가타리』 연구를 심화시킨 산조니시 가문의 대표적인 주석서다. 상세하며 간결한 주가 많고 감상적인 평어가 덧붙여진 점이 특징이다.

것이다. 또한 『묘조쇼(明星抄)』[42], 『모신쇼(孟津抄)』[43], 『민고닛소(岷江入楚)』[44], 『반스이이치로(萬水一露)』[45], 『고게쓰쇼(湖月抄)』[46] 등의 주석서가 있으며, 그 밖에도 두주(頭註) 형식의 주석 등 다양한 것이 있다. 모두 이전 주석서들을 인용하고 있어 별 차이도 없고 그저 약간씩 다를 뿐이다.

그중에서도 지금 널리 이용되는 것이 『고게쓰쇼』다. 『고게쓰쇼』는 이전의 다양한 주석들을 빠짐없이 참고하여 두주와 방주(傍註)를 적절히 달고, 스승의 설과 기타무라 기긴(北村季吟) 자신의 생각도 추가하였다.[47] 따라서 보기에 편리하다.

다음으로 승려 게이추(契沖)가 쓴 『겐추슈이(源注拾遺)』라는 8권으로 된 주석서가 있다.[48] 이것은 모든 부분에 주를 단 것은 아니고, 단지

---

42 산조니시 사네키(三條西實枝)가 1530년에 집필하였다. 유교적 입장에서 경계하는 내용이 보이지만 기본적으로 『사이류쇼』의 주석과 다르지 않다.

43 구조 다네미치(九條稙通)가 1575년에 집필하였다. 숙부 산조니시 긴에다(三條西公條)로부터 전수받은 산조니시 가문의 학설을 중심으로 자신의 설을 더하여 주석을 달았다.

44 나카노인 미치카쓰(中院通勝)가 1598년에 집필하였다. 중세의 대표적인 주석서를 집성하고 산조니시 사네키의 『겐지 모노가타리』 강석(講釋)을 기초로 자신의 설을 제시하였다. 유교적이고 도덕적인 정신에 바탕을 둔 해석이다.

45 16세기에 성립된 주석서로 저자는 가인 노토 에이칸(能登永閑)이라고 추정된다. 무로마치 후기 대부분의 주석서와 마찬가지로 여러 주석을 집성한 형식이다.

46 에도 시대 전기의 가인 기타무라 기긴이 1673년에 집필하였다. 에도 시대 가장 널리 유포되었던 『겐지 모노가타리』 주석서로, 『겐지 모노가타리』의 원문 없이도 읽을 수 있는 판본의 역할도 하였다.

47 여기서 스승의 설은 미노가타 조안(箕形如庵)의 설을 가리킨다.

48 에도 시대 중기 진언종(眞言宗)의 승려이자 국학자였던 게이추가 쓴 『겐지 모노가타리』 주석서로 1698년에 완성되었다. 전 8권 중에 제1권 「대의(大意)」는 총론에 해당하며, 제2권부터 제8권까지는 『겐지 모노가타리』 각 권의 주석이다. 철저하게 용례에 입각하여 사실을 밝히고자 하는 방법론은 노리나가에게도 큰 영향을 미쳤는데, 이러한 점이 근대 문헌학적 실

여러 주석서들에서 누락되거나 잘못된 부분을 지적하고 있다. 게이추는 독자적이고 기발한 시각을 지닌 사람이었다. 그가 쓴 글들은 요즘 떠도는 설은 전혀 취하지 않고, 무엇이든 옛 문헌을 근거로 하여 새로이 밝혀낸 것이 많다.

또한 앞에서 언급한 『시카시치론』은 주석서는 아니다. 단지 『겐지 모노가타리』의 대의를 논하고, 무라사키시키부의 재덕 등을 일기를 통해 자세히 고찰하며, 이전의 엉터리 설을 지적하는 등 조금 독특한 글이다. 반드시 보아야 할 것이다. 다만 그 대의는 중국 서적의 예만을 고려하고 모노가타리의 정서는 생각하지 않았다. 『겐지 모노가타리』가 '모노노아하레'를 취지로 한다는 점을 알지 못하고, 풍유(諷諭)로 보는 것은 역시 유학자의 사고에 기인한다.

그리고 나의 스승인 아가타이(縣居) 옹의 『겐지 모노가타리 신석(源氏物語新釋)』이라는 책이 있음을 일찍이 듣고는 있었지만 아직 그 책을 보지 못하였다.[49] 다만 그 「총고(總考)」 한 권을 보았는데, 내용의 대부

증주의의 효시로 평가된다. 『겐지 모노가타리』 주석의 역사에서는 『고게쓰쇼』까지를 '구주(舊注)', 『겐추슈이』부터를 '신주(新注)'로 구분한다.

49 아가타이는 가모 마부치(賀茂眞淵)의 호. 마부치는 에도 시대 중기의 국학자로 노리나가의 스승이기도 하다. 『겐지 모노가타리 신석』은 성립사정이 복잡하여 발문에는 1758년에 완성되었다고 하나, 『총고』를 포함한 전체가 완성된 것은 1762년경으로 추정한다. 본래 마부치의 수중에 있던 『고게쓰쇼』 판본에 여러 주석을 발췌한 것이 후에 독립된 주석서의 형태로 간행되었다고 보인다. 이 책은 『겐지 모노가타리』 54권에 대응하여 전 54권으로 이루어져 있는데, 그 밖에 『겐지 모노가타리』의 작품 및 작의에 관한 총설인 「겐지 모노가타리 신석 총고(源氏物語新釋總考)」와 「기리쓰보」·「하하키기」·「우쓰세미」권에 대한 보조적 주석인 「겐지 모노가타리 신석 별기(源氏物語新釋別記)」가 따로 있다. 이들을 모두 합하여 『겐지 모노가타리 신석』이라는 제목으로 전하는 판본도 있기 때문에, 전체를 『겐지 모노가타리

분은 게이추와 안도 다메아키라의 해석과 비슷하다. 「총고」에 『신석』의 예도 나와 있다.

그 밖에 구마자와 반잔(熊澤蕃山)의 『겐지 가이덴(源氏外傳)』이라는 책도 있지만,[50] 오로지 유학자의 관점에서 본 것이라 모노가타리 이해에는 아무런 도움이 되지 않는다.

이 밖에도 세상에 알려지지 않은 것이 많다. 원래 이런 입문서는 많지만 역시 겉핥기에 불과하다. 문장의 섬세한 필치, 작자가 심혈을 기울인 작품의 취지 등, 상세한 부분까지는 미치지 못하는 점이 많으니 그저 주석에만 의지해서 다 맞는 것이라 받아들여서는 안 된다. 그 문장의 세세한 부분을 더 깊이 파고들어 음미한다면 말로는 표현할 수 없는 정취를 느낄 수 있을 것이다.

히키우타에 대해

모노가타리 속에서 옛 와카의 한 구를 인용하여 그 와카의 전체 뜻을 담거나, 또는 그 구와 이어지는 가어(歌語)의 뜻을 담은 것을 히키우

신석』이라고 보기도 한다. 특히 「총고」는 형식과 내용 면에서 안도 다메아키라의 『시카시치론』의 영향을 많이 받았고, 각 권의 주석에서는 게이추의 『겐추슈이』에 따라 고전의 용례를 찾아 단어의 뜻을 파악하고 문맥을 이해하려는 방법을 취하고 있다.

50 구마자와 반잔은 에도 시대 전기의 양명학자로, 『겐지 가이덴』은 『겐지 모노가타리』 주석의 역사상 유일하게 유학자에 의해 쓰인 것이다. 엔포(延寶, 1673~1681) 초엽에 성립된 것으로 추정되며 5권으로 이루어져 있다. 반잔은 말년에 정치 비판으로 인해 막부로부터 소외된 인물로 유학자로서 주류였다고는 할 수 없으나, 평소 애독하던 『겐지 모노가타리』를 '호색음란의 서'로 치부하지 않고 '예악 및 인정세태를 교화하기 위한 양서'라 하였다.

타(引歌)라 한다. 그 히키우타의 본가(本歌)는 대부분 『가카이쇼』에 제시되어 있다. 누락된 몇몇 와카는 『가초요조』에 제시되어 있다. 그 이후의 주석서들이 언급하는 노래들은 모두 『가카이쇼』나 『가초요조』에 제시된 노래를 인용한 것이다.

그러나 『가카이쇼』에 제시된 히키우타 중에 맞지 않는 노래도 있다. 또한 가어가 잘못된 경우가 많으며, 이 노래와 저 노래가 상구(上句)와 하구(下句)가 뒤바뀌어 제시되어 있는 경우도 있다. 그리고 옛 와카가 아니라서 그 뜻을 알 수 없는 가짜 노래도 있다. 모두 잘못된 것이다. 이는 게이추도 말한 바와 같이 그저 근거 없이 떠도는 잘못된 것을 그대로 경솔하게 적은 것으로 생각된다. 그런데 그 이후의 주석서들이 아무 생각 없이 그저 『가카이쇼』에 제시된 대로 인용하고 있다. 그것 또한 무책임하다 할 수 있다. 항상 틀린 부분이 있을 수 있다는 생각을 하면서 보아야 한다.

또한 『가카이쇼』나 그 밖의 주석서에도 '히키우타 미상'이라 되어 있어 어떤 와카의 노랫말인지 알 수 없는 경우가 간혹 있다. 그러한 부분은 더욱 깊이 고찰해서 그 본가를 밝혔으면 한다.

『고게쓰쇼』에 대해

이 모노가타리는 지금 세상에 나와 있는 여러 책으로 읽을 수 있지만 대개는 편의상 『고게쓰쇼』를 본다. 이에 대해 유의할 점이 있다.

먼저 『고게쓰쇼』의 본문은 대체로는 문제가 없는데 군데군데 문제가 있는 곳, 그리고 단어가 누락된 곳 등이 있다. 이러한 예에 대해서는 다른 책과 대조하여 뒤에 정리해두었다.[51] 또한 『고게쓰쇼』에는 쉼표와 마침표를 잘못 찍은 곳이 많은데, 끊어 읽기에 의해 문장의 의미가 전혀 달라져버린 예도 많다. 이 점에 주의해서 읽어야 한다. 청음(淸音)·탁음(濁音)도 잘못된 곳이 많다. 가나 표기법이 하나같이 틀린 것은 후대에는 아주 흔하기 때문에 특별히 지적할 만한 일도 아니다.

한편 『고게쓰쇼』에는 이른바 히키우타의 예에 '] ' 표시를 했는데, 히키우타가 아닌 경우가 많다. 히키우타란 옛 노래를 따 와서 부른 노래를 일컫는 것으로 반드시 전거가 되는 노래가 있어야만 쓸 수 있는 말이다. 그런데 『고게쓰쇼』에는 『가카이쇼』와 『가초요조』 등에 히키우타라고는 하지 않고 단지 가어의 용례로서 옛 노래를 인용한 것까지 분별없이 히키우타라고 생각해서 위의 표시를 해둔 곳이 많다.

또한 주해 안에 『가카이쇼』와 『가초요조』 등에 있는 내용을 인용할 때는 '河' 또는 '花'라고 표기해야 하는데, 이를 제쳐두고 후대의 주석서들이 인용한 대로 '弄'(弄花抄, 로카쇼) 또는 '細'(細流抄, 사이류쇼)라고 한 곳이 많다. 따라서 '弄'이나 '細'라고 인용되어 있는 곳은 실제로는 『가카이쇼』와 『가초요조』의 설이 많다는 점을 유념해야 한다.

이상은 지금 생각나는 대로 몇 가지 적어본 것에 불과하다. 오류가 더 있으리라는 것은 미루어 짐작할 수 있을 것이다. 그리고 나 또한

---

51 『겐지 모노가타리 다마노오구시』 4권에 정리되어 있다.

이 책을 집필하면서 세상에 널리 읽히는 책인지라 편의를 도모하고자 『고게쓰쇼』에 따라 언급한 곳이 많다. 각 권의 '-면'이라고 표시한 부분 등이 그러하다. [52]

대의 (상)

이 모노가타리의 대의(大意)에 대해서는 예로부터 여러 설이 있었지만, 모두 모노가타리라고 하는 글의 성격을 묻지 않고 그저 흔히 있는 유불서(儒佛書)의 성격을 가지고 논해왔기 때문에 작자의 진의와는 맞지 않는다. 우연히 그 유불서의 취지와 비슷한 부분이나 합치하는 부분이 있더라도 그로써 전체를 말해서는 안 된다. 대부분의 취지는 유불서와는 전혀 달라서, 처음에도 잠시 언급했듯이 일반적으로 모노가타리는 특별히 모노가타리의 취지가 따로 있는 것이다.

옛 모노가타리가 많은 중에도 『겐지 모노가타리』는 한층 더 심혈을 기울여 만든 작품이다. 이에 대해서는 뒤에서 더 자세히 언급하겠다.

일반적인 모노가타리 작품들의 취지, 그리고 모노가타리를 읽는 사람들의 심정은 이 『겐지 모노가타리』 각 권의 도처에서 볼 수 있고 이를 통해 알 수 있다. 지금 그 예를 몇 가지 뽑아 살펴보도록 하겠다.

「요모기우」권의 "무상한 옛 노래와 모노가타리 같은 것을 유희로

---

52 『겐지 모노가타리 다마노오구시』 5권 이후에 있는 각 권의 주석에는 『고게쓰쇼』를 저본으로 하여 해당 부분을 인용하면서 쪽수를 표시하고 있다.

하여 적적함을 달래고 이러한 삶도 위로받는 것이겠지."[53]

'이러한 삶'이란 스에쓰무하나(末摘花)의 의지할 데 없는 쓸쓸한 삶을 뜻한다. 모노가타리를 읽고 마음을 위로받는 까닭은 내 처지와 비슷한 일이 쓰여 있는 것을 읽으면 세상에는 나처럼 고달픈 신세도 있구나 하는 생각에 마음의 위로가 되는 것이다.

「에아와세」권의 "그 여행 일기를… 모르고 지금 보는 사람조차 조금이라도 인정을 아는 사람이라면 눈물을 아끼지 않고 감동한다. 하물며…."[54]

'여행일기'란 히카루겐지가 스마에 머물렀을 때의 일기다. '모르고 지금 보는'이란 그 당시의 일을 모르고 지금 처음으로 이 일기를 보는 사람조차라는 뜻이다. 하물며 당시의 일을 다 알고 있는 당사자들이 읽는 마음은 오죽하겠냐는 뜻이다.

「고초」권의 "옛 모노가타리를 보셔도 온갖 사람들의 모습과 세상의 모습을 보고 아시기 때문에…."[55]

무릇 모노가타리는 이 세상에 있는 일, 사람의 모습과 마음을 다양하게 쓴 것이기 때문에 그것을 읽으면 자연스럽게 세상의 이치를

---

53 히카루겐지가 도읍을 떠난 뒤 더 궁핍한 처지가 되었음에도 불구하고 고풍스러운 일상을 유지하고 있는 스에쓰무하나의 모습.(蓬生②330)
54 레이제이 천황 앞에서 열린 후궁들의 그림 경합 중에 아키코노무 중궁 측에서 히카루겐지가 스마에서 썼던 그림일기를 내놓는 장면.(繪合②377~378)
55 다마카즈라가 친부인 내대신과 만나기를 원하면서도 현재 자신의 양부인 히카루겐지를 신경 써서 내색하지 않는 장면. 여기서 그녀가 생각하는 옛 모노가타리란 계모학대담이다.(胡蝶③183)

깨닫고 사람의 행동과 감정의 본연의 모습을 잘 알게 된다. 이야말로 모노가타리를 읽는 사람의 자세라고 여겨진다.

「호타루」권의 "장맛비가 예년보다 심해서 맑은 날이 없고 따분한 탓에 여인들이 그림이나 모노가타리 같은 것을 보며 지내신다."[56]

또 같은 「호타루」권의 "『고마노노 모노가타리(こまのの物語)』[57]가 그려진 그림을 보시고 참으로 잘 그린 그림이구나 하신다. 어린 아가씨가 천진난만하게 낮잠을 자고 있는 그림을, 옛날 모습을 회상하면서 아가씨는 보고 계셨다."[58]

후자의 '아가씨'는 무라사키노우에이고, '옛날 모습'이란 자신의 어렸을 적 모습을 회상하는 것이다.

「마키바시라」권의 "옛 모노가타리를 보더라도 남 못지않게 애정이 깊은 부모조차 시류에 따라 이목에 따라 어리석게 행동하는데, 하물며…"[59]

여기서도 모노가타리를 보고 세상의 모습을 아는 것이다.

「와카나 하」권의 "침전에서는 (겐지 님이) 오시지 않는 밤이면 새벽까

---

56 장마 기간이 예년보다 길어서 로쿠조인의 여인들이 그림이나 모노가타리를 보며 무료함을 달래는데, 특히 시골에서 자란 다마카즈라가 모노가타리에 열중한다.(螢③210)
57 산실되어 지금은 작품명만 남아 있다.
58 히카루겐지가 다마카즈라에게 설하는 모노가타리론에 이어 무라사키노우에와 모노가타리의 효용에 대해 논하는 장면의 도입부. 무라사키노우에는 이미 모노가타리에 심취할 나이는 지났지만, 『고마노노 모노가타리』의 그림을 보다가 옛 생각에 잠긴다.(螢③214)
59 히게쿠로와 다마카즈라의 관계를 알고 히게쿠로의 정처가 자식들을 데리고 친정으로 떠나며 탄식하는 장면. 여기서 말하는 옛 모노가타리는 아버지가 후처를 들이면서 전처의 자식들에 대한 애정이 점점 식어간다는 내용의 이야기.(眞木柱③372)

지 잠을 이루지 못하시며 시녀들에게 모노가타리를 읽게 하고 그것을 들으신다. 이렇게 세상사를 모아놓은 옛 모노가타리에도 끼 있는 남자의 호색, 두 마음이 있는 남자에게 집착하는 여자, 이 같은(또는 나 같은) 예를 모아놓은 것을 보아도 결국에는 의지할 만한 남자가 있는 것 같은데, (나는) 어찌하여 이리도 불안하게 사는가."[60]

'이렇게' 이하의 문장은 모두 무라사키노우에가 모노가타리 낭독을 들으실 때의 생각이다. '이 같은(かやうなる)'은 '나 같은(わがやうなる)' 일 수도 있다. '와(わ)'자가 빠졌다고 볼 수 있다. '어찌하여…'도 자신의 신세에 관한 말이다.

「유기리」권의 "남에게 비밀이 알려져도 부모에게는 오히려 숨기려는 예가 옛 모노가타리에도 있는 것 같지만…."[61]

「하시히메」권의 "옛 모노가타리 등으로 전해져 온 것을 젊은 뇨보들이 읽고 있는 것을 들으면 꼭 이런 아가씨에 대한 이야기가 나온다. 설마 현실에 그런 사람이 있을 리가 없다고 좀 화가 났었는데, 이렇게 외진 곳에 이런 정취가 있을 수 있다니 마음이 끌렸다."[62]

「아게마키」권의 "…만약 후대에 세상의 이야깃거리로 말을 꺼내는 사람이 있다면 옛 모노가타리 등에 특히 우스꽝스럽게 만들어낸 우화

---

60 히카루겐지가 온나산노미야와 혼인한 이후 무라사키노우에는 자신의 외로움을 들키지 않으려고 뇨보들에게 모노가타리를 읽게 한다.(若菜下④212)
61 오치바노미야가 유기리와 하룻밤을 보낸 일을 모친에게 말하지 않는 장면.(夕霧④414)
62 달밤의 정취를 즐기며 음악을 연주하는 하치노미야의 딸 오이기미와 나카노키미를 몰래 훔쳐보고 마음을 빼앗기는 가오루의 모습.(橋姫⑤140)

와 똑같은 일이 되겠지요."[63]

또 같은 「아게마키」권의 "정말이지 옛말은 사람의 마음속 상념을 풀어주는 수단이라는 것을 상기하신다."[64]

이 '옛말'이란 옛 노래를 말하지만, 옛 모노가타리라고도 할 수 있다.

「야도리기」권의 "이러한 도리 때문에 사람들은 왜 그렇게나 깊이 괴로워하는 것일까 하며 옛 모노가타리 등을 보거나 또 다른 사람의 이야기를 들어도 지금까지는 이해가 안 되었다. 그런데 실제로 그 일이 자신의 일이 되자, 과연 그냥 보통 일로 끝날 문제가 아니었다고 모든 것을 다 이해할 수 있게 되었다."[65]

이것은 우지(宇治)의 나카노키미(中の君)가 옛 모노가타리에 쓰여 있는 이야기를 읽고 자신의 지금 처지를 절감하며 과연 그렇다고 생각하는 것이다. '이러한 도리'란 여인이 남자의 두 마음으로 인해 근심에 빠지는 것을 말한다.

또 같은 「야도리기」권의 "정말이지 이렇게 떠들썩하고 화려한 것은 보기에도 멋지므로 모노가타리 등에서도 우선 그런 것을 부각시켜 말

---

63 가오루의 계략으로 니오미야와 나카노키미가 부부관계가 된 것을 알고 당황하는 오이기미의 모습.(總角⑤266)
64 사별한 부친 하치노미야의 일주기를 맞아 슬퍼하는 오이기미의 모습.(總角⑤224)
65 나카노키미는 자신과 먼저 혼인한 니오미야가 유기리의 딸 로쿠노키미(六の君)와 정식으로 혼례를 치르자 자신의 신세를 한탄한다.(宿木⑤412)

하는 것일까."[66]

「가게로」권의 "옛 모노가타리 속의 이상한 이야기의 예로 이와 같은 일도 있었던 것 같다고 생각하였다."[67]

같은 「가게로」권의 "『세리카와노 다이쇼(芹川の大將)』의 도호기미(とほ君)가 온나이치노미야(女一の宮)를 사모하여 가을 해 질 녘에 그녀를 그리워하며 만나러 밖에 나갔을 때의 모습을 정취 있게 그린 것인데, 그 그림을 보고 자신과 같다고 생각하였다. 이 모노가타리와 같이 연모해주는 이가 있다면 하고 생각하는 자신이 얼마나 한심한지."[68]

　　이것은 가오루가 온나이치노미야를 생각하는 마음이다.

「데나라이」권의 "옛 모노가타리와 같은 기분이 들지 않느냐고 말한다."[69]

「유메노우키하시」권의 "옛 모노가타리의 임시 빈소에 두었다던 죽은 사람의 예를 떠올리고, 그와 같은 일도 있는 것인가 하며 진기하게 생각하고"[70] 등이다.

66　니오미야와 로쿠노키미의 혼례식의 성대함을 작중화자의 감상으로 기술한다.(宿木⑤416)
67　우키후네의 실종 후 장례식을 위해 온 우키후네의 모친이 딸이 행방불명된 이유를 생각하는 부분. 당시 모노가타리에는 아가씨가 귀신에게 잡아먹히거나 여우에게 유괴되는 등의 이야기 유형이 많았던 것으로 보인다.(蜻蛉⑥209)
68　가오루가 아내 온나니노미야의 언니인 온나이치노미야를 사모한 나머지 그림에 자신을 빗대어 상상하는 모습. 『세리카와노 다이쇼』는 산실된 모노가타리. 도호기미는 주인공 세리카와의 아명인 것으로 추정된다.(蜻蛉⑥259)
69　요카와 승도(橫川の僧都)의 여동생의 전 사위인 중장(中將)이 우키후네에게 관심을 보이는 모습. 여기서 옛 모노가타리란 귀족 아가씨가 사정이 있어 시골에서 몰래 숨어 살다가 젊은 귀공자에게 발견되어 행복해진다는 유형의 모노가타리를 말한다.(手習⑥311)
70　가오루에게 우키후네의 출가 경위에 대해 답하는 요카와 승도의 모습. 임시 빈소는 입관한

대저 모노가타리를 읽는 마음은 위와 같다. 옛날의 일을 지금의 내 처지에 견주어 옛 사람의 '모노노아하레'를 헤아려 자신의 처지를 옛날과 비교해보면서 '모노노아하레'를 알고 근심도 위로받는 것이다. 이렇게 여러 권에 옛 모노가타리를 읽는 사람의 마음이 쓰여 있는 것처럼, 지금 『겐지 모노가타리』를 읽으려는 사람의 마음도 위와 같아야 한다는 것을 깨달아야 한다. 유불서를 읽을 때의 마음과는 매우 다른 것이다.

한편 무라사키시키부가 이 모노가타리를 쓴 본의는 「호타루」권에 나타나 있다. [71] 분명하게 그것이라고는 말하지 않고, 예의 옛 모노가타리에 대해 히카루겐지가 다마카즈라에게 이야기하는 형식으로 나타내는데, 바로 그 속에 이 모노가타리의 본의가 담겨 있다. 그런데 주석서에는 잘못된 점이 많아 작자의 속뜻도 나타나기 어려우므로, 지금 여기에 특별히 그 문장을 써서 차례로 그 뜻을 풀고 그 속에 담긴 마음을 밝혀 이 모노가타리를 읽는 사람의 길잡이로 한다.

「호타루」권의 "거의 있을 법하지 않은 다양한 이야기들을 진짜인지 거짓인지 모아놓았는데, 자신의 처지와 같은 것은 찾을 수 없다며 보신다."

이것은 다마카즈라가 옛 모노가타리를 보며 생각하는 마음이다.

사체를 장례식 준비 중에 안치하는 곳으로, 임시 빈소에 안치한 사체가 소생하였다는 이야기가 있었던 것 같다.(夢浮橋⑥376)
71 이하 66쪽까지 「호타루」권의 모노가타리론 장면 인용이 계속된다.(螢③210~213)

"스미요시(住吉)의 아가씨가… 그 대부감(大夫監)의 꺼림칙했던 일을 떠올리며 비교하신다."

『스미요시 모노가타리(住吉物語)』를 읽고 옛날 자신의 신상에 일어났던 일을 견주어 생각해보는 것이다.[72]

"대신(大臣)은 여기저기에 이런 것들이 어질러져 있어 눈에 띄므로,"

'대신'은 히카루겐지를 가리킨다. '이런 것들'이란 옛 모노가타리를 말한다.

"정말이지 한심하네요. 여자들은 잘도 성가셔하지도 않고 남에게 속으려고 태어난 사람 같아요."

여기부터 히카루겐지가 다마카즈라에게 하는 말이다. 거짓이 많고 시시한 내용의 모노가타리는 보기에 유쾌하지 않은 것인데, 귀찮아하지도 않고 즐겨 감상하는 것은 여자란 남에게 속기 위해 태어났기 때문이라는 것이다. 이 히카루겐지의 말은 처음에는 농을 하듯이 옛 모노가타리를 안 좋게 말하는 것이다.

여기서 이렇게 먼저 모노가타리를 폄하하는 작자의 본뜻은 이 모노가타리를 읽고 있는 사람의 심정으로 대신 비방하는 것이다. 이어서 모노가타리를 칭찬도 하고 비하도 하며, 결국에는 모노가타리를 버리기 힘든 이유를 서술하고 있다.

---

72 『스미요시 모노가타리』에서 주인공 스미요시의 아가씨가 하마터면 늙은 관리에게 납치당할 뻔했던 이야기를 읽으면서, 다마카즈라는 자신이 쓰쿠시(筑紫)에서 대부감과 강제로 결혼할 위기에 처했던 경험을 생각한다.

"이 많은 이야기 중에 진실된 것은 실로 적을 텐데, 한편으로는 잘 알면서도 이처럼 의미 없는 것에 마음을 빼앗겨 진짜로 생각하시다니. 무더운 장마철에 머리카락이 흐트러지는 것도 모르고 옮겨 적고 계시는군요 하며 웃으셨지만,"

여기서 '웃으셨지만'의 '웃으시다'란 조금 놀리며 하는 말임을 알아야 한다. 그리고 '-지만'이라고 한 것은 문맥의 전환을 의미한다. 본뜻은 이 『겐지 모노가타리』를 우선 꾸며낸 헛된 이야기라 하여, 이러한 글에 마음을 빼앗겨 읽으려는 것은 쓸데없는 짓이라고 비난하는 것이다.

"하기야 이런 옛이야기가 아니고서야 과연 아무래도 무료함을 달랠 길이 없겠지요."

처음에 좋지 않게 말했던 것은 농 섞인 말이다. 과연 이런 옛 모노가타리가 아니면 정말 위안으로 삼을 수단이 없을 것이라는 뜻이다. '과연'이란 모노가타리를 좋아하는 사람에게 동조하는 말이다. 작자의 본뜻은 앞에서 모노가타리를 비방했던 것에 대해 답하고자 한 것이다.

"그래도 이런 꾸며낸 이야기 중에 정말로 그럴 수도 있겠다며 절절하게 마음이 끌리고 그럴싸한 말이 계속되면 또한 헛된 것임을 알면서도 공연히 마음이 움직여서, 이야기 속 애처로운 아가씨가 시름에 잠겨 있는 모습을 보면 한편으로는 마음이 끌리는 것이겠지요."

모노가타리는 대부분 꾸며낸 이야기라 하는데, 그중에서 정말로 그럴 법한 일 같아 지어낸 이야기라는 사실을 알면서도 애절하게 생각되어 마음이 움직이는 것이다. '공연히'란 꾸며낸 이야기를 보고 마음이 움직이는 것은 쓸데없는 헛된 것이기 때문에 이렇게 말한 것이다. 『고킨와카슈』 서문에 "그림으로 그린 여자를 보고"라고 말하는 것이 바로 이것이다.[73] '애처로운 아가씨…'란 옛 모노가타리에 시름에 잠긴 아가씨를 그린 그림을 보는 것이다. '마음이 끌리다'는 '마음이 움직이다'와 같다.

본뜻은 정말로 그럴 수도 있겠다며 절절하게 마음이 끌린다는 것으로, 이것이 『겐지 모노가타리』의 시선이다. 이 모노가타리는 그처럼 '모노노아하레'를 알게 하는 것을 취지로 쓴 것이다. 이에 대해서는 뒤에서 별도로 상세히 말하겠다. 무릇 이 모노가타리가 권선징악을 위해, 특히 호색을 경계하기 위해 쓰였다는 설들은 다 잘못된 것임을 이 문장에서도 알 수 있다. 모노가타리를 보면 마음이 움직이는 것이 인지상정인데, 어찌 호색의 경계가 될 수 있겠는가. 이역시 나중에 상세히 말하겠다.

"또 진짜 있을 수 없는 일이라 생각하면서도 어마어마하게 과장된 장면에 눈을 빼앗겨, 차분히 들어보면 시시하게 생각되지만 문득 감탄하게 되는 부분도 있지요."

---

[73] 『고킨와카슈』 가나 서문에는 와카를 읊은 당대의 유명한 가인과 그들의 와카를 평한 부분이 있다. 그중 헨조(遍昭)의 와카에 대해 마치 미녀를 그림으로 그려 사람들의 마음을 움직이려 하나 박력이 부족한 것처럼 진실미가 떨어진다고 평한다.

이 또한 옛 모노가타리에 있는 한 종류다. 앞에서 '정말로 그럴 수도 있겠다…'고 말한 것은 보면서 절절하게 생각되는 종류이고, 반면에 이것은 무시무시하고 희귀하게 생각되는 종류다. '눈을 빼앗겨'에서 '문득 감탄하게 되는 부분'으로 이어진다. '본다'와 '듣는다'란 직접 보는 것과 다른 사람에게 읽게 하여 듣는 것으로 같은 말이다. 매우 드물고 무시무시한 이야기는 대개 다시 한 번 차분히 들으면 시시하다. 그렇지만 그것도 일종의 흥취다.

본뜻은 『겐지 모노가타리』에 쓰인 일들을 둘로 나누어 그 뜻을 이야기하는 것이다. 둘로 나눈다는 것은 앞에서 말한 '정말로 그럴 수도 있겠다…'는 것이 그 하나인데, 읽는 사람의 마음을 감동시키고 '모노노아하레'를 알게 하는 것이다. 마음이 움직인다는 것은 즉 '모노노아하레'를 느낀다는 것이다. 한편 여기서 말하는 '무시무시한 일'이 다른 하나다. 전자가 이 모노가타리의 본뜻이고, 후자는 단지 드물게 흥미를 위해 쓴 것일 뿐이다. 그렇기 때문에 차분히 들었을 때는 '시시하다'고 하는 것이다. 이 모노가타리 중에 그처럼 무시무시하고 눈을 빼앗는 일은 매우 드물고, 그저 '모노노아하레'를 느끼게 하는 내용이 많다. 그렇지만 세상에는 오로지 이상하고 진기한 일만을 적은 글을 좋아하고 적당하게 '모노노아하레'를 보이는 글을 재미없게 생각하는 이들이 있다. 이는 정취를 모르는 어리석은 사람이다.

"요즘 어린 아기씨(明石の姫君, 아카시노히메기미)가 뇨보에게 때때로 읽게 하는 것을 서서 듣자니,"

그림 모노가타리란 놀이 삼아 보는 것이기에 여자 아이들이 읽는 것으로 치부한다. 굳이 남자가 볼 만한 것은 아니므로 이렇게 뇨보가 읽는 것을 '서서 듣자니'라고 일부러 말하는 것이다. 그렇지만 실제로는 그렇지도 않다. 남자도 평소에 읽는 것이다. 이 모노가타리 안에도 이 사람 저 사람이 자주 옛 모노가타리를 선례로 들고 있는 부분이 군데군데 보인다. 본뜻은 비하하는 것이다.

"세상에는 참 이야기를 잘하는 사람도 있군요. 허황되게 말을 잘 지어내는 사람에게서 나온 이야기라고 생각하지만 꼭 그렇지만은 않은 모양이죠. 그렇게 말씀하시니,"

지어낸 이야기라고 알면서도 과연 그렇다고 느껴져 마음이 움직이고, 또 있을 수 없는 일이라고 생각하면서도 절로 마음이 끌리듯 일부러 그렇게 쓰는 이유는 세상에는 잘 꾸며내고 교묘하게 거짓을 말하는 사람이 있기 때문이라고 생각하는데 어떠냐고 묻는 것이다. '그렇지만은 않은 모양이죠'란 (나는) 그렇게 생각하지만 그렇지도 않은 것인가라는 말이다. 본뜻은 읽는 사람이 모노가타리를 비난하는 것이다. 이에 대한 대답은 다음의 다마카즈라의 말 뒤에 이어진다.

"정말로 꾸며내는 데 익숙한 사람은 여러 면에서 그렇게 받아들일 수 있겠지요. 그저 정말이지 사실로밖에 생각되질 않아요. 그렇게 말하며 벼루를 밀쳐놓으시자,"

이것은 다마카즈라의 말이다. 항상 거짓을 말하는 데 익숙한 사람은 자신의 습관 때문에 다른 사람이 말하는 것을 이리저리 의심하고 거짓으로 판단한다는 것이다. 그런데 이것을 히카루겐지를 가리켜 말한 것이라고 풀이하는 것은 틀리다. 만약 히카루겐지를 말한 것이라면 '그렇게 받아들이실 수 있겠지요'라고 말해야만 한다. '받아들일 수 있겠지요'이기 때문에 그저 일반적인 사람들을 말하는 것이다. '그저 정말이지…'라고 말한 것은 불쾌하게 생각되어 거듭 말하는 것이다. '벼루를 밀쳐놓으셨다'란 앞에서 '무더운 장마철에 머리카락이 흐트러지는 것도 모르고 옮겨 적고 계셨다'는 모습과 호응하는 것이다. 벼루를 밀쳐놓는 것은 기분이 상한 모습이다.

"무례하게도 헐뜯고 말았군요. 모노가타리란 신들의 시대부터 이 세상에 있었던 일을 써서 남겨놓은 것이에요. 『일본기』 등은 그저 일부분에 지나지 않아요. 모노가타리야말로 도리에 어긋나지 않고 상세하게 사실을 쓴 것일 테지요. 그렇게 말하며 웃으셨다."

여기서부터 다시 히카루겐지의 말이다. 다마카즈라가 기분이 상해 자신은 다 사실로 생각된다고 말한 것을 받아서, 정말로 그렇다며 농 삼아 하는 말이다. '웃으셨다'는 표현으로도 알 수 있다. 본뜻은 만약 모든 모노가타리를 오로지 칭찬하고 좋다고만 한다면, 스스로 지은 이 『겐지 모노가타리』가 도리에 어긋나지 않고 상세해서 『일본기』보다도 뛰어나다고 생각하는 것이 되기 때문에, 세상 사람들에게 비웃음을 살 것을 미리 예상하여 그 비난을 피해가기 위해 이렇게 말해두는 것이다.

"어떤 사람에 관해 있는 그대로 이야기하는 경우는 없겠으나, 좋은 점이든 나쁜 점이든 이 세상을 살아가는 사람들의 모습 중에 보고만 있을 수 없고 듣고 흘려버릴 수 없는 일들, 후대까지 전해주고 싶은 일들을 마음속에 담아두기 어려워 말하기 시작한 것이 모노가타리지요."

앞 문장 '웃으셨다'에서 바로 이 문장으로 이어지는 것은 매끄럽지 않다고 생각되는데, 혹여 이 사이에 탈락된 표현이 있지는 않을까. 만약 그렇지 않더라도 시험 삼아 보충하면, "이와 같이 말하는 것은 농을 하는 것이다. 실제로는"이라는 말이 있으면 문맥이 전환되는 뜻이 명확해질 것이다.

이보다 앞에서 먼저 모노가타리를 폄훼하여 말하는 것은 모두 본심이 아니다. 다마카즈라가 모노가타리에 열중하여 옮겨 적으며 읽는 모습을 보고 짐짓 빈대며 좋지 않게 말했다고 농을 하는 것이다. 이 부분의 '어떤 사람에 관해'라는 대목부터 실제로 모노가타리를 논하려는 것이다. 수많은 모노가타리가 다양하게 있는데 그 대부분은 지어낸 것이다. 그런데 여기서는 무라사키시키부가 이 모노가타리를 쓴 본의를 나타내기 위해 이렇게 실제 있었던 일을 쓴 것처럼 말하는 것이다.

'좋은 점이든 나쁜 점이든…'이라고 해서 모든 것을 좋고 나쁘다고 말하는 데 유념해야 한다. 뒤에 '좋은 모습 나쁜 모습'이라고 쓰여 있는 것도 마찬가지다. 이에 관해서는 별도로 상세히 언급하겠다.

'보고만 있을 수 없고 듣고 흘려버릴 수 없다'는 것은 보고 듣는 일을 그대로 속에 담아두고는 견디기 힘든 마음을 말한다. 세상만사 보고 듣고 접하는 그 각양각색의 일들에 기쁘구나, 흥미롭구나, 이상하구나, 정취 있구나, 두렵구나, 한탄스럽구나, 괴롭구나, 슬프구나 하며 절절하게 느껴져 예사롭지 않다고 생각되는 일은 마음속에 담아두면 지내기 어려운 법이다. 반드시 사람들에게 이야기하고 또 써서 보여주고 싶은 마음이 생겨나는데, 그렇게 하면 더할 나위 없이 마음이 풀리는 것이다. 또 그것을 보고 듣는 사람이 실로 그렇다며 감탄하면 더욱더 가슴이 후련해지는 법이다.

「기리쓰보」권의 "자식을 잃고 슬픔에 잠긴 부모의 황망한 마음은 실로 참기 어렵습니다만, 일말이라도 마음의 근심을 덜게 말씀 나누고 싶사오니 다음번에 사적으로 찾아주십시오"[74], 「사와라비」권의 "중납언(中納言) 님이 오이기미(大君)를 잃은 먹먹한 마음을 달리 누구에게 이야기할까 하며 슬퍼하시다 병부경 친왕(兵部卿宮) 님의 저택으로 가셨다…", "슬픔으로 가득 찬 마음도 풀리는 듯, 한편으로는 위로하고 또 한편으로는 애달픔을 잊게 하며 이것저것 말상대를 하시는…", "실로 가슴속에 다 품지 못할 정도로 맺혀 있던

---

[74] 기리쓰보 갱의의 사후에 기리쓰보 천황의 명을 받아 갱의의 사저를 방문한 채부 명부(靫負命婦)를 맞아 기리쓰보 갱의의 어머니가 이야기하는 장면.(桐壺①30)

것들을 조금씩 이야기하니 가슴속이 후련해지는 듯하였다"[75], 「야
도리기」권의 "일전에 아버님의 재(齋)를 올리는 것에 관한 이야기를
듣고 무척이나 기뻤습니다. 감사의 마음을 평소처럼 마음에 담아
둔 채 지낸다면 제 마음속 깊이 느끼는 감사함의 한 자락이라도 아
시지 못하게 될까 싶어 안타까움에…"[76], 「데나라이」권의 "본래 마
음속을 다른 사람에게 시시콜콜 털어놓고 이야기하는 성격이 아니
었는데, 이제는 더욱더 친밀하게 이야기를 나눌 수 있는 상대도 없
으니 상념에 잠길 때는 그저 벼루를 마주하고 슈자만을 의지 삼아
쓰신다."[77]

이와 같은 용례를 통해 알 수 있다. 여기서 습자란 마음에 떠오르는
것을 두서없이 소일 삼아 적는 것을 말한다. 어떤 일이든지 예사롭
지 않게 여겨지는 일을 마음속에 담아두고 지내기 어려운 것은 요
즘 세상의 전혀 생각이 깊지 않은 대부분의 사람들도 마찬가지다.
예를 들면 세상에 진귀하고 희한한 일들을 보고 들었을 때는 나와
상관없는 일조차도 속으로 이상한 일이로구나, 진귀한 일이로구나
생각만 하는 것이 견디기 어려워, 빨리 다른 사람에게 이야기를 들

---

75 중납언 가오루가 병부경 친왕 니오미야를 찾아가 마음속 슬픔을 토로하며 위안을 받는 장
면.(早蕨⑤348~350)
76 오이기미 사후 연정을 토로하며 접근해오는 가오루에게 나카노키미는 화제를 돌려 부친 하
치노미야의 재를 성대하게 치러준 것에 감사를 표한다.(宿木⑤424~425)
77 출가한 우키후네가 사람들과의 소통을 끊고 오직 습자에만 의지하여 마음을 다스리는 장
면.(手習⑥340~341)

려주고 싶은 마음이 드는 것이다. 이야기를 들려준다 하여 자신에게도 다른 사람에게도 무슨 도움이 되는 것은 아니지만, 그리하면 저절로 가슴이 후련해지는 것이 사람 마음의 자연스러운 소치다. 와카를 읊는 것도 이런 마음 때문이다.

앞에서 '허황되게 말을 잘 지어내는 사람에게서…'라는 부분은 이 모노가타리를 비난하는 것인데, 이 부분부터 그에 응하는 답으로 무라사키시키부가 『겐지 모노가타리』를 지은 진의를 명확하게 적은 것이다. 이 모노가타리는 실로 모두 꾸며낸 이야기지만 무턱대고 지어낸 허황된 이야기가 아니다. 어떤 인물과 관련된 일이라고 정확하게 이름을 가리키며 있는 그대로 이야기하지는 않지만, 모두 세상에 항상 일어나는 일로 좋은 일이든 나쁜 일이든 차마 보고만 있을 수 없고 듣고만 있을 수 없어 후세에도 남기고 싶다는 생각에, 그것을 마음속에 담아두고 지내기 어려운 탓에 모노가타리에 가탁하여 쓴 것이다. 그러므로 꾸며낸 이야기지만 꾸며낸 이야기가 아님을 알아야 한다.

그러면 이 모노가타리에 쓰인 일들은 모두 무라사키시키부가 생전에 직접 보고 들은 일을 그 사람의 이름을 감추고 쓴 것인가 하면 반드시 그렇지는 않다. 특정인과 관련된 일은 아니지만 늘 세상에서 보고 들은 일들이 마음속에 깊이 자리 잡아 지나치기 어려운 이야기를 등장인물에게 어떤 일이 일어난 것으로 꾸며 그 인물에게 생각하고 말하게 하여 마음을 표현한 것이다.

"(모노가타리 속 인물을) 좋게 말하기 위해서는 온갖 좋은 점만을 골라 <u>쓰고</u>"

> 허구의 이야기이므로 좋게 말하기 위해서는 한 사람에게 이 세상의 모든 좋은 면만을 골라 모아 좋게만 쓴다는 뜻이다. 이에 해당하는 인물이 히카루겐지라 할 수 있겠다. 그 언행과 마음은 물론이고 용모와 인품, 신분, 영화까지 세상의 모든 좋은 점만을 모아 히카루겐지를 조형하고 있다. 이는 '모노노아하레'를 심화하여 읽는 사람의 마음을 움직이게 하기 위함이다.

"사람(독자)들에게 맞추기 위해서는"

> 바로 다음 문장을 보니 이는 좋게 말한다는 것과 반대의 뜻이다. 원래는 '나쁘게 말하기 위해서는'이라고 해야 할 부분을 그렇게 하지 않고 '사람들에게 맞추기 위해서는'이라고 말하고 있다. 이러한 무라사키시키부의 표현방식이 흥미롭다. 사람들의 좋지 않은 점을 말하는 것은 바람직하지 않기 때문에 '나쁘게 말하려는 것은 아니지만 단지 세상 사람들이 나쁘다고 정한 것에 따라 말한다'는 뜻이다. 사람들에게 맞춘다는 것은 본인은 마음이 내키지 않지만 세상 사람들이 말하는 대로 한다는 것이다. 「모미지노가」권에도 "상대에게 맞춰서 조금은 가벼운 농담도 나누고…"[78]라는 부분이 있다.

---

78 히카루겐지는 마음이 내키지 않지만 겐노나이시노스케(源典侍)와 농을 주고받으며 상대해 준다.(紅葉賀①340)

"좀처럼 볼 수 없는 나쁜 점들을 모아서 쓰지요."

'나쁘다'는 반드시 유불서에서 말하는 악행을 말하는 것이 아니다. 이에 대해서는 뒤에서 상세하게 말하겠다.

이 문장에 해당하는 인물이 스에쓰무하나, 오미노키미(近江の君)와 같은 부류다. 그 외에 온갖 좋지 않게 말하는 것은 다 이에 속한다. 그것은 그 인물의 나쁜 점을 열거하여 비난하려는 마음이 아니라, 다만 읽는 사람들의 재미를 위해 때로는 좀처럼 볼 수 없는 나쁜 점들을 쓰기도 한다는 뜻이다. '사람들에게 맞추기 위해서'라 하고 또 '좀처럼 볼 수 없는'이라고 말하는 데서 그 뜻을 읽을 수 있다.

그리고 앞에서 나온 "정말로 그럴 수도 있겠다며 절절하게 마음이 끌리고…"와 "어마어마하게 과장된 장면에…"가 바로 여기서 말하는 '좋은 점'과 '나쁜 점'이다. 그것은 모노가타리를 읽는 독자의 마음가짐을 말한 것이다. 여기서는 모노가타리를 쓴 작자의 마음가짐을 말한다. 앞 문장과 여기 쓰인 문장을 아울러 생각해야 한다.

온갖 좋은 점만을 쓰는 것은 정말로 그럴 수도 있겠다며 읽는 사람의 마음을 움직이게 하기 위함을 알아야 한다. 또한 좀처럼 볼 수 없는 나쁜 점을 쓰는 것은 모노가타리의 본 취지가 아니라 그저 그때그때의 재미를 위해 쓴 것일 뿐임을 알아야 한다. 앞에서 '눈을 빼앗긴다', '차분히 들어보면 시시하게 생각되지만 문득 감탄하게 되는 부분도 있다'고 말하는 데서 알 수 있다.

"그 어느 쪽도 이 세상에 없는 일은 아니지요."

좋은 일이든 나쁜 일이든 모두 세상에 일어날 수 없는 일은 아니고, 늘 있는 일이라는 뜻이다.

"다른 나라 조정의 재(才)와 쓰는 법이 다른 것처럼"

'다른 나라 조정'이란 타국을 말한다. '재(才)'란 (타국의) 학문을 뜻한다. 모든 모노가타리에서는 학문을 '재(才)'라고 표현한다. '쓰는 법'이란 글을 짓는 방식을 뜻한다. '다르다'란 학문이 다르다는 뜻과 쓰는 법이 다르다는 뜻을 모두 포함하고 있다. 이를 '학문이 있는 사람이 쓰는 법'이라고 해석하는 것은 문맥에 맞지 않는다. 그리고 학문이 다르고 쓰는 법이 다르다는 것은 타국의 학문의 취지와 글 짓는 방식이 이 나라의 모노가타리와 같지 않고 많이 다르다는 것을 말한다. 대부분 타국의 서적들은 오로지 선악과 시비를 지나칠 정도로 엄격하게 따지며 도리를 규명하고 지식을 뽐내며 앞다투어 서로 논쟁한다. 풍아를 느낄 수 있는 노랫말(한시)조차도 이 나라의 노래와는 현저히 다르다. 또한 마음속 깊은 감정은 숨겨 드러내지 않고 겉만 꾸며 이것저것 현학적으로 쓴다. 그러나 이 나라의 모노가타리는 세상의 모습과 사람의 정서를 그대로 쓴 것이다. 대부분 덧없어 보이고 꾸미지 않은 것들이라 당차고 강하게 학식을 뽐내는 느낌은 없다. 이처럼 타국과 글 짓는 방식이 다르다는 것이다.

"같은 일본 것이라도 옛것과 지금 것은 당연히 다르기 마련이에요."

'-이라도'를 '-이라서'라고 적어 놓은 책은 잘못된 것이다. 중국 서적과 다를 뿐만 아니라 같은 일본 서적이라 해도 옛날과 지금은 그 글

쓰는 법이 다르다는 뜻이다. '당연히… 마련이에요'는 그렇게 다른 이유가 옛날과 지금이 변했기 때문이라는 의미다. 그리고 일본의 옛 서적이란 앞에서도 언급한 『일본기』와 같은 종류의 서적을 말한다. 그것은 한문으로 쓰여 있으며 내용도 모노가타리와는 상당히 다르다. '지금 것'이란 모노가타리를 말한다. 『일본기』와 같은 옛 서적에 비하면 옛 모노가타리도 요즘 것이라고 할 수 있기 때문이다. 그 속뜻을 생각하면 '지금 것'이란 『겐지 모노가타리』를 두고 하는 말이다.

"(그 내용에) 깊이가 있는 것과 없는 것의 차이는 있겠지만"

'있는 것'과 '없는 것'의 '것'은 문장을 뜻한다. '깊이가 있는 것'이란 타국의 서적, 또는 『일본기』와 같은 종류로 아녀자들이 쉽게 이해할 수 없는 한문으로 쓰인 것이다. '깊이가 없는 것'이란 모노가타리처럼 일상생활에서 사용하는 말 그대로 꾸미지 않고 가나로 쓰인 문장을 말한다. '깊이가 있고 없고'라고 표현하지 않고 '깊이가 있는 것과 없는 것'이라고 '것'을 사용하고 있는 점을 보아 문장의 형태를 말하고 있음을 알아야 한다.

"그저 지어낸 이야기라고 한다면 모노가타리의 취지를 무시하는 것이 되어버리지요."

'모노가타리의 취지를 무시한다'란 요샛말로 하자면 잘못 이해한다는 뜻이다. 속뜻은 앞에서 나온 '어떤 사람에 관해…'라는 데부터 여기까지 '지어낸 이야기'라고 비난한 것에 대한 대답으로 이렇게 끝을 맺는 것이다. 그리고 '지어낸 이야기'라 해서 그저 무시하는 것은 잘못 이해한 것임을 다음 문장에서 예를 들어 밝히고 있다.

"부처의 훌륭한 마음으로 설파한 불법에도 방편(方便)이라는 것이 있는데"

'훌륭한'이란 말은 요샛말로 반듯하고 올바르다는 뜻이다. 부처의 정심(正心)으로부터 나온 불법에 거짓된 이야기가 있을 리 없다. 그렇지만 불법에조차 방편이 있는 것을 보면, 하물며 범부는 경우에 따라 방편으로 없는 일도 지어내지 않겠는가. 그런데 비슷한 말이지만 '거짓'과 '방편'은 의미가 다르다. '거짓'은 말해서 해로운 것인 반면, '방편'은 듣는 사람에게 이로운 말이다.

전체의 속뜻을 보면 앞에서 '거짓'이라 한 것은 모노가타리를 폄하하는 말인데, 그에 대해 모노가타리는 결코 '거짓'은 아니라고 응수하는 것이다. 즉 모노가타리는 세상의 온갖 좋은 일 나쁜 일을 글로 표현하여 사람들에게 '모노노아하레'를 알게 하기 위한 것이므로 부처의 방편과도 같다는 말이다.

"깨달음이 없는 자는 여기와 저기가 다름을 의심하는 게 당연하겠지요."

부처가 설하는 방편의 참뜻을 깨우치지 못한 어리석은 자는 여기에서 설하는 내용과 저기에서 설하는 내용에 차이가 있음을 의심한다는 것이다. 속뜻은 그저 모노가타리를 좋지 않게 본다는 것이다.

"방등경(方等經) 중에 많이 보이는데"

방편은 방등부 경전 중에 특히 많이 있다는 말이다.

"궁극적으로는 하나의 뜻에 닿는 것이에요."

방편은 영원불변의 진리를 설법한 실설(實說)과는 다른 것 같아도 결국은 하나의 가르침으로 귀결된다는 말이다.

"보리(菩提)와 번뇌(煩惱)의 차와 같이[79] 이 인물의 좋고 나쁨은 달라요."

위의 '하나의 뜻'이란 바로 이 보리와 번뇌를 가리킨다. 불법에는 여러 가지 방편이 있어서 곳곳에서 설하는 내용이 다르게 보이지만 궁극적으로는 실설과 같은 것으로, 보리와 번뇌의 차이를 설하는 '하나의 뜻'으로 귀결된다. 한편 '이'부터는 상기의 예를 모노가타리에 적용한 것으로, '이'란 모노가타리를 가리키는 말이다. '인물'이란 모노가타리 안의 등장인물이다. '다르다'란 모노가타리에서 인물들의 좋고 나쁨의 차이를 묘사한 것이 불법에서 보리와 번뇌의 차를 설한 바와 같다는 것이다.

혹자가 묻기를, 그렇다면 모노가타리도 결국은 인간의 좋고 나쁨을 표현하는 것이니 이는 곧 권선징악으로 유불서와 다를 바 없는데, 어찌 모노가타리는 유불서와 취향이 전혀 다르다고 하는가. 답

---

79 어리석은 중생이 보면 미혹의 주체인 번뇌와 깨달음의 경지인 보리가 다르지만, 번뇌는 즉 보리다. 마음이 미혹하면 번뇌, 번뇌를 해탈하면 보리이므로 두 가지가 따로 있는 것이 아니다.

하기를, 앞에서도 말했듯이 모노가타리에서 말하는 좋고 나쁨은 유불서에서 말하는 선악·시비와는 다른 점이 많은 까닭에 그 취향이 매우 다르다고 한 것이다. 위 문장의 속뜻도 이와 같다.

"좋게 말하면 무릇 세상의 그 무엇도 헛된 것은 없다는 말이지요. 그렇게 모노가타리를 실로 각별한 것처럼 말씀하셨다."

'좋게 말하면' 이하는 모노가타리를 덧없고 무익한 것처럼 생각하지만 잘 따져보면 그렇지 않다는 말이다. '각별한 것'이란 쓸데없는 유희거리가 아니라 꼭 해야만 하는 것이라는 뜻이다. 진체의 의미는 '모노가타리는 아녀자들이 심심할 때 보고 즐기는 것인데 지금 여기서는 히카루겐지가 모노가타리를 읽지 않으면 안 되는 것처럼 말하였다'고 하는 것이다.

속뜻은 '모노가타리를'에서부터 무라사키시키부의 겸양의 태도다. 위에서처럼 이 『겐지 모노가타리』를 좋은 것인 양 이야기하면서도 실은 무상하고 부질없는 것이라고 비하하며 문장을 맺고 있다. 문장의 속뜻을 잘 음미해야 한다.

앞에서도 계속 말했듯이 「호타루」권의 이 단은 행간에 『겐지 모노가타리』를 지은 마음이 표현되어 있는 곳이다. 작품 전체의 주제를 책의 첫머리나 말미에 쓰지 않고, 그저 이렇게 대수롭지 않은 곳에 적당히 넌지시 쓰고 있는 점이 실로 훌륭하다.

예로부터 이 단에 대한 주석들은 대개 표면적인 뜻만을 파악하여 작자의 속뜻은 밝히지 않았다. 또한 잘못된 주석이 많다. 그중에서도 불설에 빗대어 쓴 부분의 주석은 오로지 그 경문의 의미만을 야단스럽게 풀이하였을 뿐, 빗대어 쓴 작자의 뜻에 맞는 것은 하나도 없다. 애당초 이 단의 의미를 분명히 하지 않으면 『겐지 모노가타리』 전체의 주제도 분명해지지 않는다. 이에 그 주석들의 잘못에 대해 약간 언급하고자 한다.

먼저 '부처의 훌륭한 마음'이라는 구절에 대해 경문을 가지고 와서 유난스럽게 불법과 관련지어 단 주해들은 모두 맞지 않는다. '훌륭한'이라는 말은 모노가타리에서는 일반적으로 반듯하고 올바름을 이르는 뜻으로 쓰인다. 그 밖에 무슨 깊은 뜻이 있겠는가.

또한 '방편'에 대해 법화경만을 진실로 보고 법화경 이전의 다른 경전을 모두 방편이라 함은 법화종의 입장에서는 그렇다 치더라도, 그 때문에 여기에 인용된 방편을 소승(小乘)이라고 보는 것은 매우 잘못되었다. 여기서 방편이란 어느 경전이든 중생을 구제하기 위해 고안해낸 설법을 말한다. 대승·소승이나 사교·오시[80] 논란은 여기서는 무용한 것으로 더욱 맞지 않는다.

'깨달음이 없는 자'란 부처의 재세에 회좌(會座)에서 설법을 들었던

---

80 천태종의 오시팔교(五時八敎)설에서 나온 것으로 석가의 가르침을 천태 대사가 그 내용에 따라 분류 해석한 교상판석(敎相判釋)을 말한다. 오시는 설법의 시기에 따른 분류로 화엄시(華嚴時)·아함시(阿含時)·방등시(方等時)·반야시(般若時)·법화열반시(法華涅槃時)다. 그리고 오시 사이에 사용한 교화의 방법 즉 화의(化儀)에 돈교(頓敎)·점교(漸敎)·비밀교(秘密敎)·부정교(不定敎)의 사교가 있고, 오시 중에 베풀어진 내용 즉 화법(化法)에 소승삼장교(小乘三藏敎)·통교(通敎)·별교(別敎)·원교(圓敎)의 사교가 있다.

사람들의 예를 말하는 것이기는 하나, 여기서는 단지 말세에 불경을 보고 들은 사람들을 이르는 말이다. '당연하겠지요'라는 말로써 알 수 있다.

또한 '궁극적으로는 하나의 뜻에 닿는 것'을 혹자는 오시의 가르침이 모두 법화일실(法華一實)[81]로 귀결된다고 주를 달았다. 혹자는 화경개공(華竟皆空)[82], 혹자는 만법일여(萬法一如)[83]라고 주를 달기도 하였다. 하지만 여기에는 전혀 맞지 않는다.

또한 '보리와 번뇌의 차'에 대해 용녀성불(龍女成佛)[84] 등의 예를 들어 번뇌와 보리의 차이가 없다고 해석하기도 하는데, '차'라 함은 표리의 차이를 말하는 것으로 이는 대단히 잘못된 설이다. 이 '보리와 번뇌의 차'는 모노가타리 등장인물들의 좋음과 나쁨에 빗대어 말한 것인데, 어찌 차이가 없다고 해서 사람도 좋고 나쁨의 차이가 없다는 뜻으로 빠져버리는가.

하나같이 여기 있는 문장의 뜻을 좇지 않고 그저 경문이 뜻하는 바를 대단한 듯 풀이하는 것은 매우 그릇되었다.

한편 무라사키시키부가 천태종의 인가를 받아 그 교의에 정통했기

---

81 오직 법화경이 유일한 진리이며 최상의 경전이라고 하는 천태종의 가르침.
82 대반야경의 '일절법성 개필경공(一切法性皆畢竟空)'을 가리키는 말로 보인다. 줄여서 '일절개공(一切皆空)'이라고도 하는데 '색즉시공(色卽是空)'과 같은 말이다.
83 만물은 제각기 다른 모습으로 발현하고 있어도 원래의 본성은 공(空)인즉 종국에는 일체라는 뜻.
84 법화경에 나오는 용왕의 지혜로운 딸이 여덟 살 때 용신이며 어리고 또한 여자라는 악조건에도 불구하고 남자로 변신하여 성불한다는 이야기.

때문에 특별히 천태종의 법문을 가져와 집필했다는 설[85]도 납득하기 어렵다. 무라사키시키부를 무조건 칭송하려고 하다가 어중간하게 그 뜻에 반하게 된 것이다. 무라사키시키부는 여자가 학문을 닦고 똑똑한 척하는 것을 대단히 싫어하였다는 것이 각 권에 보이고 스스로의 일기에도 종종 보이는데, 어찌 그리 강한 필치의 작품을 썼겠는가.

무엇보다 여기는 히카루겐지가 다마카즈라에게 말하는 부분인데 그 어린 아가씨에게 어찌 불법의 숨은 뜻을 가져다 말했겠는가. 이 모노가타리에 그와 같이 어울리지 않는 것을 썼을 리 없다.

앞에서 「호타루」권의 '좋은 점이든 나쁜 점이든 이 세상을 살아가는 사람들의 모습 중에…', '좋게 말하기 위해서는 온갖 좋은 점만을 골라 쓰고 사람들에게 맞추기 위해서는 좀처럼 볼 수 없는 나쁜 점들을…', '이 인물의 좋고 나쁨은…' 등을 비롯하여, 이외에도 모노가타리에서 말하는 좋은 점과 나쁜 점은 전부 유불서 등에서 말하는 선악과는 다르다. 그러므로 모노가타리에서 말하는 좋은 점과 나쁜 점을 그저 유불의 선악으로만 이해하면 틀린 부분이 많다.

우선 모든 좋고 나쁨은 만사에 널리 적용되는 것이다. 사람에 대해서도 반드시 마음과 행위만이 아니라 신분과 지위에도 좋고 나쁨이 있어 존귀한 사람을 좋다, 천한 사람을 나쁘다 한다. 그래서 모노가타

---

85 『가카이쇼』 등의 옛 주석에는 무라사키시키부가 관음의 화신이라든지, 천태종의 승정에게 일심삼관(一心三觀)의 가르침을 전수받았다는 식의 불교적 관점에서의 해석이 있다.

리에서도 지위가 높은 자를 좋은 사람이라고 한다. 요샛말로 집안이 좋다, 신분이 좋다 나쁘다 하는 것이 이에 해당한다. 또한 용모에도 좋고 나쁨이 있다는 것은 말할 필요도 없다. 수명이 길고 부유하고 무언가를 얻는 것 등은 모두 좋은 것이다. 수명이 짧고 가난하고 쇠약해지고 무언가를 잃는 것, 그리고 병과 재난 등은 모두 나쁜 것이다.

한편 사람에 대해서만이 아니라 의복과 세간, 주거 등을 비롯하여 만사에 제각기 모두 좋고 나쁨이 있다. 반드시 사람의 마음과 행동에만 국한되는 것은 아니다. 또한 사물에 따라, 일에 따라, 때에 따라 좋고 나쁨이 변하기도 한다. 예를 들면 화살촉은 잘 뚫는 것을 좋다 하고, 갑옷과 투구는 뚫리지 않는 것을 좋다 한다. 더운 여름날에는 차가운 것을 좋다 하고, 추운 겨울에는 뜨거운 것을 좋다 한다. 밤길을 가는 사람은 어둠을 나쁘다 하고, 모습을 숨기는 자는 달밤을 나쁘다 한다. 이와 같이 좋고 나쁨은 형편에 따라 변하는 것이다.

그러므로 사람의 마음과 행위의 좋고 나쁨도 확연히 구별되는 것은 아니다. 이치에 따라 변할 수도 있어, 유도(儒道)에서 좋다 하는 것을 불도에서는 나쁘다 하고 불도에서 좋다 하는 것을 유도에서는 나쁘다 한다. 이처럼 한결같지 않은 것이다. 모노가타리에서도 역시 좋다 나쁘다 하는 것 중에 유불서의 선악과는 다른 것도 있을 수 있다.

그러면 모노가타리에서 사람의 마음과 행위의 좋고 나쁨은 어떠한 것인가. 대개 '모노노아하레'를 알고 인정이 있으며 세상 사람들 정서에 맞는 것을 좋다고 하고, '모노노아하레'를 모르고 인정 없고 세상 사람들 정서에 맞지 않는 것을 나쁘다고 한다. 이렇게 말하면 유불의 선악과 자못 차이가 없는 것 같지만, 자세히 보면 세상 사람들의 정서에 맞는 것과 맞지 않는 것 중에 유불의 선악과는 합치되지 않는 점이 많다. 또한 모든 좋고 나쁨을 논할 때도 온화하고 부드러워 유학자의 논의와 같이 다그치는 일이 없다.

한편 모노가타리는 '모노노아하레'를 아는 것을 취지로 하는데, 그 내용을 보면 유불의 가르침과는 어긋나는 부분도 많다. 우선 사람의 마음은 선악사정(善惡邪正)의 도리에 어긋나는 것에는 감동하기 어려운 법인데, 마음이란 생각대로 되지 않는 것이라 절로 우러나와 감동하는 경우도 있다.

예를 들면 히카루겐지가 우쓰세미(空蟬), 오보로즈키요(朧月夜), 후지쓰보 중궁(藤壺中宮) 등과 관계를 갖는 것은 유불도에서 보면 세상에 더없이 도리에 어긋난 악행이므로 다른 아무리 좋은 점이 있다 해도 좋은 사람이라고는 말하기 힘들다. 그런데 도리에 어긋난 악행을 그렇게까지 내세워 말하지 않고 오로지 '모노노아하레'가 깊은 모습만을 되풀이해 서술하며, 좋은 사람의 모범으로 온갖 좋은 것을 히카루겐지에게 다 갖다 붙인다. 이것이 모노가타리가 추구하는 바다. 여기에서의 좋고 나쁨은 유불서의 선악과는 다르다고 할 수 있다.

그렇다고 도리에 어긋난 것을 좋다고 하는 것은 아니다. 그 나쁜 점은 새삼 말하지 않아도 확실하며, 그런 유의 죄를 논하는 서적들은 세상에 많이 있다. 모노가타리에 유불서와 같은 성격을 기대해서는 안 된다. 모노가타리는 엄격한 유불도와 같이 미혹을 벗어나 깨달음에 들어가야 하는 법도가 아니다. 또한 나라를, 집안을, 몸을 다스려야 하는 가르침도 아니다. 그저 세상의 이야기를 그린 것이 모노가타리이므로 그런 식의 선악론은 차치하고, 선악론과는 관계없이 단지 '모노노아하레'를 깨닫는 것의 좋은 점만을 특히 좋다고 하는 것이다.

이 취지를 비유하자면, 연꽃을 심어 즐기려는 사람이 탁하고 더럽기는 하나 필요상 진흙탕 물을 담아두는 것과 같다. 모노가타리에서 도리에 어긋난 사랑을 그리는 것도 그 탁한 진흙을 좋아해서가 아니라 '모노노아하레'의 꽃을 피우기 위한 재료인 것이다. 히카루겐지의 행동은 진흙탕에서 자란 연꽃이 실로 훌륭하고 아름답게 피어나는 것과 같은 예다. 물이 탁한 것은 그다지 말하지 않고 그저 정취 깊고 '모노노아하레'를 아는 것을 내세워 좋은 사람의 모범으로 삼고 있는 것이다.

이에 대해서는 새삼 말할 필요도 없지만, 몇 가지 예를 들어보면 다음과 같다.

「스마」권에 히카루겐지가 스마 포구로 떠나는 것을 "세상 사람들이 동요하며 안타까워하고 뒤에서는 조정을 비난하며 원망하였다."[86] 「아카시」권에 "그 해 조정에는 계시가 잇달아 평온치 않은 일이 많았

---

86 히카루겐지가 입궐이 예정된 오보로즈키요와의 밀회를 우대신에게 들킨 후 정치에서 물러나 스마로 퇴거하는 장면.(須磨②184)

다. 삼월 열사흘 날 번개가 치고 비바람이 몰아치던 밤…", "작년부터 황후도 원령에 시달리시고, 여러 계시가 잇달아 평온치 않은데…", "스자쿠 천황(朱雀帝)의 눈병까지 요즘 심해지시고…."[87] 「요모기우」권에 "사면을 받아 도읍으로 돌아오시니 세상의 경사라며 시끌벅적하다."[88] 「마키바시라」권에 "세상에 뭐 하나 비난받을 일이 없으신 겐지님을…"[89]라고 하는 대목 등이다.

위의 「아카시」권의 내용을 보면 신조차 히카루겐지를 가엽게 여긴다. 만약 유불의 뜻으로 해석한다면 어찌 신과 부처와 하늘이 말도 안되는 도리에 어긋난 행동을 한 사람을 이렇게 애틋해하는 모습으로 그릴 수 있겠는가.

또한 여성 중에 좋은 사람의 예로는 후지쓰보 중궁, 무라사키노우에, 아사가오(朝顔) 등이 있다. 그중 후지쓰보 중궁에 대해서는 「우스구모」권에 "고귀한 신분이면서도 마음을 두루두루 쓰셨다. 대단한 집안이라는 권세를 등에 업고 다른 사람을 힘들게 하는 일도 있을 법한데, 그러한 어긋난 행동은 조금도 하지 않으시고 시중드는 사람들에게도 힘든 것은 시키지 않으셨다…", "분별이 없는 수행승까지도 그

---

87 히카루겐지가 스마로 퇴거한 후, 스자쿠 천황은 눈병을 앓고 천황의 외조부인 우대신이 죽고 천황의 모친인 고키덴 황후도 병에 걸리는 등, 도읍에서는 괴이한 일과 흉사가 계속된다.(明石②251~262)
88 히카루겐지가 스마에서 귀경하자 세상 사람들이 모두 기뻐하는 모습.(蓬生②334)
89 무라사키노우에의 부친인 식부경 친왕(式部卿宮)의 정처는 자신의 사위가 다마카즈라와 관계를 맺는 바람에 딸이 친정으로 돌아오자, 히카루겐지를 맹렬히 비난한다. 이를 타이르는 식부경 친왕의 말.(眞木柱③375)

붕어를 안타까워한다. 장례식을 거행할 때도 세상사람 모두 울며 슬퍼하지 않는 자가 없다"[90]라는 등 칭송하고 있다. 이 또한 유불의 뜻으로 본다면, 이렇게 좋은 사람이 히카루겐지와 관계를 맺는 것과 같은 도리에 어긋난 일을 쓸 수는 없으리라. 또한 그런 도리에 어긋난 사람을 좋은 사람의 예라 해서도 안 되리라.

대개 이로써 모노가타리의 좋고 나쁨은 유불에서 말하는 선악과는 다르다는 것을 깨달아야 한다. 또한 뒤에 인용할 가시와기(柏木)의 일 등도 더불어 생각하여 여하튼 '모노노아하레'를 취지로 두고 있다는 것을 알아야 한다.

그런데 세상의 식자들 모두 오로지 유불의 도리에 맞는 엄격한 가르침의 취지에만 구애되어 추론만으로 엉뚱한 내용을 끌어다 붙이고 모노가타리라는 것의 취지를 찾으려 하지도 않는다. '모노노아하레'에 관심을 가지는 사람이 없는 것이 한탄스럽다. '모노노아하레'에 대해서는 다음에서 자세히 말하고자 한다.

90 후지쓰보 중궁의 죽음에 세상 사람들이 애도하는 모습.(薄雲②447~448)

겐지 모노가타리 다마노오구시 2권

대의 (하)

'모노노아하레'를 아는 것이란 다음과 같다. 먼저 '아하레(あはれ)'라는 말은 본디 보는 것, 듣는 것, 접하는 것에 마음으로 느껴져 나오는 탄식의 소리다. 요샛말로 '아아(ああ)', '하레(はれ)'가 바로 이것이다. 예를 들어 달과 꽃을 보고 감탄하여 '아아(ああ), 아름다운 꽃이로구나', '아아(はれ), 아름다운 달이로구나'라고 말하는 것과 같은 종류의 말이다. '아하레'는 이 '아아'와 '하레'가 겹쳐진 것이다. 한문에서 '오호(嗚呼)' 같은 글자를 '아아'라고 읽는 것도 이와 같다. 옛말에 '아나(あな)' 혹은 '아야(あや)'라고 말할 때의 '아'도 같다. '하야(はや)'나 '하모(はも)'의 '하'도 이 '하레'의 '하'와 같다. 또 후대의 '앗빠레(あつはれ)'도 '아아하레(ああはれ)'와 마찬가지로 감탄하는 말이다.

후대에는 '아하레'의 '하'를 음편(音便)으로 '와(わ)'라고 발음한다. 그러나 옛날에는 이와 같은 것을 전부 원래의 음대로 '하'를 '하(業)', '하(齒)'처럼 발음하였다. '아하레'라는 말은 감탄의 소리로 '아아'와 '하레'가 겹쳐진 말이기 때문에 더더욱 '아하레'라고 발음해야 한다. 『고어습유(古語拾遺)』의 "아하레의 본뜻은 아메하레(天晴, 맑게 갠 하늘)"라는 설은 실로 잘못되었지만,[91] 그렇더라도 당시 '하레'를 '하레(晴)'와 똑같이 발음했다는 것은 알 수 있다.

옛 노래 중에 '아하레'라는 말이 쓰인 예는 다음과 같다.[92]

'소나무 한 그루 아아'[93], '아아 그 새여'[94], '아아 얼마나 오랜 세월을 보낸 저택일까'[95], '아아 옛날에 있었다는'[96] 등이다. 여기서 '아하레(아아)'는 느끼는 즉시 '아아하레'라고 탄식하는 소리 그 자체를 말한다. 바로 이것이 '아하레'라는 말의 본뜻이다. '아아 아아 한탄한 나머지'[97], '아아 아아 괴롭다며 세월을 흘려보냈나'[98] 등의 구도 같은 부류다.

---

91 『고어습유』는 인베노 히로나리(齋部廣成)가 궁중제사를 담당했던 인베씨의 쇠퇴를 한탄하며 씨족의 전승을 기록하여 조정에 바친 책으로 807년에 성립하였다. 이 책에서는 아마노이와야(天磐窟) 신화에서 스사노오 신의 횡포로 암굴에 숨었던 아마테라스 신이 밖으로 나올 때 '아하레'라고 말한 것에 대해, 그 말의 어원을 태양신의 부활로 다시 하늘이 맑아졌기 때문이라고 설명한다.

92 이하 감탄사로 쓰인 '아하레(あはれ)'는 모두 '아아'로 번역한다.

93 『일본서기』 게이코 천황(景行天皇) 조에 실린 야마토타케루의 노래. 야마토타케루는 동쪽으로 원정을 가던 도중 소나무 아래에서 밥을 먹었는데, 솔뿌리에 검을 빼놓고 잊어버린 채 길을 떠났다. 훗날 원정을 끝내고 돌아오는 길에 검이 그대로 있는 것을 보고 노래 두 수를 읊었다. '오와리 쪽으로 뻗은 소나무 한 그루 아아, 이 한 그루 소나무가 사람이었다면 옷을 입혔을 텐데, 칼을 지니게 했을 텐데', '이즈모타케루가 지니고 있었던 칼자루는 넝쿨로 칭칭 감겼는데 칼날은 없다니 아아'.(日本書紀①383)

94 다카하시노 무시마로(高橋蟲麻呂)의 노래 '안개 낀 밤하늘 두견새 울며 날아가네 아아 그 새여'.(萬葉集9·1756)

95 작자 미상의 노래 '황폐하다 아아 얼마나 오랜 세월을 보낸 저택일까 살던 이도 찾아오지 않네'.(古今和歌集18·984)

96 미부노 다다미네(壬生忠岑)의 노래 '…아아 옛날에 있었다는 그 유명한 히토마로의 노래에 마음이 끌리네…'.(古今和歌集19·1003)

97 작자 미상으로 만날 수 없는 연인을 생각하며 읊은 노래 '어두운 저녁이 되어 홀로 앉아 아아 아아 한탄한 나머지…'.(古今和歌集19·1001)

98 승려 헨조의 노래 '붙잡을 수 없어 아아 아아 괴롭다며 세월을 흘려보냈나'.(古今和歌集17·897)

또 '아아라는 말을 독차지하려고 봄 지난 후 홀로 피었는가'[99]라는 노래도 있다. 사람이 꽃을 보고 감동을 느꼈을 때 쓰는 '아아하레'라는 말을 그 꽃의 심정이 되어, '다른 꽃에게 찬사를 뺏기지 않고 나 혼자 칭찬을 들어야지'라고 생각한 것일까, 다른 꽃이 모두 지고 난 후에 홀로 늦게 피어 있나 보다'라는 뜻이다. 위의 예들로 '아하레'라는 말의 본뜻을 알아야 한다.

한편 '아아 하고 보다(あはれと見る)', '아아 하고 듣다(あはれときく)', '아아 하고 생각하다(あはれと思ふ)' 등은 '아하레'에서 파생된 말이다. 이것은 '아아하레'라고 느끼고 나서 다시 보고 듣고 생각하는 것을 말한다.

또 '아하레하다(あはれなり, 정취 있다)'라는 말은 '아아하레'라고 느껴지는 상황이다. 또 '아하레를 알다(あはれをしる)', '아하레를 보이다(あはれを見す)', '아하레에 겨워(あはれにたへず)'와 같은 부류는 어떤 상황을 접했을 때 '아아하레'라고 느껴지는 모습을 '아하레'라는 말로써 지칭한 것이다. 반드시 '아아하레'라고 느껴야만 하는 일에 접했을 때, 그 느껴야만 하는 마음을 헤아려 느끼는 것을 '아하레를 안다'고 말하는 것이다. 또 '모노오 아하레무(物をあはれむ, 무언가 정취를 느끼다)'라는 말도 원래 '아아하레'라고 느끼는 것이다. 『고킨와카슈』 서문의 '가스미오 아하레미(霞をあはれみ, 안개의 정취를 느끼고)'라는 예로 알아야 한다.

후대에는 '아하레'에 애(哀)자를 써서 단지 비애의 뜻으로만 생각한

---

99 기노 도시사다(紀利貞)가 늦봄에 핀 벚꽃을 보고 읊은 노래.(古今和歌集3・136)

다. 그러나 '아하레'는 비애에만 국한되지 않는다. 기쁠 때, 흥미로울 때, 즐거울 때, 정취 있을 때도 '아아하레'라고 느껴지는 것, 이 모두가 '아하레'다. 그렇기 때문에 '정취 있게 흥에 취해(あはれにおかしく)'라든지 '정취 있게 기쁨에 겨워(あはれにうれしく)'라고 이어 말한다. 그것은 정취를 느끼거나 기쁠 때 '아아하레'라고 감탄하는 것을 '정취 있게'라고 말하는 것이다.

그런데 흔히 흥취나 기쁨을 '아하레'와 대비하여 말하는 것은 인간의 여러 감정 중에 기쁨이나 흥미로움 등을 느끼는 정도가 깊지 않기 때문이다. 반면 슬픔, 괴로움, 그리움 등 뜻대로 되지 않는 일은 느끼는 정도가 각별하기 때문에 감정이 깊은 쪽을 강조해서 '아하레'라고 말한다. 일반적으로 비애만을 말하는 것도 이 때문이다. 예를 들어 「와카나 상」권에서 매화를 "만개한 꽃과 견주어보고 싶구나"[100]라고 말하는 것과 같다. 매화꽃도 꽃이지만, 그와 대비해서 각별히 벚꽃을 '꽃'이라 말하고 있다.

또한 '감동하다(物に感ず)'라는 말은 일반적으로 좋은 일에만 쓰는 것 같은데, 그렇지 않다. 옥편에도 '감(感)'은 '동(動)'이라 하여 마음이 움직이는 것을 뜻한다. 때문에 좋은 일이든 나쁜 일이든 마음이 움직여

---

100 히카루겐지가 무라사키노우에의 처소에서 온나산노미야에게 매화를 매단 편지를 보내고, 다른 꽃이 피지 않은 이 시기에 핀 매화라서 눈에 띈다는 말을 한다. 이어 무라사키노우에를 상징하는 벚꽃과 비교해보고 싶다고 그녀를 추켜세우며 말하는 장면.(若菜上④ 72)

'아아하레'라고 생각되는 것은 모두 '감동'하는 것이다. '아하레'라는 말에 가장 잘 들어맞는 한자다. 한문에 "귀신을 감동시키다(感鬼神)"라는 글귀가 있다. 『고킨와카슈』의 한문 서문에도 그런 말이 있는데, 가나 서문에는 "귀신도 아하레라고 느끼게 하고(おに神をもあはれと思はせ)"라고 쓰여 있다. 이로써 '아하레'는 '감동'하는 것임을 알아야 한다. 이상에서 '아하레'라는 말의 본뜻과 파생된 형태를 대체로 알 수 있다.

'모노노아하레'라는 말도 같은 것이다. '모노(物)'란 '이우(言, 말하다)'를 '모노이우(物いふ)'라 하고 '가타루(かたる, 이야기하다)'를 '모노가타루(物語)', 또 '모노모데(物もうで, 참배)', '모노미(物見, 구경)', '모노이미(物いみ, 금기)'라고 할 때의 '모노'다. 즉 특정한 의미 없이 덧붙인 말이다.

한편 사람이 무슨 일이든 감동할 만한 일에 직면해서 감동해야 하는 마음을 이해하고, 감동하는 것을 '모노노아하레'를 안다고 한다. 반드시 감동해야 하는 일을 접하고도 마음이 움직이지 않고 감동이 없는 것을 '모노노아하레'를 모른다고 하고 또 마음이 없는 사람이라고 한다. 헤아릴 수 있는 마음이 있는 사람은 감동해야 하는 일에는 절로 감동하는 법인데, 그렇지 않다는 것은 분별하지 못하고 감동해야 하는 마음을 알지 못하기 때문이다.

『고센와카슈(後撰和歌集)』에 다음과 같은 예가 있다. 발이 쳐져 있는 어떤 곳에서 이러쿵저러쿵 이야기하는 소리를 듣고, 발 안쪽에서 '묘하게 모노노아하레를 아는 노인이구나'라는 여성의 목소리를 들은 기노 쓰라유키(紀貫之)가 '아아 하는 말에 효험은 없을지라도 말하지 않을 수 없는 것일지니'[101]라고 노래를 읊었다. 이 노래의 뜻은 '아아(아하레)'라 탄식한다 해도 아무런 소용도 없지만 감동해야만 하는 일을 접해서는 자기도 모르게 그처럼 탄식하지 않을 수 없다는 것이다. '모노노아하레'를 아는 사람은 어떤 일에나 이와 같다.

한편 사람의 마음이 감동하는 것은 위에서도 말한 것처럼 각양각색인데, 특히 『겐지 모노가타리』는 감동해야 하는 모든 것들을 다양하게 써서 '아하레'를 보여주는 작품이다. 공적인 일, 사적인 일, 흥취 있고 마음 끌리는 일, 장엄함 등을 그린 것, 또 춘하추동 그때그때의 꽃, 새, 달, 눈을 풍취 있게 그린 것은 모두 사람의 마음을 움직여 '아하레'라 느끼게 한다. 이것저것 생각이 많을 때는 하늘의 경치, 초목의 색깔도 '아하레'를 불러일으키는 소재가 되는 법이다.

「기리쓰보」권의 "바람소리, 벌레 우는 소리만 들어도 기리쓰보 천황(桐壺帝)은 한없이 슬픔에 잠기시는데"[102], 「하하키기」권의 "무심한 하늘도 그저 보는 사람의 마음에 따라 정취 있게도 쓸쓸하게도 보이는 것이로구나"[103], 「아오이」권의 "새벽안개 자욱한데…", "인생의 무상함을…", "하늘을 보면서 마음속에 담아두기 어려워"[104], 또 "바람이

---

101 'あはれてふ 事にしるし は 無けれども 言はではえこそ あらぬ物なれ'(後撰和歌集18 · 1271)

102 기리쓰보 갱의를 잃은 슬픔에 젖어 있는 기리쓰보 천황의 모습.(桐壺①35)

103 작중화자의 말로, 우쓰세미와 연을 맺은 다음날 새벽에 저택을 나서는 히카루겐지의 마음을 자연 정경과 관련지어 말한다. 등장인물의 심정과 자연 묘사가 불가분의 것임을 알 수 있다.(帚木①104)

104 아오이노우에(葵の上)를 잃은 히카루겐지에게 로쿠조미야스도코로(六條御息所)가 비애

거칠게 불고 초겨울 비가 내리기 시작할 때…"[105], 또 "아사가오 님에게 오늘같이 초겨울 비 내리는 날의 애수를 이해해주실 분이라고 짐작되는지라…"[106], 「마쓰카제」권의 "때마침 계절도 가을인지라 애수도 한층 더해지는 느낌으로"[107], 「아사가오」권의 "나뭇잎 바스락거리는 소리에도 아사가오는 지난날의 절절했던 기억을 반추하시며 그때그때 마음 깊이 느낀 흥취나 정취를 보여주신 겐지 님을 떠올리신다"[108], 「가게로」권의 "절실한 마음일 때는 큰일이 아니더라도 하늘을 나는 새가 울며 지나가는 모습에도 슬픈 생각이 든다"[109]라는 구절이 그것이다.

또 사람의 외모에 감동하는 것은 다음과 같다.

「기리쓰보」권의 "용맹한 무사나 원수라도 겐지 님의 모습을 보고 미소 짓지 않을 수 없는 모습을 하고 계시니…"[110], 「하하키기」권의 "귀신조차 험하게 다루지 못할 듯한 모습이신지라 볼썽사납게 여기

가 한층 더해가는 계절인 늦가을의 계절감을 살려 와카를 보낸다.(葵②51)

105 아오이노우에의 장례가 끝난 후에도 좌대신의 저택에 머무는 히카루겐지와 그를 위로하는 두중장(頭中將)의 모습을 그리고 있다. 초겨울 정원의 모습을 보며 바람이 거칠게 불고 비가 내릴 때면 눈물이 날 듯하다는 히카루겐지를 통해 죽은 아오이노우에의 혼과 감응하는 감동을 상징적으로 그리는 대목이다.(葵②55)

106 적적한 히카루겐지가 초겨울 비에 촉발되어 아사가오에게 편지를 보낸다.(葵②57)

107 히카루겐지의 재촉에 아카시노키미(明石の君)는 모친과 아카시노히메기미를 데리고 도읍으로 향한다. 혼자 남게 된 아카시뉴도(明石の入道)와의 이별을 그리는 장면.(松風②403)

108 히카루겐지가 아사가오를 방문하여 이야기를 나누는 장면.(朝顔②475)

109 우키후네의 실종 소식에 병석에 누운 니오미야의 심정.(蜻蛉⑥219)

110 히카루겐지의 총명함과 뛰어난 외모를 칭송하며, 고키덴 황후조차도 히카루겐지를 멀리하지 못하였다고 작중화자가 말하는 부분.(桐壺①39)

누군가 있다고 소리치지도 못하고"[111], 「유가오」권의 "상냥한 모습을 본 사람이 조금이라도 분별이 있다면 어쩌다 나눈 말 한마디도 어찌 소홀히 여길 수 있겠는가"[112], 「모미지노가」권의 "눈이 부실 정도로 아름다운 모습을 보시고 참을 수 없어 답가를 읊으셨으리라"[113], 또 "세이가이하(青海波) 춤을 추실 때의 빛나는 모습…", "하늘마저도 감동받은 듯이", "분별이 없는 아랫것들조차도 조금이라도 정취를 아는 자는 눈물을 떨구었다"[114], 「스마」권의 "새벽녘 달이 휘영청 밝은데 상념에 젖어 계시는 우아하고 고귀한 모습을 보니 호랑이나 승냥이조차도 눈물을 흘릴 것만 같다"[115], 「유기리」권의 "참으로 기품 있고 멋있게 나이가 들었다. 지금이야말로 한창때라 하겠지. 그런 염문이 있었음에도 사람들이 비난조차 하지 못한다. 귀신도 죄를 용서할 만큼 눈에 띄

---

111 히카루겐지가 우쓰세미와 처음으로 연을 맺는 장면. 우쓰세미는 불쑥 들어온 히카루겐지를 귀신도 험하게 다루지 못할 정도로 아름답다고 느끼면서도, 자신이 히카루겐지와 연을 맺는 것은 있어서는 안 될 일이라고 생각한다.(帚木①99)
112 히카루겐지가 로쿠조미야스도코로의 처소에 오래 머무르지 않는 것을 아쉬워하는 뇨보의 심정. 특별한 관계가 없는 사람일지라도 히카루겐지의 아름다운 모습을 보면 자신의 딸과 여동생을 히카루겐지의 저택에서 허드렛일을 하는 사람으로라도 들여보내고 싶은 마음이 들 정도인데, 하물며 가까이에서 히카루겐지를 본 사람은 그러한 마음이 더 강하리라고 생각한다.(夕顏①149)
113 스자쿠인 수연에서 세이가이하 춤을 춘 다음날, 히카루겐지가 후지쓰보 중궁에게 '시름에 젖어 춤을 출 수 없었던 몸이오나 소맷자락 흔든 내 마음 아시지요'라는 와카를 보낸다. 이에 중궁도 답가를 보낸다.(紅葉賀①313)
114 스자쿠인 수연에서 세이가이하 춤을 추는 히카루겐지의 아름다운 모습을 칭송하는 장면.(紅葉賀①314~315)
115 스마 퇴거 직전 좌대신 집을 방문했던 히카루겐지가 새벽 무렵 저택을 나서는 모습.(須磨②169)

게 훌륭하고…"[116],「우키후네」권의 "귀신같은 무시무시한 원수조차 보고 그냥 지나칠 수 없는 모습이다"[117]라는 부분 등을 생각해야 한다. 뛰어난 외모에 감탄하지 않는 자는 호랑이나 승냥이보다도 못한 것이다.

또 각 권에서 신분이나 지위에 감탄하는 장면도 많이 보인다. 그것은 세력이 있고 부를 쌓은 사람에게 아부하며 추종하는 것과는 다르다. 그 사람의 신분에서 절로 우러나오는 무언가가 있는 것이다. 예를 들면 우쓰세미가 "일부러 모르는 척하는 것에 대해서도 얼마나 자신의 처지를 모르는 여자라고 생각하실까 하며 가슴 아파하고…"[118]라는 구절이다. 이는 히카루겐지의 신분과 지위에 대한 경외심에서 이렇게 생각하는 것이다.「스마」권에 "칠현금 소리가 바람을 타고 아련하게 들리는데, 스마 포구의 모습, 겐지 님의 신분, 애절한 악기 소리가 어우러져 마음이 있는 자는 모두 울었다"[119]라고 되어 있다.

이는 감동해야만 하는 여러 가지 것들을 모두 모아놓았기 때문에

---

116 유기리가 오치바노미야와 연을 맺었다고 전해 들은 히카루겐지는 유기리를 바라보며 아들의 멋진 외모에 귀신도 용서해주리라고 생각한다.(夕霧④471)

117 니오미야는 우지에 있는 우키후네를 만나러 왔으나, 가오루 측의 엄중한 경계로 만나지 못하고 뇨보인 지주(侍從)와 이야기를 나눈다. 니오미야는 자신의 처지에 눈물 흘리고, 지주는 이러한 니오미야의 모습을 가슴 아프게 바라본다.(浮舟⑥191)

118 우쓰세미는 두 번째 찾아온 히카루겐지를 거부하면서도 만약 자신이 결혼하지 않고 돌아가신 부모님이 살던 집에서 히카루겐지를 기다리는 처지였다면 행복했으리라고 생각한다.(帚木①111)

119 대재부 차관 일행이 임기를 마치고 상경하는 길에 들려오는 칠현금 연주소리에 눈물을 참지 못하고 히카루겐지를 위문하는 편지를 써서 전한다.(須磨②204)

그 자리에 있는 모든 사람이 우는 것이다. 그런 것을 '마음이 있는 자는 모두'라고 표현한 것은 그렇게 감동할 수밖에 없는 것들을 모아놓아도 마음이 없어 '모노노아하레'를 모르는 사람은 각별하게 생각지 않으며 감동하지 않기 때문이다. 위에서 인용한 각 권들에서 '조금이라도 정취를 아는 자는'이라고 되어 있는 부분 등을 아울러 생각해야 한다.

한편 '모노노아하레'를 모르는 것을 나쁘다고 하는 예는 다음과 같다.

「기리쓰보」권에 "바람소리, 벌레 우는 소리만 들어도 기리쓰보 천황은 한없이 슬픔에 잠기는데, 고키덴(弘徽殿) 황후는 오랫동안 웃전에도 들지 않고, 달이 정취 있게 비추자 밤 깊도록 관현 연주를 즐기고 계신 듯하다", "고집이 세고 모난 분으로 기리쓰보 천황의 슬픔은 조금도 개의치 않고 행동하시는 듯하다", "요즈음 천황의 모습을 배알하는 당상관이나 뇨보들은 조마조마한 마음으로 연주를 들었다"[120]라고 되어 있다.

'모노노아하레'를 모르는 사람의 모습이란 이런 것이다. 천황이 바람소리 벌레소리에도 그저 슬픔을 느끼는 때인데 분별이 있는 사람이라면 달을 보고 정취 있다고 하겠는가. 하물며 관현 연주를 하

---

120 기리쓰보 갱의를 잃은 슬픔에 젖어 있는 기리쓰보 천황의 모습에도 아랑곳하지 않고 흥취를 즐기는 고키덴 황후의 행동을 이야기하는 장면.(桐壺①35~36)

겠는가. 무릇 달은 보는 사람에 따라 정취 있다고도 쓸쓸하다고도 할 수 있는데, 여기서 '달이 정취 있게'란 고키덴 황후의 마음을 가리키는 것이다. '조금도 개의치 않고'는 기리쓰보 천황의 슬픔에 아랑곳하지 않는 것이다. '요즈음 천황의 모습'이란 기리쓰보 천황이 슬퍼하는 모습을 가리킨다.

「사카키」권에 "기리쓰보 상황이 생존해 계실 때는 삼가셨으나 고키덴 황후의 기질이 무섭고 엄하여 지금까지 이것저것 마음속에 품어왔던 원망을 되갚아주려고 생각하시는 듯하다"[121], 또 "점점 나이 드심에 따라 고약함도 심해져 스자쿠 상황도 심기를 맞추기 어려워 어찌할 바를 모르신다"[122]라는 부분도 고키덴 황후의 성정에 관한 것이다.

같은 「사카키」권에 히카루겐지와 오보로즈키요와의 일을 이 고키덴 황후와 부친인 우대신이 매우 나쁘게 이야기하는 장면에서는 황후의 부친에 대해 "아주 성급하고 고약하여"[123]라고 말한다. 또 "내 딸자식이지만 얼마나 부끄러워하고 계실까라고 이 정도로 신분이 높은 분이라면 조심하는 게 있어야 하리라. 그런데 너무 성급하고 느긋한 면이 없는 우대신이 사리분별을 잃고", "생각하는 것을 마음속에 담아두

---

121 기리쓰보 상황의 사후 예전과는 달리 히카루겐지는 운신에 곤란을 겪게 되는데, 이는 고키덴 황후가 앙갚음을 하려는 데서 비롯된 것이다.(賢木②101~102)
122 원문에는 「사카키(賢木)」권의 인용이라고 되어 있지만, 실제로는 「오토메(少女)」권의 인용이다. 고키덴 황후 56~57세로, 예전 위세를 떨치던 시절을 그리며 무슨 일에나 심기가 편치 않음을 말한다.(少女③75)
123 젊은 스자쿠 천황을 보좌하며 정무를 장악한 외조부 우대신의 성격이 급하고 고약하니, 관료들은 앞으로 우대신의 의중대로 움직일 세상이 어찌 될지 걱정한다.(賢木②98)

지 못하는 성정인데다 노령의 고약함까지 더해지셔서…"[124]라고 되어 있다.

「마키바시라」권에는 "이 히게쿠로(鬚黑)의 장모야말로 심성이 고약한 사람이다"[125], 또 「와카나 하」권에 "히게쿠로의 장모는 성질이 고약한 사람이고…"[126]라고 되어 있다. 이 인물이 무라사키노우에의 계모다.

원래 이 모노가타리는 히카루겐지의 도리에 어긋난 행동도 그리 나쁘게 평하지 않는다. 다만 히카루겐지 쪽 사람들을 못마땅하게 여기며 모질게 대하는 사람들은 모두 '모노노아하레'를 모르는 나쁜 사람으로 그리고 있다. 앞의 예에서도 알 수 있다. 이는 히카루겐지를 '모노노아하레'를 잘 아는 좋은 사람으로 그리고 있기 때문이다. 흔히 세상에서 말하는 유교의 가르침으로 본다면 후지쓰보 중궁은 고키덴 황후보다 나쁜 인물로 묘사되어야 하는데, 오히려 훌륭하고 좋은 사람의 모범으로 그려진다. 반면 윤리에 어긋난 일을 저지르지도 않은 고키덴 황후를 상당히 부정적으로 묘사하고 있다. 이는 모노가타리가 '모노노아하레'를 아는 것을 본령으로 삼고, 그것을 최선으로 여기기

---

124 오보로즈키요와 히카루겐지의 밀통 사실을 안 우대신은 딸인 오보로즈키요의 심정은 헤아리지도 않고 즉시 고키덴 황후의 처소로 가서 그 사실을 전한다.(賢木②146)

125 무라사키노우에의 부친 식부경 친왕의 정처가 자신의 둘째 딸이 중궁이 되지 못한 것과 히게쿠로와 다마카즈라로 인해 큰 딸의 결혼 생활이 파탄에 이른 원인을 히카루겐지에게 돌리며 비난한 것을 두고 작중화자가 평한 말이다.(眞木柱③376)

126 히게쿠로의 장모는 손녀인 마키바시라(眞木柱)와 그 남편인 병부경 친왕의 사이가 좋지 않은 것에 대해 자주 원망의 말을 늘어놓는다.(若菜下④163)

때문이다.

또 유기리(夕霧)와 구모이노카리(雲居雁)의 관계에 대해 구모이노카리의 부친인 우대신이 엄하게 훈계하고 제지하는 것은 마음을 헤아리지 못한 행동인 양 말하고, 유기리와 구모이노카리는 나쁘게 말하지 않는다. 그러나 일반적인 세간의 시선으로 보면 우대신이 훈계하는 것은 당연한 일로, 오히려 유기리와 구모이노카리 쪽에 허물이 있는 것이다.

이는 모두 '모노노아하레'를 아는 것을 기준으로 삼아 좋고 나쁨을 가리고 있기 때문임을 각 권을 읽으면서 자연스럽게 깨달아야 한다. 이것은 좋고 저것은 나쁘다고 확실하게 말하고 있는 것은 아니지만, 서술하는 어감을 통해서 좋고 나쁨을 구별할 수 있을 것이다.

한편 승려를 '모노노아하레'를 모르는 사람으로 그리는 경우가 있다. 「가시와기」권의 다음과 같은 대목이다. "겐지 님이 '이런 나를 불쌍히 여겨 주십시오'라고 말씀하시니, 온나산노미야(女三の宮)는 '저처럼 출가한 자는 속세의 인정(모노노아하레)과는 거리가 먼 존재라고 하는데, 하물며 애당초 몰랐던 제가⋯.'"[127]

이것은 온나산노미야가 출가한 후의 장면이다. 히카루겐지가 그녀에게 출가는 했더라도 자신의 마음을 불쌍하게 여겨 달라고 말한

---

[127] 출가한 온나산노미야에게 히카루겐지가 미련을 버리지 못하고 자신의 마음을 전하는 장면.(柏木④322)

다. 그러자 온나산노미야는 출가한 사람들은 모두 속세의 인정을 모르는 법이라 하는데, 하물며 자신은 애초에 속세의 인정을 몰라서 말해도 소용없는 몸이기에 뭐라 답해야 할지 모르겠다고 한다. 이는 승려를 '모노노아하레'를 모르는 자로 여기는 일반적인 생각에 따른 것이다.

본디 승려를 '모노노아하레'를 모르는 존재라 함은 다음과 같은 연유에서다. 우선 불도란 끊기 힘든 부모처자와의 정을 완전히 끊는데다가, 모습도 바꾸고 집도 재물도 모두 버리고 산에 들어가 생선과 고기의 맛, 음악과 호색의 즐거움을 끊는 등, 보통 사람의 마음으로는 견디기 힘든 일이다. 그러므로 마음이 여리고 '모노노아하레'를 아는 자는 수행하기 힘들기 때문에 단단히 마음을 먹고 일부러 '모노노아하레'를 모르는 자가 되어야만 하는 것이다. 또한 사람들을 불도로 이끌 때도 세속의 '모노노아하레'를 생각하고 마음이 여려서는 인도하기 어렵다. 언뜻 생각하면 승려가 '모노노아하레'를 모르는 것 같지만, 불도란 오랫동안 미망에서 헤맬 중생들을 가엾게 여기고 베푸는 가르침이기에 그런 뜻에서 본다면 실은 '모노노아하레'를 깊이 이해하고 있는 것이라 할 수 있다. 유교의 가르침도 그 마음가짐은 똑같다.

「시이가모토」권에 "고승의 지나치게 분별력 있는 불심을 야속하고 냉정하다고 생각한다"[128]라는 구절이 있다. 하치노미야(八の宮)가 세상

---

128 오이기미와 나카노키미가 부친인 하치노미야의 유해라도 보고 싶다고 하자, 고승은 집

을 떠나자 그의 딸들은 무척 슬퍼하는데, 고승은 불도의 가르침으로 일관하며 부녀간의 애절함을 헤아리지 않고 그녀들에게 집착하는 마음을 버리라고 매정하게 말을 건넨다. 그 모습이 너무나도 완강해서 야속하고 무정하게 느껴진다는 것이다. 이래서 승려가 '모노노아하레'를 모른다고 하는 것이다. 다만 불심이 강한 승려는 대개 세상 사정에도 어둡기 때문에 실제로 '모노노아하레'를 모르는 이들도 있을 것이다.

또 '모노노아하레'를 아는 척하며 그런 모습을 보이려는 것에 대해서는 몹시 나쁘다고 기술한다. 이런 유는 진정으로 '모노노아하레'를 알고 있는 것이 아니라, 겉으로만 꾸며대는 것으로 매우 볼썽사납기 때문이다.

「하하키기」권에 "대체로 남자나 여자나 부족한 사람들은 조금이라도 알고 있는 것을 남김없이 보여주려 하는데 그야말로 보기 딱한 일입니다", "어떤 일에나 때와 형편을 살피지 못하면 우아하게 풍류를 아는 척하지 않는 편이 무난할 것입니다. 대체로 알고 있는 것도 모르는 척 행동하고, 하고 싶은 말이 있어도 열 가지 중에 한두 가지는 참고 지나가는 것이 좋습니다"[129], 또 「고초」권에 "여인이 신중하지 못하고 마음이 내키는 대로 마치 정취를 잘 알고 풍류를 이해하는 척하

착하는 마음을 버려야 한다며 그마저도 거절한다. 고승의 행위는 비정하게 보이지만, 달리 보면 남겨진 두 사람을 위한 온정이라고도 할 수 있다.(椎本⑤190)

129 비 오는 날 밤의 여성 품평회 장면에서 좌마두의 말.(帚木①89~90)

는 행동이 거듭되면 좋지 않기 마련인데…"[130]라는 구절들이 이에 해당한다. 「하하키기」권에 나오는 '스산한 바람소리…라는 와카를 읊은 여인'[131]과 같이 바람기 있는 호색적인 여성에 이러한 부류가 많다. 대체로 '뽐내다', '우아한 체하다', '풍류를 아는 체하다'라는 말들은 겉으로만 꾸며 보이려는 행동을 뜻한다.

한편 '모노노아하레'를 지나치게 안다고 하는 것 또한 나쁘다고 기술한다. 이는 '모노노아하레'를 깊이 안다는 것이 아니다. '지나치다'란 별것도 아닌 일에 마치 정취를 아는 척하는 것이 지나쳐서 때로는 이성에게 넘어가기 쉬운 바람기 같은 것을 말하기도 한다. 그렇기 때문에 '적당하게'[132]라는 표현도 지나치게 아는 체하는 것을 나쁘다고 하는 것이지, 깊게 아는 것을 나쁘다고 하는 것은 아니다.

「우스구모」권에 "여어(女御)는 가을의 정취를 아는 척 대답한 것이 후회스럽고 부끄러워…"[133]라는 구절이 있다.

　　'여어'는 아키코노무 중궁(秋好中宮)이다. 이것은 봄과 가을 중 어느 쪽에 마음이 끌리느냐는 히카루겐지의 물음에, 실로 어느 쪽이랄 것도 없지만 색다른 정취가 있는 가을밤이야말로 그러하다고 대답

---

130 남자들이 다마카즈라에게 보낸 편지를 보며 히카루겐지가 다마카즈라에게 충고하는 말.(胡蝶③178)

131 좌마두가 자신이 과거에 만났던 바람기 있는 여성에 대해 이야기하는 장면.(帚木①79)

132 '적당하게'는 뒤의 98쪽에 나오는 말이다. 아직 나오지 않은 표현을 참조하도록 언급하는데, 이는 『시분요료』를 개정할 때 잘못 들어간 것으로 추정된다.

133 춘추우열론에서 아키코노무 중궁은 모친 로쿠조미야스도코로가 죽은 계절인 가을이 봄보다 좋다는 생각을 내비친다.(薄雲②464)

한 것을 생각하는 장면이다.

같은 「우스구모」권에 "올해는 필시 액을 면치 못할 것 같은 해라고 느끼면서도 중병이라고는 생각지 않으셨기에, 죽음을 예견하는 것도 남들이 보기에는 예사롭지 않은 사람이라고 꺼리겠지…"[134]라는 구절이 있다.

이 또한 같은 마음으로, 스스로 목숨이 다한 것을 아는 척 말하는 것을 부끄러워하는 것이다. 무라사키노우에의 말이다.[135]

「미노리」권에 "무라사키노우에는 마음속에 생각하고 계시는 것이 많았지만 주제넘게 죽고 나서의 일에 대해 말을 꺼내시는 일도 없었다"[136]라는 구절이 있다.

이는 내가 죽거든 어찌어찌하라는 식으로 유언하는 것을 주제넘는 짓이라고 부끄러워하는 것이다.

이러한 예를 잘 생각해보라. 좋은 여자는 이 정도의 일조차 부끄럽게 여긴다. 하물며 정취를 아는 척 꾸며서 보여주는 것은 오죽하겠는가. 이렇게 여성 등장인물 중에 좋은 사람의 예라고 할 수 있는 이 무라사키노우에의 마음을 잘 살펴보아야 한다.

「호타루」권에서 히카루겐지와 무라사키노우에가 모노가타리에 대

---

134 후지쓰보 중궁이 중병에 걸렸을 때의 장면.(薄雲②443~444)
135 노리나가는 '무라사키노우에의 말'이라고 하지만, 실은 중병에 걸린 후지쓰보 중궁의 말이다.
136 무라사키노우에는 죽음이 임박했음을 예감하고 유언을 남기고 싶다고 생각했으나, 이성적이고 냉정한 대처를 꺼려 그만둔다.(御法④501)

해 논하는 장면에 다음과 같은 구절이 있다.[137]

"그분이 말씀하시길, 천박한 사람들의 흉내를 내는 것은 읽기에도 민망하여…"

'그분'은 무라사키노우에로, 그녀가 말하는 부분이다. '흉내'는 모노가타리를 말하는 것이다. 세상 사람들의 모습을 모방하여 썼기 때문이라는 뜻이다. '천박한'이란 바람기 있는 여자의 모습을 말한다. '민망하다'란 흔히 말하는 낯부끄럽다는 뜻이다. '읽기에도'라는 문구를 통해 하물며 실제로 그런 여자를 얼마나 민망하게 생각하는지 알 수 있다.

"…『우쓰호 모노가타리』에 나오는 후지와라의 딸(아테미야, 貴宮)이야말로 참으로 사려 깊고 정숙한 인물로 빈틈없는 듯 보이지만 나긋나긋하지 않은 말투와 태도에 여자다움이 없다고 할까, 역시 치우쳐 있지요. 그렇게 말씀하시니,"

'나긋나긋하지 않은'이란 부드럽고 요염한 멋이 없는 모습이다. '여자다움'이란 여성스러운 면이라는 뜻이다. '치우치다'란 한쪽으로 편중되어 있다는 말이다. 이 인물은 『우쓰호 모노가타리』에 나오는데, 『가초요조』에 요점을 잘 간추려 놓았다. 자세한 것은 이 모노가

---

137 앞에서 나왔던 「호타루」권의 모노가타리론 다음에 이어지는 장면으로, 히카루겐지와 무라사키노우에가 주고받는 모노가타리 효용론이 이하 계속 인용된다. 여기서 히카루겐지는 앞의 다마카즈라와의 논쟁 때와는 모순된 태도로, 아카시노히메기미에게는 모노가타리를 읽히지 말라고 무라사키노우에에게 당부한다.(螢③215~216)

타리를 읽어보라. 이 인물은 위의 '천박한' 여자와는 반대로 많은 남자들의 연모에 응하지 않고 냉담하였다. 그래서 남자들이 심히 원망하고 죽는 일까지 있었지만 이를 조금도 가련하다고 생각지 않았다. 이런 여자는 유학자들에 따르면 정조 있는 열녀라고 칭송해야 할 텐데, 여기서는 편중되어 있다고 말한다. 「스에쓰무하나」권에 "냉담하고 기가 센 것으로 말할 것 같으면 더할 나위 없이 정취가 뒤떨어지는 고지식함에 인정을 너무나 모르는 것처럼…"[138] 이라는 구절 등의 예도 마찬가지다.

이와 같은 무라사키노우에의 말을 받아서 히카루겐지가 말하기를, "현실의 사람도 과연 그리 말할 수 있겠지요. 사람은 저마다 다르기 때문에 치우침 없이 적당하게 행동할 수만은 없는 노릇이지요."

'현실의 사람'이란 옛 모노가타리에 나오는 사람에 대해 실제의 사람을 말한다. '과연'이란 그와 같다는 뜻이다. '사람은 저마다 다르다'란 후지와라의 딸처럼 정조를 지키는 것이 세상 사람들과는 다름을 말한다. '치우침 없이 적당하게 행동할 수만은 없는 노릇이지요'라고 한 것은 무라사키노우에의 말에 수긍하여 정말로 편중되었다고 하는 뜻을 포함한다. 「하하키기」권에는 "겐지 님은 한 분의

---

138 히카루겐지는 죽은 유가오를 그리며 나긋나긋하고 유순한 여성을 찾고자 평판이 있거나 괜찮다고 여겨지는 여성들에게 다가가지만 찾지 못한다. 여인들 중 냉담하고 기가 센 사람은 당초의 의지와 자긍심을 잃고 평범한 남자의 아내가 되어 중도에 연락을 끊는 경우도 있었다.(末摘花①265~266)

모습만을 마음속에 계속 떠올리셨다. 이에 비춰보아도 모자라지도 넘치지도 않게 행동하시는구나 하며 드물게도 훌륭하신 분이라고…"[139]라는 구절도 있다.

"교양 있는 집안의 부모가 정성을 다해 키운 자식이 철없고 순진한 점을 좋게 평가하고, 그 밖의 모자란 점에 대해서는 어떻게 길렀기에 그 모양이냐고 부모의 양육법까지 탓하니 참으로 안타까운 일이지요."

'모자란 점'이란 예능 전반에 걸친 것이지만, 앞에서부터 '모노노아하레'를 모른다는 문맥이 계속되고 있기 때문에 주로 '모노노아하레'를 아는 것이 모자라다는 뜻을 담고 있다. 뒤에 인용하는 「유기리」권의 발언에서도 알 수 있다.

"그렇게 말하더라도 딸을 보고 정말 그 신분에 맞게 잘 자랐다 싶으면 보람도 있고 체면도 서게 마련이지요."

'그렇게 말하더라도…'는 흔히 말하는 과연 그 사람의 딸이로구나 하는 정도의 뜻이다. '보람도 있다'는 부모가 정성을 들여 키운 보람이 있다는 것이다. '체면도 서다'는 부모의 체면을 말한다.

「유기리」권에 유기리와 오치바노미야(落葉の宮)의 관계를 들은 히카루겐지가 무라사키노우에에게 자신이 죽고 난 뒤 당신의 처지가 걱정

139　비 오는 날 밤의 여성 품평회에서 다양한 신분의 여성들에 대한 이야기를 들으면서, 히카루겐지는 완벽한 여성의 예로 오로지 후지쓰보 중궁만을 생각한다.(帚木①90~91)

된다고 말하자, 작자가 무라사키노우에의 상념에 대해 쓰기를, "여자만큼 처신하기가 옹색하고 딱한 존재는 없습니다."[140]

여자만큼 처신하기가 힘들고 애처로운 존재는 없다는 의미다. 그 까닭은 '모노노아하레'를 잘 아는 것처럼 행동하면 말도 안 되는 비난이 나오므로,[141] 생각하는 것이 마음속에 쌓여 편치 않기 때문에 애처로운 면이 특히 많다는 말이다. 이 말을 명심해야 한다.

"정취나 흥취 있는 것을 모르는 척하고 뒤로 물러나 조용히 있으면, 무엇으로 세상의 기쁨을 느끼고 무상한 세상의 따분함을 달랠 수 있단 말입니까."

'모르는 척하고 뒤로 물러나 조용히 있다'란 여자가 감동하는 일이 있어 절절하게 정취를 느낄 때도, 드러내놓고 그 모습을 보이면 지나치게 풍류를 아는 척하는 모습으로 비치기 쉬워 삼가며 참을 뿐 표현하지 못하는 것이다. 알면서도 모르는 척하며 참고 지내므로 점점 마음속에 쌓여 애수가 깊어지니, 이것이야말로 처신하기가 옹색하고 딱한 이유다. 그리고 그런 식으로는 어떤 일에든 세상의 기쁨은 느낄 수 없을 것이고, 또한 어떤 일로도 따분함을 달랠 수

---

140 유기리가 성실한 인품이라는 평에 맞지 않게 죽은 친구의 아내인 오치바노미야에게 구애한다는 소문을 들은 히카루겐지가 이를 걱정하며 무라사키노우에와 대화를 나누는 장면이 이하 계속된다.(夕霧④456~457)

141 유기리의 연주 요청에 오치바노미야가 상부련(想夫戀)을 쟁(箏)으로 연주했다는 이야기를 듣고, 히카루겐지가 남자의 마음을 끌 수도 있는 곡을 연주했다며 오치바노미야가 경솔한 행동을 했다고 말한다.(橫笛④366)

없을 것이라는 의미다. 그리고 '무상한 세상'이라 함은 이 세상은 덧없고 영원하지 않은데, 마음까지 달랠 길이 없다면 사는 재미가 없을 것이라는 뜻으로 말하는 것이다. 그렇지 않다면 '무상하다'는 불필요한 말이다.

'모노노아하레'를 드러낸다는 것은 「스에쓰무하나」권에 "그렇게 쓸쓸히 지내는 사람은 깊은 정취를 잘 알기 마련인데. 하찮은 풀과 나무, 하늘의 모습을 보고도 감흥이 일어 와카를 읊는 등, 그 사람의 마음을 자연스럽게 살필 수 있는 때가 있어야 애절한 것을"[142]이라고 나와 있다. 이처럼 정취가 느껴질 때는 나무와 풀 따위에 빗대어 노래로도 읊고 편지로도 써 보냄으로써 쓸쓸한 마음을 다른 사람에게 보여 위안을 얻는 것이다.

또 「요모기우」권에 "특별히 풍류인 척하지 않아도 자연스럽게 바쁜 일이 없을 때는 마음이 통하는 이에게 편지를 보내거나 해서 젊은 사람들은 풀과 나무의 정취에서 마음의 위안을 받는 것이다"[143]라고 나와 있다. 이 또한 젊은 여자가 의지할 데 없이 불안하게 지내는 경우를 말한다. '특별히 풍류인 척하지 않아도'란 일부러 풀과 나무에 빗댄 편지를 애호하여 쓰는 것이 '모노노아하레'를 아는 체

---

142 스에쓰무하나에게 편지를 보내도 답장이 없자 애달아하는 두중장의 모습.(末摘花①275)
143 스에쓰무하나는 히카루겐지가 스마에 퇴거해 있는 동안, 세상 사람들과의 교류도 없이 시대에 뒤떨어진 고풍스러운 옛 노래와 모노가타리를 벗 삼아 홀로 지낸다.(蓬生② 330~331)

하는 것이기 때문에 바람직하지 않음을 뜻한다. 그런 까닭에 '자연스럽게'라고 하고 있다. 즉 '꾸며서 풍취가 있는 체하지 않아도'라는 뜻이다.

"정취도 알지 못하고 한심한 사람이 되어버린다면 키워준 부모가 얼마나 한탄스러워하겠습니까."

'정취를 안다'는 것은 즉 '모노노아하레'를 안다는 것이다. 그것을 모르는 사람을 한심한 사람이라고 하고 있다. 이를 명심해야 한다. 앞에서 인용한 「호타루」권에 '모자란 점이 많다'라고 나오는데, 이것은 주로 '모노노아하레'를 모르는 것에 대한 말이었음을 여기서 같이 생각해야 한다.

"마음속에만 담아두고, 무언태자(無言太子)[144]나 법사들이 힘든 수행을 하였다는 옛 우화처럼, 좋고 나쁨을 다 알면서도 묻어두는 것 역시 한심할 따름입니다."

무언태자에 대해서는 『가카이쇼』에 주석이 달려 있다. '좋고 나쁨'은 앞에서 자세히 언급한 '좋고 나쁜 것'이다. 그것을 잘 알고 분별하는 것이 정취를 아는 것이고 '모노노아하레'를 아는 것이다. '묻어두는 것 역시 한심할 따름입니다'란 앞에서 '모르는 척하고 뒤로 물러나 조용히 있으면'이 이것이다.

---

144 『불설태자목백경(佛說太子沐魄經)』에 나오는 바라나시국(波羅奈國)의 태자 목백(沐魄)은 구업(口業)의 죄에 의해 지옥에 떨어질 것을 두려워하여 13세까지 말을 하지 않았다. 그래서 왕이 태자를 생매장하려 하자 말을 하고 왕위를 계승한다.

이 부분에 무라사키시키부가 이 모노가타리를 지은 본뜻이 담겨 있다고 할 수 있다. 이 모노가타리는 무라사키시키부가 세상의 좋고 나쁨을 다 알면서도 마음에 묻어두는 것을 안타깝게 생각하여 쓴 것이다.

"저 역시 적당하게는 어떻게 해야 하는 것인가 하며 궁리하는 것도 지금은 오로지 온나이치노미야 때문입니다."

'적당하게'는 앞의 「호타루」권에서 '적당하게 행동할 수만은 없는 노릇이지요'라는 부분과 같이 보아야 한다. '어떻게 해야 하는 것인가'란 적당히 행하는 것의 어려움을 생각하는 것이다. '여자만큼 처신하기가 옹색하고 딱한 존재는 없다'가 이것이다. '지금은 오로지 온나이치노미야 때문입니다'란 무라사키노우에 자신은 이미 안정되고 나이도 한창때를 지났기 때문에 염려할 게 없지만 지금은 오로지 온나이치노미야를 잘 키우는 것이야말로 중요한 일이라는 뜻이다.

위 단락의 이야기를 참고하자면, 바람기 있는 여자는 물론이거니와 그렇지 않더라도 '모노노아하레'를 지나치게 아는 척하는 것도 나쁜 것임을 알아야 한다.

자고로 사람은 다정하게 대해주면 넘어가기 쉽다. 바람기 있다는 것은 '모노노아하레'를 알고 정이 있는 것과 비슷해 보이지만 그렇지 않다. 결국 바람기 있다는 것은 정작 '모노노아하레'를 모르는 것이다. 이 사람 저 사람에게 마음을 옮기는 것은 이 사람도 저 사람도 진정으로 연모하지 않기 때문이다. 만약 한 사람만을 연모한다면 다른 사람에게 마음을 옮기는 것은 적절치 않다. 다만 히카루겐지가 여러 여인을 생각하는 모습은 모두 '모노노아하레'를 참을 수 없기 때문이다. 흔히 말하는 바람기는 아니다. 그 마음가짐은 모노가타리를 읽고 느껴야만 이해할 수 있는 것으로 일률적으로 말하기는 어렵다. 의도하지 않았지만 후지쓰보 중궁이 히카루겐지를 만난 사건은 훌륭하고 좋은 사람들끼리 '모노노아하레'를 참기 어려운 면도 있었기 때문이다. 비슷한 예로 보이지만 오보로즈키요는 마음이 가볍고 바람기 있는 사람이고, 반면 후지쓰보 중궁은 모든 면에서 뛰어나고 좋은 사람이다. 따라서 이 둘을 구별해서 모노가타리의 본뜻을 깨달아야 한다.

이와 같은 예로 우쓰세미의 사려 깊은 마음가짐을 적은 대목이 있다. 「하하키기」권의 "어렴풋이 뵈었던 겐지 님의 모습이 정말이지 뛰어나다고 생각지 않은 것은 아니지만, 그분의 멋진 모습을 보았다한들 달라지는 것은 아무 것도 없다고 마음을 고쳐먹었다", "마음속으로는 정말이지 내 처지가 이렇지 않고, 돌아가신 부모님의 모습이 남아 있는 옛집에서 가끔이라도 그분이 오시는 것을 기다릴 수 있다면 얼마나 좋았을까 생각하며… 심란해하였다", "우쓰세미도 역시 잠을 이룰 수 없었다"[145] 등이다.

---

145 히카루겐지는 우쓰세미와 인연을 맺고 그녀의 남동생을 통해 계속해서 연모의 편지를 보낸다. 우쓰세미는 겉으로는 계속 거부하지만, 속으로는 함께할 수 없어 안타까워한다.(帚木①109~112)

이러한 우쓰세미의 모습은 「우쓰세미」권에서도 확인할 수 있다. "그 후로는 소식이 끊어져 버렸다. 이젠 질려버리신 모양이라고 생각하면서도 이대로 냉담해져서 발길을 끊으신다면 괴로울 것이다. 줄곧 난처한 겐지 님의 행동이 계속되는 것도 곤란한 일이기에, 적당한 때 끝내야지 생각은 하였지만 마음처럼 되지 않아 근심에 잠기기 일쑤였다."[146]

> '줄곧'부터 '생각은 하였지만'까지를 연결해서 이해해야 한다. '곤란한 일이다'에서 그 뜻이 끊어지는 듯하지만 그렇지 않다. '곤란한 일이기 때문에 적당한 때 끝내자고 나 혼자 줄곧 생각은 하였지만'으로 이어지는 것이다.

"박정한 우쓰세미도 이렇게 감정을 누르고 있었지만, 실로 가볍지 않은 겐지 님의 마음을 알기에 '결혼하기 전 내 처지라면⋯'이라고 생각해보지만 지나간 세월을 되돌릴 수 있는 것도 아니었다. 그렇다고 가슴에 묻어두기도 힘들었기 때문에 겐지 님이 보낸 편지 한 귀퉁이에 '매미 날개에 맺힌 이슬처럼 나무그늘에 숨어 참고 참으니 소맷자락 젖누나'라고 썼다."[147]

또 「유가오」권에 "과연 이대로 소식이 끊어져 자신을 잊어버린다면

---

146 히카루겐지의 두 번째 방문을 거부한 우쓰세미의 내면적 갈등을 서술한 장면.(空蟬① 117~118)
147 우쓰세미는 히카루겐지의 편지 뒷면에 그를 받아들일 수 없는 자신의 처지와 그로 인한 한탄을 적는다.(空蟬①131)

실로 안타깝고 괴로울 것이라는 생각에 때때로 오는 편지에는 친밀감을 담아 답장하고…"[148] 등의 구절이 있다. 우쓰세미의 마음가짐이 바로 '모노노아하레'를 잘 알고 지나치지 않게 행동한 것이다.

또한 뛰어난 여성의 모범으로 그려진 아사가오에 대해 「아오이」권에서 다음과 같이 말한다. "이런 소문을 들으신 아사가오 아가씨는 무슨 일이 있어도 그분은 닮지 말자며 깊이 생각하셔서 형식적으로나마 편지의 답장도 거의 하지 않으셨다. 그렇다고 해서 무뚝뚝하거나 쌀쌀맞게는 대하지 않으셨다. 그러한 모습에 겐지 님도 과연 이분은 각별하다고 생각하셨다."[149]

'무슨 일이 있어도 그분은 닮지 말자'란 히카루겐지를 받아들이지 않는 여인이 세상에 거의 없지만 나 자신은 그런 보통의 여인들처럼 행동하지 않겠다고 다짐하는 것이다. 바로 이 점이 아사가오가 다른 여인들보다 뛰어난 부분이다. 한편 '그렇다고 해서…'는 아사가오가 '모노노아하레'를 잘 알고 있음을 드러내는 대목이다. 앞의 「스에쓰무하나」권에서 '냉담하고 기가 센 것으로 말할 것 같으면 더할 나위 없이 정취가 뒤떨어지는'이라 하였듯이, '무슨 일이 있어도 그분은 닮지 말자'고 결심한 사람이라면 『우쓰호 모노가타리』의

---

148 남편을 따라 지방으로 내려가게 된 우쓰세미는 히카루겐지가 자신을 잊는 것이 두려워 편지라도 주고받기를 원한다.(夕顔①146)
149 로쿠조미야스도코로가 히카루겐지와의 관계에 실망하고 이세로 내려간다는 소문을 들은 아사가오는 불명예스러운 소문이 나지 않도록 현명하게 처신한다.(葵②19)

아테미야처럼 반드시 한쪽으로 치우치기 마련인데, 아사가오는 그렇지 않다. 바로 이러한 특별한 마음가짐 때문에 히카루겐지도 '과연 이분은 각별하다'고 생각하는 것이다.

「아사가오」권에서도 다음과 같이 말한다. "실로 겐지 님이 훌륭하신 것도 또 정취가 있는 분이신 것도 모르는 바는 아니지만, 남녀 간의 정리를 아는 모습을 보여드린들 여느 여자들이 그러하듯 겐지 님을 칭송하는 것과 다름없이 여겨질 터이고, 한편으로는 이쪽의 그 정도로 깊지 않은 마음도 아시게 될 것이다. 이 몸이 하찮게 여겨질 정도로 빼어난 분이시라 생각하니, 흠모하는 마음을 품은들 부질없는 일. 연정을 전하는 편지가 아니라면 소식을 끊어 답답해하지 않을 정도로 소식을 보내고, 인편으로 답장을 받으며 경박하게 여겨지지 않을 정도로 지내야지."[150]

이도 마찬가지로 아사가오가 히카루겐지와의 관계를 생각하는 마음이다. 앞의 「아오이」권에서 언급한 것과 같은 취지다. '겐지 님이 훌륭하신 것'이란 히카루겐지의 됨됨이가 훌륭하고 얼굴과 외모가 뛰어남을 말하며, '정취가 있는 분'이란 히카루겐지의 마음씀씀이가 그러하다는 말이다. '모르는 바는 아니지만'이란 인품과 외모에 감탄하고 마음씀씀이에 감동하는 것을 말한다. '남녀 간의 정리를 아는 모습을 보여드린다'는 느낀 바를 히카루겐지에게 알려주려고

---

150 히카루겐지의 구애를 거부하는 아사가오의 심정.(朝顔②487)

마음을 표현한다면이라는 뜻이다. '어느 여자들이 그러하듯…'은 히카루겐지를 세간에서 칭송하지 않는 사람이 없으니 그런 보통의 여자처럼 생각되지 않을까라는 뜻이다.

이 부분은 앞에서 아사가오가 '무슨 일이 있어도 그분은 닮지 말자'고 생각한 것과 상통한다. '한편으로는(かつは)'이라는 말에 주의를 기울여야 한다. 히카루겐지가 자신의 박정함을 깊이 원망하면서 한편으로는 또 경박하다고 가벼이 여길 것이라는 뜻이다. '한편(かつ)'이라는 말의 사용례가 모두 이와 같다. 요즘 사람들이 '또(又)'라고 해야 하는 대목에서 함부로 사용하는 것과는 다르다. '이 몸이 하찮게 여겨질 정도로 빼어난 분'이란 히카루겐지는 실로 마음이 깊고 모든 면에 뛰어난 분이라서 가벼이 보이는 것은 부끄러운 일이라는 의미다. '흠모하는 마음'이란 연모의 정을 드러내는 것을 말한다. '소식을 끊어'의 '끊어(絶えて)'는 청음으로 아래 구절에 이어지는 말이다.[151] 소식을 끊어 답답해하지 않게라는 뜻이다.

이처럼 아사가오는 '모노노아하레'를 잘 알아 적절하게 발휘하기도 하고 또 자제하기도 하는 인물이다. 실로 뛰어나서 여인의 모범이라 할 만하다. 그런 연유로 히카루겐지는, 이분은 역시 다른 여인과 달리 고상하다 여기고 더욱 마음을 둔 것이다.

---

151 『고게쓰쇼』에서는 '끊이지 않아(うち絶えて)'로 읽고 있는 데 반해, 노리나가는 '끊어져(うち絶えて)'로 읽어야 한다고 주장한다.

본래 무라사키시키부의 본뜻은 무엇보다 '모노노아하레'를 아는 데 있다. '모노노아하레'를 모르는 것이 한심한 것은 말할 나위 없다. 또 '모노노아하레'를 아는 것을 지나치게 내보이는 것도 볼썽사납고 좋지 않으며, 특히 남녀 간에는 호색적인 방향으로 흐르기 쉬운 법이다. 마음으로 깊이 이해하고 그 적당한 정도를 헤아려 행동해야 하는 것임을 위에서 인용한 각 권의 이야기들을 두루 고려해서 이해해야 한다. 이것이 이 작품의 대의다.

　그런데 그것은 작자가 깊이 '모노노아하레'를 이해하고 있기 때문이다. 세상만사, 좋은 사람과 나쁜 사람의 마음이나 행동을 보고 듣고 접할 때 그 마음을 잘 이해하고 감탄할 때가 많다. 그럴 때 마음속에 맺혀 억누를 수 없는 감정들을 작자가 등장인물에 가탁하여 세세하게 풀어내 자신이 좋다 나쁘다 생각하는 것이나 말하고 싶은 것을 그 등장인물에게 생각하게 하고 말하게 함으로써 답답한 심경을 살짝 내비친 것이다. 세상의 모든 '모노노아하레'를 이 모노가타리 안에 남김없이 담아냈다.

　그리고 이를 읽는 사람이 그럴 듯하다고 마음속 깊이 감동하게끔 모든 일을 더욱 정취 깊고 아름답게 쓴 것이다. 그렇기에 이 모노가타리를 읽는 것은 무라사키시키부를 만나 눈앞에서 그녀가 자신의 생각을 이야기하는 것을 생생하게 듣는 것과 매한가지다. 또 모노가타리에 그려진 좋고 나쁜 사람들의 행동과 마음의 정취를 잘 생각해보면 이러저러한 것을 보고 들을 때는 이렇게 생각된다, 이러저러한 일을 겪을 때의 마음은 이러하다, 좋은 사람의 행동과 마음은 이러하다, 나쁜 사람은 이러하다는 식으로 모든 세상사며 모든 사람의 마음속 구석구석까지 잘 이해하게 되고 이치를 분별하게 된다. 중국 서적에서 말하는 인정세태(人情世態)를 잘 이해하는 데 이 모노가타리를 읽는 것보다 나은 것은 없으리라 생각된다.

○ 사람의 마음을 아는 데 사랑보다 좋은 것은 없다. 고로 깊고 억누르기 어려운 '모노노아하레'는 특히 사랑 이야기에 많다. 신들의 시대부터 대대로 사랑을 읊은 노래가 유달리 많고, 깊고 뛰어난 정감을 읊은 노래가 사랑 노래에 많고, 또 요사이 보통 사람들이 부르는 노래까지 사랑 노래가 많은 것도 당연한 소치다. 사랑이야말로 인간이 느끼는 감정의 정수다.

그런데 사랑의 모습은 참으로 다양하여 울적한 일도 슬픈 일도 원망스러운 일도 화나는 일도 재미있는 일도 기쁜 일도 있기 마련인데, 사람들이 느끼는 여러 감정은 대부분 사랑 안에 담겨 있다. 이 모노가타리는 세상의 모든 '모노노아하레'를 써서 독자를 깊이 감동시키려고 지은 것이니, 사랑 이야기가 아니고서는 다양하고 섬세한 감정과 '모노노아하레'의 깊은 참맛을 보여주기 어려운 연유로 특별히 사랑 이야기를 쓴 것이다. 사랑하는 사람의 여러 행동과 마음, 제각각의 정취를 매우 상세하게 적어 '모노노아하레'의 진수를 보여준다.

후대의 일이지만, 후지와라노 슌제이가 '사랑 안 하는 사람은 모를

테지 진정한 마음을, 모노노아하레도 사랑을 통해 아네'[152]라고 읊은
와카야말로 이 모노가타리의 진의와 잘 맞는다.

특히 사랑의 애절함이 각별히 깊고 참기 어려운 모습은 「기리쓰보」
권의 "결코 조금도 사람 마음을 상하게 하는 일은 하지 않았다고 생각
하지만, 단지 이 사람을 위해 듣지 않아도 될 원망을 듣고…"[153]라는
대목에 보인다.

이는 기리쓰보 천황의 심중이다. '이 사람'이란 기리쓰보 갱의(桐壺更
衣)를 가리킨다.

<hr />

152 어느 날 노리나가는 지인으로부터 이 슌제이의 와카에 나오는 '아하레'의 의미에 관한
질문을 받는다. 이 질문은 노리나가에게 와카와 모노가타리의 본질에 대해 생각하게 하
는 계기가 된다. 이에 노리나가는 『아하레벤(安波禮辨)』을 저술하여 다음과 같이 설명한
다. "자신은 평소 이해하고 있던 말이라 생각했으나 막상 답할 수 있는 말이 없다. 이것저
것 생각하니 점점 '아하레'라는 말에는 깊은 의미가 있는 듯 여겨져 그 자리에서 한두 마
디로 쉽게 답할 수도 없어서 나중에 말씀드리겠다고 답하였다. 그 사람이 간 후에 곰곰
이 생각함에 따라 점점 '아하레'라는 말은 쉽게 생각할 수 있는 것이 아니므로 옛 서적 또
는 옛 와카 등에서 사용된 용례를 대충 살펴보니, 대개 그 뜻이 많아 한두 개의 의미로 사
용되는 것이 아니었다. 그래서 이것저것 옛 서적들을 보며 깊이 고찰해보니, 대개 옛 와
카는 '아하레' 외에 다른 말로 표현할 수가 없다. 신대로부터 현재에 이르기까지 읊은 와
카 모두 '아하레' 한마디로 귀결된다. 그러므로 이 길의 궁극적인 의미를 찾는 데 '아하레'
라는 말 외에 다른 것은 없다. 『이세 모노가타리』, 『겐지 모노가타리』, 기타 모든 모노가
타리까지도 또 그 본의를 찾으면 '아하레'를 그 진의로 생각해야 할 것이다. 공자가 시 삼
백 편을 한 마디로 표현한다면 사악함이 없는 생각이다(詩三百一言以蔽之曰思無邪)라 한
것도, 지금 생각해보면 이와 비슷하다. 모든 와카는 '모노노아하레'를 아는 것에서 나오
는 것이다. 『이세 모노가타리』와 『겐지 모노가타리』 같은 모든 모노가타리는 '모노노아
하레'를 써서 사람들에게 그것을 알려주려는 것이라고 이해해야 한다. 이외에 다른 의미
는 없다." 즉 이 슌제이의 와카로부터 노리나가의 '모노노아하레'론이 시작되었다고 할
수 있다.
153 채부 명부가 기리쓰보 천황의 칙사로 기리쓰보 갱의의 어머니를 찾아가 천황의 말을 전
하는 장면.(桐壺①31)

또 "다른 사람들의 비난에도 개의치 않으시고 세상의 이야깃거리가 될 만큼 대우를 해주셨다"[154], "서서히 세상 사람들도 좋지 않게 여기고 골칫거리로 생각하며…"[155], "많은 사람들의 비난과 원망에도 개의치 않으시고 이 갱의에 관한 일이라면 도리마저 저버리시더니 돌아가신 지금도 이렇게 정무마저 내팽개치시는 모습이…"[156]라는 대목이 있다.

같은 「기리쓰보」권에 "이듬해 봄 동궁을 정할 때도 첫째 황자를 제치고 겐지를 세우고 싶다는 생각을 하시지만, 후견해줄 사람도 없고 또 세상도 받아들이지 않을 일이기에 오히려 어린 황자에게 위험이 될까 저어하시어 내색도 하지 않으셨다"[157]라고 되어 있다. 이처럼 기리쓰보 천황은 조금이라도 도리에 어긋난 일은 하지 않으려고 애쓰는 훌륭하고 현명한 분이지만, 사랑 앞에서는 참지 못하고 마음이 흐트러졌다는 것을 앞의 예로 알 수 있다.

「아오이」권의 "최근 몇 해 동안 그리워했던 마음과는 비교도 되지 않았다", "그 후로는 잠시 입궐하거나 상황을 알현할 때조차 안절부절

---

154 기리쓰보 갱의에 대한 천황의 총애는 조정 대신들의 비난에도 불구하고 더욱 깊어만 간다.(桐壺①17)
155 기리쓰보 갱의에 대한 지나친 총애에 대해 세상 사람들도 양귀비의 예를 들며 우려한다.(桐壺①18)
156 기리쓰보 갱의가 죽은 후, 그 슬픔에 식사도 거르고 정무도 돌보지 않는 기리쓰보 천황에 대해 사람들이 우려하는 장면.(桐壺①37)
157 기리쓰보 천황은 히카루겐지를 동궁으로 삼고 싶지만, 모친 쪽의 후견인도 없는 히카루겐지가 정쟁에 휘말릴까 우려하여 내색하지 않는다.(桐壺①37)

못하시고… 내 마음이 참으로 이상하다고 스스로도 생각하시지 않을 수 없었다."[158]

　　이는 히카루겐지가 무라사키노우에와 첫날밤을 보낸 후의 마음이다.

「우스구모」권의 "이런 도리에 어긋난 사랑에 마음이 동하는 기질이 여전하구나 하고 스스로도 생각하였다."[159]

　　이는 히카루겐지와 후지쓰보의 관계를 레이제이 천황이 알게 된 후에 히카루겐지가 몹시 두려워하면서도 여전히 질리지도 않고 아키코노무 중궁에게 구애하는 자신을 스스로 한심하다고 생각하는 마음이다.

「고초」권의 "사랑의 산길에서는 공자도 넘어진다…."[160]

　　이는 사랑에 방황하지 않는 사람은 없다는 비유의 말이다. 『가카이쇼』는 '그 얼마나 사랑 향해 나 있는 산길 깊기에 들어선 사람마다 모두 헤매는 건가'[161]를 전거가 되는 노래로 들고 있다.

「유기리」권의 "남의 일이라 이런 사랑에 애태우는 모습을 보거나 들으면 제정신이 아니겠거니 하였는데, 막상 내 일이 되고 보니 실로

158　무라사키노우에와 첫날밤을 보낸 후 히카루겐지는 그녀와 한시도 떨어져 있기 힘들다고 느끼는 자신의 마음에 스스로도 놀란다.(葵②73~75)

159　여전히 아키코노무 중궁에게 끌리는 히카루겐지의 마음.(薄雲②464)

160　'공자도 넘어진다'는 속담으로 공자와 같은 성인군자도 때로는 실수할 수 있다는 뜻.(胡蝶③177)

161　작자 미상의 노래.(古今和歌六帖4・1980)

참기 힘들지 않은가. 참으로 이상하구나. 왜 이리 괴로운 것일까 되새겨보기도 하시지만 어찌할 수 없다."[162]

　　이는 유기리의 마음이다. 다른 사람이 사랑에 애태우는 모습을 보거나 들으면 제정신이 아니라는 생각에 답답하고 있을 수 없는 일이라 여겼다. 그런데 막상 자신이 사랑을 하고 보니 참으로 견디기 힘들다고 깨닫는 것이다. 앞에서 인용한 후지와라노 슌제이가 읊은 와카를 함께 생각해야 한다. 사랑의 마음은 참기 어렵다는 것을 알면 그 외의 모든 일에서도 다른 사람의 마음을 헤아리게 되어 '모노노아하레'를 아는 것이다.

　또 같은 「유기리」권의 "정말로 사랑만큼은 사람들의 충고도 자기 마음도 뜻대로 되지 않는 것이었습니다."[163]

　　이 역시 유기리의 말이다. 사랑만큼은 남들의 충고나 자기 생각대로 하기 힘들다, 세상 사람들이 하는 말이 정말이었다는 것을 자신의 일이 되고 나니 절실히 깨닫게 되었다는 뜻이다. 유기리는 그만큼 성실한 사람이기에 그런 것이다. 참고로 '사람들의 충고도'라는 말 뒤에 뭔가 이어지는 말이 있었던 것이 아닐까 추측된다.[164]

---

162 유기리는 이전에 가시와기가 온나산노미야를 사모할 때는 그를 비난했었는데 막상 자신이 오치바노미야에게 마음이 끌리자, 세상 사람들 말대로 사랑이란 자기 마음대로 되지 않는 것이라고 생각한다.(夕霧④455)

163 오치바노미야와의 관계에 대해 묻는 하나치루사토(花散里)에게 유기리가 하는 말.(夕霧④469~470)

164 『겐지 모노가타리 다마노오구시』 8권의 이 부분에 대한 주석에 따르면, '들리지 않고'라는 말이 누락되어 있다고 설명한다.

앞의 '내 마음이 참으로 이상하다고 스스로도 생각하시지 않을 수 없었다', 또 '되새겨보기도 하시지만 어찌할 수 없다'라는 문장을 통해 사랑의 '모노노아하레'가 얼마나 깊고 참기 어려운지를 알아야 한다. 그렇기 때문에 사랑 이야기 속에는 해서는 안 되는 실수도 도리에 어긋난 행동도 자연스럽게 녹아들어 있다. 히카루겐지가 우쓰세미, 오보로즈키요, 후지쓰보 등의 여인들과 만난 일이 이에 해당한다.

사랑 중에서도 이와 같이 도리에 어긋나지만 어찌할 수 없는 사랑이 더욱 '모노노아하레'가 깊다. 그래서 일부러 적절치 못한 사랑에 대해 써서 그 속의 깊은 '모노노아하레'를 보여주는 것이다.

「사카키」권에 히카루겐지와 후지쓰보의 관계에 대해 "평범한 만남이라도 이 두 사람 같은 관계에서는 애절함도 더할 테니, 그 마음은 비할 데가 없을 것이다"[165]라고 쓰여 있는 구절에서 이를 이해할 수 있다. 그다지 정취를 모르는 평범한 사람들끼리의 관계에서도 도리를 벗어난 사랑은 더욱 애절하기 마련인데, 하물며 정취가 깊은 사람끼리의 관계인데다 히카루겐지가 뜨겁게 사모하니 비할 데 없이 애절하다는 것이다.

또한 「가시와기」권에 가시와기가 온나산노미야와의 관계 때문에 병이 깊어져 임종이 가까워지자 '마지막 불길 다 타지 못한 채로 연기

---

[165] 히카루겐지가 후지쓰보 중궁의 침소까지 들어가지만, 후지쓰보는 또다시 실수를 범할 수 없다고 생각하여 그를 거부한다.(賢木②111)

만 내듯, 내 미련의 연기도 영원히 남으리라'[166]라고 와카를 읊는 장면이 있다. 온나산노미야가 '피어오르는 그 연기를 따라 사라졌으면, 괴로운 이 내 마음 연기에 비할까요'[167]라고 답가를 읊었다. 『겐지 모노가타리』 속 많은 사랑 중에서도 가시와기의 마음은 그 애절함이 각별한데, 특히 임종 직전에 주고받은 이 와카에 한층 더 애절함이 배어 있다. 이에 가시와기가 "이 연기만이 나에겐 이 세상의 추억거리가 되겠구나"[168]라고 말하는 대목에서 읽는 이도 절로 눈물이 흐를 것이라 생각된다. 그는 결국 덧없이 세상을 떠났다.

같은 「가시와기」권에 "가시와기의 부모는 하다못해 아이만이라도 있었으면 얼마나 좋았을까 탄식하고 계시겠지만 보여드릴 수도 없구나. 이렇게 남몰래 아이만을 세상에 남긴 채 그 기품 있고 훌륭한 사람이 스스로 몸을 망쳐버렸다 생각하니 애석하게 여겨져 괘씸한 마음도 사라지고 몹시 슬퍼하셨다"[169]라는 대목이 있다.

이는 히카루겐지가 가오루를 보며 가시와기를 생각하는 마음이다. '괘씸한 마음도 사라지고 몹시 슬퍼하셨다'는 대목이 바로 '모노노아하레'를 아는 사람은 이러하다는 것을 보여준다.

---

166 임종이 가까워진 가시와기가 온나산노미야에게 읊은 노래.(柏木④291)
167 가시와기의 노래에 대한 온나산노미야의 답가.(柏木④296)
168 온나산노미야의 답가를 본 후의 가시와기의 마음.(柏木④296)
169 가시와기와 온나산노미야의 밀통으로 태어난 가오루를 자신의 아이로 키우는 히카루겐지는 가오루의 50일 축하연에서 천진난만하게 웃고 있는 가오루를 보며 생각에 잠긴다.(柏木④324)

같은 「가시와기」권에 "겐지 님은 애석한 마음으로 가시와기를 회상하시는 일이 날이 갈수록 많아졌다", "신분이 높은 자나 낮은 자나 할 것 없이 모두가 안타깝게 여긴 것도 가시와기 님이 재능은 물론이거니와 드물게 정취가 깊은 분이셨기 때문이다. 그다지 가깝지 않았던 조정의 관리나 나이 먹은 뇨보들조차 슬퍼하며 그리워하였다. 그러니 천황의 마음은 오죽하랴. 관현 연주가 있거나 할 때면 가장 먼저 떠올리시며 애달프게 생각하셨다. 무슨 일에나 '애석하도다 가시와기'라고 말하지 않는 사람이 없었다"[170] 라는 대목이 있다.

「요코부에」권에도 "권대납언(權大納言)이 허망하게 돌아가신 것을 슬퍼하고 유감스러워하며 여전히 그리워하시는 분이 많았다. 겐지 님으로 말할 것 같으면 대체로 여간한 사람이 죽어도 애석해하시는데, 하물며 가시와기는 아침저녁으로 친히 문안을 여쭙곤 하여 남들보다 아끼셨으니, 비록 그 일이 떠오를 때도 있지만 애잔한 마음은 어찌할 수 없어 때때마다 그리워하셨다. 추선공양 때도 보시로 독경을 하도록 이르셨다. 세상모르는 천진난만한 모습을 보시자니 너무나 애잔한 마음이 들어 금 백 냥을 더 공양하셨다"[171] 라고 되어 있다.

'권대납언'은 가시와기를 가리킨다. '천진난만한 모습'은 가오루를 말한다. '금 백 냥을…'은 가시와기를 위해 가오루가 추선공양을 올

---

170 「가시와기」권의 권말 부분으로 바로 앞의 문장을 받아 천황을 비롯한 모든 이들이 죽은 가시와기를 애석해하는 장면.(柏木④340~341)
171 가시와기의 일주기 때의 모습. 이때 가오루는 겨우 13개월이었다.(橫笛④345)

린다는 마음으로 히카루겐지가 따로 독경을 더 시켰다는 말이다.

「스즈무시」권에는 "합주 소리가 멋스럽게 어우러질 즈음에, '달이 뜬 초저녁은 언제라도 정취가 있는데 오늘밤 달빛에는 저세상으로 간 사람까지 더욱 생각난다. 때때로 권대납언의 빈자리를 느끼고 그리워한 적이 한두 번이 아니었다. 그의 부재로 인해 공적으로나 사적으로 열리는 행사의 화려한 정취가 빛바랠 정도였다. 꽃의 빛깔이며 새 소리의 섬세한 정취까지도 잘 아는 사람이었는데'라고 말씀하시며 당신이 연주하고 계신 현금 소리에도 소매를 적시셨다. 주렴 안에서도 지금 귀 기울여 듣고 계시겠거니 하고 한편으로 생각하시면서도 이러한 합주에는 역시 그리운 마음이 먼저…"[172]라는 대목이 있다.

'달이 뜬 초저녁은'부터가 히카루겐지의 말이다. '주렴 안에서도…'는 온나산노미야를 말한다. '한편으로 생각하시면서도'란 별로 탐탁해하지 않는 마음이다. '그리운 마음이 먼저'란 히카루겐지가 가시와기를 그리워한다는 뜻이다.

애당초 가시와기는 도리에 어긋난 행동을 하였고 허망하게 죽었으므로 비록 그가 아무리 좋은 사람이라 해도 세상의 통념으로는 애석해할 만한 일은 아니다. 그런데도 가시와기를 각별히 정취가 깊은 사람으로 그려내어 세상 사람들이 모두 그리워하고 히카루겐지까지도

---

[172] 8월 15일 중추절 밤의 합주 장면. 가시와기는 육현금의 명수였기에 이럴 때 더욱 생각날 수밖에 없었다.(鈴蟲④383~384)

안타깝게 여기며 그리워한다는 식으로 되풀이하여 쓰고 있다. 이는 사랑에야말로 깊은 '모노노아하레'가 있다는 점, 또 좋은 사람은 '모노노아하레'를 잘 안다는 점을 말하고자 하는 것이다. 모노가타리는 결국 '모노노아하레'를 본의로 삼고 있음을 알아야 한다.

「하시히메」권에 "남의 일이었어도 애잔한 마음이 들었을 것 같은 옛일들에 대해…"[173]라는 구절이 있다.

이것은 가오루가 우지에서 벤노아마(弁の尼)에게 가시와기에 대한 이야기를 처음 듣고 속으로 생각하는 말이다. 이 말의 의미를 잘 새겨야 한다. 이 모노가타리를 읽고 가시와기를 애잔하게 생각지 않는 사람은 곧 마음도 없는 사람이라는 것이다.

또 「우메가에」권에 "이런 일은 훌륭하신 분의 훈계라 해도 따를 수 없었던지라 참견하기 곤란하지만…"[174]이라는 구절이 있다.

이것은 히카루겐지가 유기리에게 훈계했던 말의 일부다. '이런 일'이란 사랑에 관한 것이다. '훌륭하신 분의 훈계'는 옛날에 아버지 기리쓰보 천황이 히카루겐지에게 훈계했던 일을 가리킨다. '따를 수 없었다'는 일부러 따르지 말아야지 생각하였다는 말이 아니라 훈계

---

173 가오루가 가시와기의 유모의 딸과 대면하는 장면. 여기서 가오루는 가시와기의 유서를 전해 받고 그간에 계속 신경 쓰였던 자신의 출생에 관한 전모를 알게 된다.(橋姫⑤159)
174 유기리와 구모이노카리의 사랑 이야기 후에 히카루겐지가 아카시노히메기미의 입궐을 준비하는 모습이 대조적으로 묘사된다. 내대신도 구모이노카리의 입궐을 생각하고 있었던 만큼 딸이 의기소침해할까 걱정하는데, 히카루겐지의 훈계는 두 사람이 맺어지는 데 중요한 계기로 작용한다.(梅枝③424)

대로 지킨다는 것이 어렵다고 생각하는 것이다.

한편 이 유기리에게 훈계하는 말이 너무 긴데, 이는 모두 호색을 훈계하는 것이다. 부모가 자식을 훈계하는 것은 본래 그러하다. 그런데 히카루겐지는 자신도 옛날에 아버지의 훈계대로는 따를 수 없던 적이 있었기 때문에 지금도 이런 일에 대해 잔소리 하는 것은 내키지 않지만 이야기하는 것이라고 말한다. 젊었을 때는 누구나 이런 일에 마음을 진정시키지 못하고 생각지도 않은 실수를 저지르기도 하는 법이거늘 나이가 들어 자기가 안정되었다고 해서 자식을 나무랄 수는 없다고 말하고 있는 것이다. '모노노아하레'를 아는 사람의 마음은 이처럼 관대하며 절대 편협하지 않다.

「유기리」권에 "그 일에 대해 듣기는 했어도 어찌 아는 체하랴 생각하며 그저 가만히 얼굴을 쳐다보셨다. 아무리 내 자식이라지만 참으로 기품 있고 멋있게 나이가 들었다. 지금이야말로 한창때라 하겠지. 그런 염문이 있었음에도 사람들이 비난조차 하지 못한다. 귀신도 죄를 용서할 만큼 눈에 띄게 훌륭하고 한창 젊을 때의 아름다움을 발하고 있다. 철없는 어린애 같지 않고 어른스러운 완숙미를 지녔으니 그럴 법도 하지. 여자라면 어찌 이런 남자에 빠지지 않으리. 자기가 거울을 보아도 어찌 자랑스럽지 않으랴 하고 생각하셨다"[175]라는 대목

---

[175] 오치바노미야와의 소문이 돌고난 후 히카루겐지와 대면하게 된 유기리. 이때 유기리 나이 29세로 남자로서의 매력을 한층 더 발하고 있었다.(夕霧④471~472)

이 있다.

'그 일'이란 유기리와 오치바노미야의 사건을 가리킨다. '참으로 기품 있고'부터 히카루겐지가 유기리를 감싸며 속으로 생각하는 말이다. 앞의 훈계에서는 아들의 호색을 심하게 꾸짖었으면서 마음속으로는 그럴 법도 하다고 납득하는 것이다.

「우스구모」권에 "이것은 적절치 않은 일이다. 두렵고 무거운 죄로 치면 무엇과도 비교할 수 없을 정도지만, 그 옛날의 호색은 철없던 젊은 시절의 실수로 부처님도 신도 관대하게 봐주실 것이다…"[176] 라는 대목이 있다.

히카루겐지의 마음이다. '이것은'이란 아키코노무 중궁에게 구애하는 것이다. '두렵고 무거운 죄로 치면'이란 옛날 후지쓰보 중궁과 만났던 일을 지금은 이렇게 생각하는 것이다. 나이가 들어 만사에 생각이 깊어지니 지금은 아키코노무 중궁에게 구애하는 일을 적절치 않다고 자성하고 있다. 하지만 또 신중하지 못한 경우도 있어 이후에 다시 오보로즈키요를 몰래 계속 만나기도 한다. 그 부분이 「와카나 상」권에 "정말 부적절한 일이라며 엄중히 자제하려 해도 어찌할 수 없는 일이었다"[177] 라고 쓰여 있다. 이러한 것이 바로 사랑의

---

176 히카루겐지는 아키코노무 중궁에게 여전히 애정을 호소하지만, 이전과 달리 맹목적으로 밀어붙이지 않고 자제하는 모습을 보인다.(薄雲②464)
177 온나산노미야나 무라사키노우에 등 많은 부인이 있으면서도 오보로즈키요와의 부적절한 관계를 끊을 수 없는 히카루겐지의 호색적인 마음.(若菜上④90)

마음이다.

「사카키」권에 "오보로즈키요와의 관계도 아직 끊어지지 않은 상태라는 것을 들으셨고 겐지 님을 생각하는 오보로즈키요의 모습이 눈에 띌 때도 있었지만 '뭐 어떤가, 지금 시작한 것도 아니고 이전부터 이어져 온 관계이니 그렇게 서로 생각하는 것도 부적절하다 할 수 없는 사이인 것을'이라며 애써 그렇게 생각하시고 책망하지 않으셨다"[178] 라는 대목이 있다.

'오보로즈키요와의 관계'는 오보로즈키요가 히카루겐지를 만나는 일이다. '들으셨고…'의 주체는 스자쿠 천황이다. 히카루겐지가 가시와기를 가엽게 생각하는 것과 같은 마음이다.

또 우키후네(浮舟)가 가오루를 두고 니오미야(匂宮)를 경솔하게 따르는 모습은 너무 경박하고 호색적이라 약간 마음에 들지 않는다. 하지만 후에 그 고민하는 모습이 쓰인 대목을 읽으면 역시 뭐라 말할 수 없이 애처롭게 생각된다.

그 예로 「우키후네」권에 "어찌 얼굴을 마주할 수 있을까. 하늘을 올려다보기도 창피하고 두렵다. 그 열정적이던 분의 모습이 생각나는데 또 이분을 만나야 하는 처지라니 정말 괴롭다. '당신 때문에 마음이 변해 나는 오랫동안 같이 산 사람을 포함해 모두를 저버릴 것 같은 마음이 든다'고 말씀하신 것도 떠오르고, 그 이후 몸이 안 좋다며 어느

---

178 스자쿠 천황이 히카루겐지와 오보로즈키요의 관계에 대해 생각하는 모습.(賢木②123~124)

처소에도 들르지 않고 가지기도(加持祈禱)를 한다는 이야기도 들려온다. 그런데 또 이분과 만난 일을 들으시면 어찌 여기실까 생각하니 너무 고통스럽다. 이분은 정말이지 사려 깊고 우아하신 모습으로 오랫동안 못 오신 것에 대한 미안함을 전할 때도 말씀을 아끼신다. 그립다 괴롭다며 야단스럽게 말씀하시지는 않지만, 만나지 못하는 사랑의 괴로움을 항상 지나치지 않게 말씀하시는 것이 말을 많이 하시는 것보다 나아서 누구라도 감탄하지 않을 수 없는 품격을 갖추신 분이다. 우아한 아름다움은 말할 필요 없고, 성품도 앞으로 오랫동안 의지할 수 있을 정도로 뛰어나시다. 생각지도 못한 나의 다른 마음을 아시게 된다면 예사로 넘길 수 없는 엄청난 일이 될 것이다. 지나치다 싶게 외곬으로 애태우시는 분을 안쓰럽게 여기는 것도 절대 있어서는 안 되는 경솔한 일이다. 이분에게 미움을 받아 잊혀져 버린다면 얼마나 불안해질지는 마음에 사무칠 정도로 잘 알기에…", "이번 봄 즈음에 저택이 다 지어지면 도읍으로 옮기자며 배려해 말씀하시는데도, 그분이 마음 편하게 만날 수 있는 거처를 마련하였다고 어제도 소식을 주셨건만, 이분의 이러한 준비도 모르고 그런 생각을 하시다니 가슴이 답답해진다. 그리고 절대 그분에게 마음을 주어서는 안 된다고 생각하자, 바로 지난 번 뵌 모습이 환영처럼 떠오르니 스스로도 한심하고 딱한 신세라 생각되어 울고 만다"[179]라는 대목이 있다.

---

179 니오미야의 정열적인 구애에 마음을 연 우키후네는 복잡한 심경으로 가오루를 만난

'어찌 얼굴을 마주할 수 있을까'의 대상은 가오루다. '그 열정적이던 분', '애태우시는 분', '그분'이란 니오미야를 말한다. '이분'이란 모두 가오루를 말한다. '당신 때문에 나는 오랫동안…'은 니오미야의 말이다.

또 "내 생각에도 그것이야말로 당연한 일로 처음부터 이런 날을 고대해왔다고 생각하면서도 열정적인 그분을 떠올리면 원망하시던 모습이나 말씀하셨던 여러 가지 것들이 환영으로 계속 나타나 잠깐이라도 눈을 붙이면 꿈에 보이니, 스스로도 정말이지 한심하게 생각하지 않을 수 없다", 또 "철없고 어린 마음에 그렇게 정열적인 분을 접하면 특히 더 끌리는 법인데, 처음 인연을 맺은 가오루 님도 역시 사려 깊고 성품이 훌륭하다고 생각되는 것은 남녀관계를 처음으로 알게 해준 사람이기 때문일까. 이런 한심한 일이 귀에 들어가 나를 싫어하시게 된다면 어찌 살 수 있을까. 언제 도읍으로 데리고 가시려나 걱정하던 어머니도 황망한 일이라며 어찌 해야 할지 난감해하겠지. 이렇게 나에게 빠져 계신 분도 바람둥이라는 소문만 들리니", "이 허물로 가오루 님의 눈 밖에 나는 것은 정말 괴롭겠지 하며 근심에 빠진다"[180]라는 대목이 있다. 또 "힘들게 찾아오셔도 더 이상 이야기를 나눌 수도 없고 만나지 못하고 돌려보낼 뿐인데, 어찌 잠시라도 이곳에 오시게

다.(浮舟⑥142~143)
180 우키후네는 가오루가 마련한 처소로 상경을 준비하는 와중에도 니오미야를 생각하면서 한편으로는 자신의 불륜이 알려질까 노심초사한다.(浮舟⑥157~158)

할 수 있겠는가. 오신 보람도 없이 원망하면서 돌아가실 것을 떠올리니 언제나처럼 그분의 모습이 떠나지 않아 견딜 수 없이 슬퍼져 편지를 얼굴에 대고 잠깐 다른 사람들의 눈을 꺼려하며 참아보려다 결국 울음을 터뜨렸다"[181], 또 "부모보다 먼저 가는 죄를 용서해달라고 빌 뿐이다. (니오미야가) 전에 그린 그림을 꺼내 보며 그때의 손놀림, 얼굴 모습이 바로 마주하고 있는 듯하여 지난밤 한마디도 못한 것이 더욱 아쉽고 서글프다. 지금 짓고 있는 집에서 마음 편하게 만나자며 영원히 변치 않을 사랑을 약속해주시던 가오루 님도 어찌 생각하실지…", "어머니가 너무 그립고 평소 잘 생각나지도 않던 밉살스러운 여동생들도 그립다. 나카노키미 언니도 생각나고 이 사람 저 사람 한 번 더 보고 싶은 사람이 참 많다"[182]라는 구절 등에 보이는 심경, 정말이지 호랑이나 승냥이조차도 울 수밖에 없는 측은함이라 할 수 있다.

○ 이 모노가타리의 본뜻을 '권선징악', 특히 '호색의 경계'라 하는 것은 실로 취지를 곡해하는 것이다. 작자의 뜻이 그렇지 않다. 또 읽는 이에게도 경계가 되기는 힘들다. 그 이유로 먼저 히카루겐지를 모든 면에서 뛰어나고 좋은 사람의 모범으로 만들었기에 읽는 이도 히

---

181 우키후네는 니오미야와의 일을 알게 된 가오루의 책망에 자살을 결심한다. 게다가 경비가 심해져 더 이상 니오미야를 만나지 못하게 되자 더욱 힘들어한다.(浮舟⑥186~187)
182 우키후네는 자살 직전에 여러 사람들을 생각하며 마음을 정리한다. 자살 후 소문이 돌 것을 생각하면 괴롭지만 살아서 세상의 웃음거리가 되는 것보다 낫다고 결심을 굳힌다. 그러면서도 한편으로는 어머니와 동기 간을 그리워한다.(浮舟⑥192~193)

카루겐지의 행동과 마음을 무엇이나 좋다고 받아들인다는 점을 들 수 있다. 특히 히카루겐지가 많은 여성들과 사랑을 나누고 그중에는 유례를 찾아볼 수 없는 불의의 관계도 있는데, 읽는 이는 이처럼 좋은 사람까지도 그런 행동을 하니 무슨 지장이 있겠는가 생각할 것이다. 또 여인 중에 후지쓰보 중궁은 특히 좋은 사람으로 찬미되기에 이를 읽은 여성들도 그 마음가짐을 따르게 되니, 히카루겐지와의 관계에 대해서도 '어떻게 그런 일이…'라고는 말할 수 없을 것이다. 개중에는 호색을 부추기는 경향마저 보인다. 그러니 어찌 경계가 될 수 있겠는가.

좋은 일을 한 사람은 행복하게, 나쁜 일을 한 사람은 불행하게 그리는 것이야말로 권선징악이리라. 가시와기와 우키후네가 사랑 때문에 몸을 망치는 예를 보면 그렇게 생각할 수도 있다. 그러면 히카루겐지의 경우는 어떻게 설명할 것인가. 그의 사랑은 도리에 어긋난 경우가 많고 불경스럽게 천황의 혈통까지 어지럽혔기 때문에 세상의 논리대로 말하자면 신의 노여움을 사서 크게 화를 입어야 마땅하리라. 그럼에도 불구하고 한평생 평판이 좋고 번영하였다. 그의 자손들은 천황, 황후, 대신이 되고 자신은 태상천황의 존호까지 받는 등, 이 세상에 무엇 하나 부족함 없이 마지막까지 영화를 누렸다. 대체 이를 보고 어느 누가 호색을 경계하는 마음을 갖겠는가. 중반에 잠시 침체기를 맞는 것은 고키덴 황후가 도리에 맞지 않는 일을 꾸몄기 때문으로 이를 천하의 모든 사람들이 슬퍼하고, 신불도 그 부당함을 비난하였다고 쓰여 있다. 따라서 호색을 경계하는 것이 될 수 없으며, 징악의 뜻은 더욱 없다. 굳이 말하자면 히카루겐지는 호색으로 인해 태상천황의 지위에 오른 것이 아니겠는가. 이런데도 과연 징악이라고 말할 수 있겠는가.

호색의 경계가 될 수 없는 연유를 살펴보자. 「유가오」권의 "그리 신분이 높지 않은 이런 여인까지는 마음에 두지 않았었는데, 일전 비 오는 날 밤의 품평회 이후로 다양한 신분의 여인들에게 호기심이 일어 더욱 낱낱이 알고 싶은 마음인 것 같다."[183]

이 구절은 히카루겐지가 일전의 품평회 이후, 점점 더 호색의 마음이 커지는 부분이다. 이를 보아도 호색의 경계가 되지 않음을 깨달아야 한다.

「스에쓰무하나」권의 "이런 곳이야말로 옛이야기에 나오는 심금을 울리는 일들이 있는 곳이라 생각하면서, 무언가 말을 걸려고 아가씨 곁으로 다가가려 하지만…"[184] 또 「아게마키」권의 "『이세 모노가타리』에서 여동생에게 칠현금을 가르치며 '너도 다른 사람과 맺어지겠구나'라고 말하는 장면을 보고…[185], 옛 사람도 남매 사이라면 거리를

---

183 히카루겐지는 우쓰세미에 이어 중류 계층의 여성인 유가오에게도 관심을 보인다.(夕顔①144)
184 유가오를 잊지 못하고 있던 히카루겐지는 스에쓰무하나의 소문을 듣고 그녀에게 관심을 표한다.(末摘花①269)
185 『이세 모노가타리』 49단에 한 남자가 여동생의 아름다운 모습을 보고 다른 사람의 아내가 되는 것을 아쉬워하여 읊은 와카가 있다. 그러나 여동생에게 칠현금을 가르쳤다는 기사는 없다. 당시에는 이와 같은 본문이 있었을지도 모른다.(伊勢物語155~156)

두지 않는 것이 관습이었습니다."[186]

위의 예를 염두에 두어야 한다. 무릇 옛날 사람들이 옛 모노가타리를 읽었던 마음도 이와 같다. 연모의 마음을 삼가려는 모습은 보이지 않았다. 지금 이를 읽는 사람들의 마음도 마찬가지임을 깨달아야 한다.

「호타루」권의 "아카시노히메기미 앞에서 이러한 연애사건 가득한 모노가타리를 읽고 들려주는 것은 삼가주세요. 모노가타리 속의 남몰래 사랑을 하는 아가씨 이야기는 정취가 없지만, '세상에는 이런 일도 있구나'라고 아기씨가 예삿일처럼 생각하는 것은 곤란한 일이에요. 이렇게 말씀하셨다."[187]

지금 이 모노가타리를 읽는 사람도 사랑 이야기가 쓰인 대목이 많은 것을 보고, 이러한 일이 세상에는 많이 있다고 생각할 것이다.

이 모노가타리가 만약 호색을 경계하려는 의도로 만들어졌다면 과연 이런 식으로 썼겠는가. 각 권의 이야기 중에 사람을 가르치거나 호색을 경계하는 대목이 많은 것은 세상에 일어나는 모든 일을 두루 썼기 때문이다. 그러니 그중에는 자연히 그러한 내용도 있기 마련이다.

「와카나 하」권의 "그 문장이 훌륭하여 가시와기가 쓴 것이라고 확

---

186 우지에서 나카노키미와 연을 맺은 후 금족령이 내려진 니오미야가 누이인 온나이치노미야에게도 관심을 보이는 장면.(總角⑤304)
187 다마카즈라와 모노가타리에 대해 논쟁을 벌인 히카루겐지가 무라사키노우에에게 아카시노히메기미의 교육을 당부하는 장면.(螢③215)

신할 수 있는 구절들이 있었다. 오랫동안 연모해오다 뜻밖의 기회에 그 바람이 이루어져 오히려 불안한 심정을 써내려간 글은 실로 훌륭하여 호소력 있었다. 그렇지만 '이렇게 드러내놓고 써야만 했을까. 교양 있는 사람이 어찌 이렇게 편지를 생각 없이 썼을까. 혹여나 편지가 남에 눈에 띌까 싶어 과거에 나는 이처럼 세세하게 써야 할 때도 두루뭉술하게 썼다. 역시 사람이 신중하게 행동하기란 어려운 일이다'라며 그 사람의 마음까지 안 좋게 생각하셨다."[188]

이것은 온나산노미야에게 보낸 가시와기의 편지를 히카루겐지가 발견하고 그 문장에 대해 생각하는 부분이다.

만약 모든 것이 교훈이라면 이것은 연애편지 쓰는 법을 가르치는 것이니 사랑을 권하는 것이 된다. 본래 대대로 식자들이 어떤 서적의 주를 달 때도 그 서적의 취지를 잘 가리지 않고 오로지 유불의 뜻만을 추종하여, 군이 이런 유의 책의 취지조차 끼워 맞추려 하여 곡해하는 것은 예로부터 이 나라의 식자들에게서 볼 수 있는 습성이다. 유불의 이치에 따르지 않는 자는 한 명도 없었다. 그런 연유로 다른 서적에서 그러했듯이 이 모노가타리도 유불의 도리로 재단하려 하였다. 때문에 '모노노아하레'를 이해하면 좋은 것으로 볼 수 있는 내용도 유불의 가르침에 어긋나는 부분은 무턱대고 곡해하여 나쁜 것처럼 주를 달아, 짐짓 이것은 이러이러한 가르침이고 이러이러한 교훈인 양 말한다.

---

188 히카루겐지가 온나산노미야의 방에서 가시와기의 편지를 발견하는 장면.(若菜下④253)

이러한 것들을 권선징악의 가르침이라고 이해하면 '모노노아하레'의 깊은 흥취도 깨지거니와 실로 작자가 이 작품을 쓴 본뜻을 잃는 것이다.

유불의 도리를 끌어와 모노가타리를 해석하는 것은 중국 서적이 이치에 천착하고, 선악시비의 논의가 두드러지고, 잰체하며 어기차고, 설을 푸는 데 능한 것을 부러워하여 따라 한 것이다. 이는 다 엉터리다. 모든 서적의 취지는 제각각이거늘 유불의 뜻과 다르다 하여 무슨 문제가 있겠는가. '모노노아하레'를 보여주고자 지은 모노가타리를 교훈을 위한 책으로 둔갑시키는 것은, 예를 들면 꽃을 보고자 심어 기른 벚나무를 베어내 장작으로 쓰는 것과 다를 바 없다. 장작은 하루라도 없어서는 안 되는 소중한 것이다. 그 자체가 나쁜 것은 아니지만, 장작으로 쓰기에 좋은 나무들이 달리 많이 있을 텐데 아깝게 벚나무를 자르려는 것은 상당히 무분별한 행동이라 할 수 있다. 다시 한 번 말하지만 유불의 가르침과는 취지가 다르다.

'모노노아하레'를 안다는 것의 범위를 확장시키면 수신제가치국의 도리에도 적용할 수 있다. 부모가 자식을 어여삐 여기는 마음과 행동의 절절함을 안다면 불효하는 자식은 이 세상에 없을 것이며, 백성의 고단함과 종복의 노고에 연민을 느낀다면 세상에 어질지 못한 군주는 없을 것이다. 어질지 못한 군주와 불효자식이 있음은 굳이 말하자면 '모노노아하레'를 모르기 때문이다.

그런즉 모노가타리가 '모노노아하레'를 보여주는 글임을 깨닫고, 그것을 본뜻으로 삼아서 보면 자연스럽게 여러 면에서 교훈이 될 만한 내용이 많다. 그런데 처음부터 교훈을 위한 책이라 여기고 보는 것은 이 책을 읽는 흥취를 깨는 것이다.

『스미요시 모노가타리』의 마지막 부분에서 "예나 지금이나 못된 사람은 이러하다. 이것을 보고 듣는 사람들은 반드시 좋은 사람이 되어야 한다"라고 한 것을 떠올려야 한다. 이는 스미요시 아가씨의 계모가 '모노노아하레'를 모르고 한 행동을 경계하는 말이다. 계모의 말로는 안 좋게 그려지는 반면, 아가씨는 소장(少將)을 만나 사랑의 죄는 있지만 종국에는 영화를 얻는 모습으로 그려져 있다. 이것이 바로 권선징악의 가르침이다. 다만 '모노노아하레'를 모르는 것을 경계하였다는 점에서 세상의 흔한 유불의 가르침과는 다르다.

『겐지 모노가타리』도 이에 견주어 이해해야 한다. 서두에서도 말한 바와 같이 모노가타리는 별도로 모노가타리만의 정취가 있는데, 가까운 예는 제쳐두고 아주 멀고 장르가 다른 유불서를 끌어와 설명해서는 안 된다. 그중에 성자필쇠(盛者必衰)나 회자정리(會者定離)의 이치를 일깨우려고 한다는 설은 자못 그렇다고 생각되는 부분이 있다. 그것도 어느 정도는 납득이 간다.

불도란 특히 '모노노아하레'를 등지는 길이다. 유교의 도리보다도 가르침이 엄격하고 사람의 정리를 멀리해야 하는 길이지만, 오히려 사람의 마음은 이끌리기 쉬워 전혀 정취를 알지 못하는 천한 자나 여자와 아이까지도 이상하리만치 깊이 감화되어 무슨 일에나 우선 불도에 의지하곤 한다. 이는 세상사도 인간사도 실제로는 조금도 불도와 관련은 없지만, 특별히 그 가르침을 널리 다시 태어날 내세와 연결 지어 인간이 지향해야 할 길로 그럴 듯하게 설법하기 때문이다. 그러므로 이를 많이 들어 익숙한 세상 사람들은 신분이 높은 자와 낮은 자, 현명한 자와 어리석은 자를 가릴 것 없이 모두 불교의 가르침에 젖어 있다.

때문에 혹자는 이 세상의 덧없음을 볼 때, 혹자는 애달픈 신세를 한탄하다 견디지 못할 때, 한창 좋은 모습을 승복을 걸친 모습으로 바꾸어 속세를 떠나 깊은 산속에 칩거하며 수행하기도 한다. 또 출가에도 '모노노아하레'와 관련된 측면이 많아서 이 모노가타리에서도 히카루겐지를 위시하여 마음이 깊은 사람들이 모두 곧잘 불도에 의지하는 모습을 적고 있다. 이는 세상의 흔한 모습으로, 그러한 것이 이미 관례가 된 당시 사람들의 '모노노아하레'다.

그런즉 각 권에 불도에 관한 이야기를 많이 쓴 것도 그 도리를 가르치기 위함이 아니라 단지 이러한 의미에서의 '모노노아하레'를 보여 주기 위함이다. 만약 불도의 도리를 깨우치게 하기 위해서라면 반드시 히카루겐지가 노년에 조락하는 모습으로 마무리를 지어야 할 텐데, 히카루겐지에 관해서는 영락한 모습도 죽는 모습도 그리지 않고 오로지 좋은 것만을 쓰고 있다. 이로써 성자필쇠라는 이치를 깨우치게 하기 위한 것이 아님을 알아야 한다.

주석서들도 이렇게 말하는데, 누가 이 모노가타리를 읽고 '모노노아하레'의 취지를 제대로 깨닫는 사람이 있겠는가. 이 모노가타리에 불도에 귀의하는 내용이 도처에 쓰여 있는 것을 읽고, 무라사키시키부에 대해 유학자의 시각으로 보는 자는 불자의 견식이라고 생각하고, 불자들은 사람들을 불도로 이끌기 위해 쓴 것이라고 말한다. 이는 모두 자신들의 입장에 치우친 해석이다. 이 모노가타리는 그렇게 편벽된 것이 아니다. 사람들의 마음이 모두 불도를 지향하니 그러한 내용이 많은 것은 그저 세상의 일반적인 모습을 있는 그대로 적은 것일 뿐이다. 어찌 그것을 작자의 본뜻이라 하겠는가.

구마자와 반잔은 자신의 주석서 『겐지 가이덴』 서두에서 다음과 같이 말한다. "『겐지 모노가타리』는 표면적으로는 호색에 관한 일들이 쓰여 있지만, 실은 호색에 관해 쓴 것이 아니다. 이 모노가타리를 즐겨 읽는 사람 중에는 지나치게 도리를 따지는 반듯한 사람들도 있다. 이 모노가타리를 쓴 취지는 다음과 같다. 세상이 말세가 되어 만사에 고대의 미풍이 쇠퇴해서 세속적으로 흘러가는 모습을 한탄스럽게 생각하면서도 노골적으로 교훈적인 서적들은 사람들이 싫어하고 가까이 하지 않아서 읽는 사람들이 별로 없기에 널리 퍼지지 않는다. 교훈을 내세운 서적들은 많지만 말이 딱딱해서 사람들이 싫어하니 오래 가지 않고, 또 남는다 하더라도 읽는 사람이 없다면 있으나마나 하다. 그러므로 쓴다 한들 무의미하다는 점을 헤아려 이 모노가타리는 굳이 전면에 교훈을 내세우는 듯한 필법을 취하고 있지 않다. 그저 호색을 즐기는 것으로 묘사하고, 그 속에 옛 시대의 고귀한 사람들의 미풍, 마음가짐을 섬세하게 적어서 남겼다. 그런데 이를 깊은 의도도 없이 그저 꾸며낸 이야기로 취급하여 재미있게 잘 썼구나 하며 세상에 흔한 별 생각 없이 쓰인 모노가타리처럼 생각하는 것은 견식이 얕은 사람들이 일본과 중국의 서적에 대해 제대로 모르기 때문이다… 고대의 예악(禮樂)에 관한 글을 볼 수 있는 것은 이 모노가타리뿐이다. 고로 이 모노가타리에서 가장 신경 써서 보아야 할 부분은 고대의 미풍이다. 예(禮)가 올바르면서도 엄격하지 않으며 악(樂)이 조화롭고 우아한 속성, 그것은 남녀가 품위 있게 늘 아악을 즐기는 기품 있는 마음가짐이다. 다음으로는 인정을 자세히 그린다. 인정을 모르면 오륜(五倫)의 조화를 잃기 쉽다… 이 모노가타리는 모두 풍화(風化)를 기본으로 하여 쓰고 있다. 그중에서도 음악에 대해 자세히 쓰고 있다… 풍속을 교화하기에 음악보다 좋은 것은 없다고 한다. 이 모노가타리에서 음악에 대해 각별히 정성들여 쓰고 있는 것은 바로 이런 연유에서다….”

이에 대해 내 소견을 말하자면, 우선 ‘이 모노가타리를 즐겨 읽는 사람 중에는 지나치게 도리를 따지는 반듯한 사람들도 있다’고 하는데, 이는 읽는 사람에 따라 다른 것이다. 원래 호색을 나쁜 것으로 믿는 정숙한 자라면 그럴 수도 있다. 그러나 경우에 따라서는 호색의 마음이 깊은 자를 자칫 부추길 수도 있다.

다음으로 ‘이 모노가타리를 쓴 취지는 다음과 같다. 세상이 말세가 되어 만사에 고대의 미풍이 쇠퇴해서 세속적으로 흘러가는 모습을 한탄스럽게 생각하면서도’라는 부분인데, 지금의 천박한 풍습에 비하면 옛사람들의 행동이나 마음가짐은 훌륭하기 때문에 그렇게 생각할 수도 있다. 그러나 작자의 의도는 그렇지 않다. 그 당시를 그와 같이 보려는 것은 유학자의 관점이다. 이 모노가타리에서 옛 시대의 우아한 모습을 볼 수 있다는 것은 분명하다. 하지만 그것은 후대 독자들의 관점이다. 처음부터 그것을 보여주기 위해 쓴 것이 아니다.

다음으로 '노골적으로 교훈적인 서적들은 사람들이 싫어하고… 그저 호색을 즐기는 것으로 묘사하고…'라는 부분은 분명 그러한 측면이 있지만, 호색에 대해 쓴 것을 유희라 함은 맞지 않다. 앞에서 되풀이하여 말한 바와 같이 이는 '모노노아하레'를 취지로 쓴 것이다. 깊은 정취를 보여주는 데 사랑보다 좋은 것이 없기 때문에 특히 사랑을 중심으로 쓰고 있는 것이다. 사랑을 하는 사람의 모습이나 마음을 그려내는 것은 유희가 아님이 분명한데, 굳이 그렇게 말하는 것은 역시 유학자의 관점이다.

다음으로 '인정을 자세히 그린다'는 것은 실로 맞는 말이다. 중국이나 우리나라의 어떤 서적도 이에 필적할 만한 것이 없다.

다음으로 '풍화를 기본으로 하여 쓰고 있다'는 것은 역시 유학자의 관점이다. '그중에서도 음악에 대해 자세히 쓰고 있다'는 말도 틀렸다. 음악을 즐기는 장면이 많이 보이는 것은 요즘 사람들이 샤미센(三味線)이나 조루리(淨瑠璃) 같은 것을 풍류라고 즐기는 것과 같다. 단지 당시 세상의 모습으로, 풍류 있는 것을 썼을 뿐이다. '풍속을 교화하기에는 음악보다 좋은 것은 없다'는 것은 유학자들이 늘상 하는 말로 모노가타리에는 전혀 맞지 않는다.

이런 식으로 유교의 가르침에 끼워 맞춰 잘못 해석하는 것은 불교에서 말하는 성자필쇠 등과 다를 바 없다. 모두 자신들이 익숙한 서책의 가르침만을 생각하고 모노가타리 특유의 취지가 있음을 모른다. 이『겐지 가이덴』처럼 모노가타리의 각 권 속에 나오는 말을 부분 부분 취하여 문맥과 상관없이 그저 유학자의 관점에서 자신들의 생각대로 근거 없이 설을 푸는 것이다. 개중에는 흥미로운 것도 간혹 있지만 모두 엉터리다.

또한『시카시치론』에 의하면 "중국의 사마천이 곤경에 빠져 그 분개를 글로 표현함으로써 일가의 이름을 남긴 것과 같이, 무라사키시키부도 부친 다메토키가 죽고 남편 노부타카와도 사별하고 두 딸을 키우며 세상에 의지할 데 없이 고난의 세월을 겪게 되어 이 모노가타리를 썼을 것이다. 모노가타리에 세상의 온갖 일을 써내려감으로써 풍자와 교훈을 나타내고 마음속에 쌓인 울분을 가라앉혔으리라"고 한다. 그러나 이 역시 유학자의 식견에 의한 추론일 뿐, 모노가타리의 취지라고는 생각할 수 없다.

그리고『시카시치론』은 레이제이 천황의 '모노노마기레(もののまぎれ)'를 '풍유'로 파악하고「일부대사(一部大事)」라는 항을 두어 그에 대해 자세히 논하고 있는데, 이 역시 유학자의 식견이다. 오로지 중국 서적에만 익숙하고 모노가타리의 취지는 이해하지 못하는 것이다.

이 논의 가운데 "히카루겐지와 후지쓰보 중궁의 밀통 장면을 초반에는 너무나도 아름답고 우아하게 그려놓고는 후반에는 실로 두렵고 있어서는 안 되는 잘못이었다고 변명하는 모습을 보라"는 부분이 있다. 이렇게 억지로 풍유로 파악하려 하지만, 앞에서 「우스구모」권을 인용했듯이 히카루겐지는 나중에 실로 두렵고 있어서는 안 되는 잘못을 저질렀다고 생각하면서도 그 후에도 계속 오보로즈키요를 몰래 찾아간다. 이를 어떻게 설명할 것인가. 만약 후지쓰보 중궁과의 일을 실로 두렵고 있어서는 안 되는 잘못이었다고 변명하는 마음이라면 그 뒤에 이러한 내용을 쓰지 말았어야 한다. 만약 정말로 풍유라면 호색을 경계하도록 일단 주의를 주고 뒤돌아서서 다시 호색을 권하는 것이 되고 만다.

「미오쓰쿠시」권에는 "지금의 천황이 즉위하시자 바라던 대로 이루어져 기뻐하신다"[189] 라는 구절이 있다.

> 이는 히카루겐지의 심중으로, '지금의 천황'이란 레이제이를 가리킨다.

가령 『시카시치론』의 설처럼 되려면, 히카루겐지는 레이제이 천황의 즉위로 인해 점점 더 두려운 마음이 들어 황통이 어지럽혀졌음을 탄식하는 모습으로 그렸어야 한다. 위와 같이 바라던 바가 이루어져 기쁘다고 쓸 수는 없을 것이다.

---

189 레이제이 천황이 즉위하고 아카시노키미가 딸을 출산하는 등 히카루겐지의 영화가 시작되는 장면.(澪標②286)

모노노마기레 설이 맞지 않는 예는 이보다 더 많이 있지만, 입에 담기도 불경스러운 내용인지라 더 이상 논하는 것은 생략한다. 어쨌든 이 사건을 특별히 풍유라고 말할 수는 없다.

애당초 이 모노노마기레는 고금에 유례없는 중대사이기는 하지만, 모노가타리는 어차피 이야기이기 때문에 그러한 중대사를 '일부대사'라 하여 전체의 주제로 중요하게 다룰 정도는 아니다. 즉 이 사건도 모노가타리에서는 그저 이야기 속의 하나의 사건에 불과하다.

그렇다면 이 사건은 어떠한 의미로 쓰인 것일까. 먼저 후지쓰보 중궁과의 일은 앞에서도 말한 것처럼 사랑과 관련하여 '모노노아하레'의 극치를 더없이 깊이 끌어내어 보여주기 위한 것이다. 남자도 여자도 좋은 것만을 그러모아 매우 뛰어나고 '모노노아하레'를 아는 사람으로, 인륜에 반하는 외곬의 사랑에는 한층 더 애절함이 있기 마련이기에, 있을 수 없는 극한의 사랑을 이 두 사람의 일로 엮어내어 이러저러한 '모노노아하레'의 깊은 진수를 다 보여준다.

그리고 레이제이 천황의 모노노마기레는 히카루겐지의 영화를 극대화하기 위해 쓴 것이다. 대개 어떤 모노가타리를 보더라도 좋게 그려지는 인물이 있다. 그 모습은 세상의 온갖 좋은 것만을 골라 꾸며진다. 그중 일신의 영화는 인간 세상에서 최고로 좋은 것이기에 그 인물은 만사가 잘 되어 최고의 지위에 오르는 것으로 그려지는 경우가 많다. 이 모노가타리도 히카루겐지의 영화를 더할 나위 없이 좋게 쓰려니, 사람이 누릴 수 있는 최고의 지위는 천황으로 집정대신이라 해도 신하는 그 이상의 지위가 없는 까닭에 태상천황의 존호를 받도록 쓴 것이다. 그럴 법한 이유가 아니고서는 난데없이 정말 경박하고 허황된 거짓 이야기가 되어 버리므로 천황의 아버지로 만들기 위해 이 모노노마기레를 쓴 것이라 하겠다. 애초에 히카루겐지는 천황의 아들이고 황후와 대신을 자식으로 둔데다 천황의 아버지까지 된다는 이유로 태상천황이 되었다. 그리하여 최고의 영화를 누리게 된 셈이다.

또한 이 존호를 받기 위함이라고 말하는 증거는 다음과 같다. 「우스구모」권에 일찍이 이 모노노마기레에 대해 알고 있던 승려가 그것을 레이제이 천황에게 넌지시 주상하려 할 때, "이것은 과거에도 미래에도 중대사임을, 돌아가신 기리쓰보 상황과 중궁, 그리고 지금 정치를 행하시는 겐지 대신에게는 오히려 안 좋은 일로 세상에 알려지겠지요. 설령 비밀을 누설하여 이 늙은 중에게 화가 미친다 해도 후회는 없습니다. 부처님의 계시가 있어 이렇게 말씀 올리는 바입니다…"[190]

'과거에도 미래에도 중대사'란 지금 레이제이 천황이 자신의 친부를 모르고 있음을 말한다. 이 사실을 주상하여 친부를 알고 자식의 도리를 다하게 된다면 더없이 좋은 일이지만, 기리쓰보 상황과 후지쓰보 중궁, 히카루겐지에게는 오히려 안 좋은 일로 세상에 알려질 거라고 말한다. 만약 여기서 모노노마기레라는 측면을 중대사

---

190 후지쓰보 중궁의 붕어 후 승려의 주상으로 레이제이 천황이 출생의 비밀을 알게 되는 장면이 이하 계속된다.(薄雲②450~452)

라고 본다면 '오히려 안 좋은 일'이라고 하는 것은 어색하다. 이들에게는 원래부터 안 좋은 일이었는데 어째서 오히려 안 좋다고 하겠는가. 이 '오히려'라는 말에 주의하여 문장의 뜻을 파악해야 한다. 또 '중대사임을'의 조사 '을'은 '부처님의…'라는 구절에 걸린다. 중대사에 해당하는 일을 부처의 계시에 따라 주상한다는 뜻이다.

이러한 이야기를 들은 레이제이 천황이 승려에게 말하기를, "모르고 지나갔더라면 내세에까지 죄업이 따를 것인데…"

이는 '히카루겐지가 친부라는 사실을 몰랐더라면'이라는 뜻이다. 이 발언으로 앞 문장의 뜻이 더욱 분명해진다. 만약 중대사가 모노노마기레를 뜻한다면 레이제이 천황은 사실을 모르고 지나가더라도 아무런 잘못이 없을 것이다.

또 승려는 "하늘이 계속 큰 변고를 보이고 세상이 평온치 않은 것은 이 비밀 때문입니다. 어리고 세상의 이치를 몰랐던 때야 괜찮았지만, 점점 나이가 차 모든 것을 분별할 수 있는 때가 되니 벌도 내리는 것입니다. 모든 일은 부모 세대로부터 비롯되는 듯합니다…"라고 아뢴다.

'부처님의 계시', '내세에까지 죄업이 따를 것이다', '하늘의 큰 변고는 이 비밀 때문이다', '벌을 내린다'는 것은 모두 친부를 모르고 있기 때문이다. 만약 이것들이 모노노마기레 때문이라면 히카루겐지야말로 그 벌을 받아 마땅하거늘, 오로지 레이제이 천황에게만 그 벌에 대해 거론하는 점을 생각해야 한다.

「하시히메」권에 가오루가 우지에서 벤노아마에게 친부가 가시와기라는 사실을 처음으로 들었을 때, "이러한 만남이 없었다면 죄 많은 몸으로 끝나고 말았겠지요"[191] 라고 말하는 부분도 아울러 생각해야 한다.

'모든 일은 부모 세대로부터 비롯된다'란 자식이 행복하고 불행한 것은 부모가 행한 선악의 응보라는 의미다. 이는 레이제이 천황이 지금 황위에 올라 천하를 다스리는 것도 부친인 히카루겐지가 모든 일에 선업을 쌓은 덕에 의한 것이므로 확실하게 부친이라는 사실을 알리지 않으면 안 된다는 뜻이다. 만약 그 죄업을 모노노마기레의 죄업이라고 한다면, 이 말은 '모든 일은 자식 세대에 응보로 나타난다'라고 해야 한다. 이 문장에 주의해야 한다. 같은 뜻일지라도 앞 문장에 따라 부모 측에서 말할 때와 자식 측에서 말할 때의 차이가 있는 것이다.

그리고 다음 글에 "결국 한문 서적을 보시며…", "겐지 성을 하사 받은 친왕(親王)이 납언(納言)이나 대신(大臣)이 되었다가 다시 친왕 선지를 받아 황위에 오르신 예도 많았다. 겐지 대신이 자질이 뛰어난 것을 이유로 들어 만약 가능하다면 양위해야겠다고 천황은 이런저런 생각에 잠기셨다. 가을의 관리임명 때 겐지 대신이 태정대신에 오르시도

---

191 하치노미야 집안의 뇨보로부터 가시와기가 친부임을 전해들은 가오루의 말.(橋姫⑤163)

록…"[192] 이라고 되어 있다.

'결국 한문 서적을 보시다'는 히카루겐지를 황위에 오르게 하고 싶다 생각하고 그 전례를 찾는 것을 의미한다. '예도 많았다'라는 말에서 알아야 한다. 그리고 결국에는 황위를 물려주려고 생각하여 우선 태정대신으로 올려놓은 것이다.

무릇 이 모노노마기레에 대해 앞에서부터 계속 언급해오다 여기에 이르러 히카루겐지를 황위에 오르게 하려고 생각하였다는 것으로 마무리하고 있는 맥락을 잘 생각해야 한다.

그리고 히카루겐지의 최상의 영화를 쓰려고 한다면 한층 더 나아가 천황의 자리에 오르게 해야 하는데, 태상천황으로 끝내는 것은 작자가 깊이 궁리한 것이다. 『사고로모 모노가타리(狹衣物語)』[193] 에서 주인공 사고로모 대장을 결국 천황의 자리에 오르게 한 것은 이 모노가타리가 히카루겐지를 모방하여 한 단계 더 나아가 쓴 것이다. 사고로모 대장이 천황의 자리에 오르는 것은 뭔가 꾸며낸 이야기 같아 터무니없고 상당히 경박하게 생각된다.

무라사키시키부는 그 점을 잘 생각해 황위에 올리지 않고, 태상천

---

192 레이제이 천황은 자신의 출생과 같은 처지의 이야기가 중국 서적에 많이 있음을 알고 히카루겐지에게 양위할 것을 생각한다.(薄雲② 455~456)
193 전 4권으로 이루어진 헤이안 후기의 모노가타리로, 가오루와 비슷한 성격의 주인공 사고로모의 연애편력을 그린다. 『겐지 모노가타리』의 아류라는 평도 있으나, 일찍이 『무묘조시』에서는 『겐지 모노가타리』 다음으로 『사고로모 모노가타리』를 꼽는 등 상당히 완성도 높은 작품으로 평가되기도 한다.

황도 그 근거가 없으면 너무 뜻밖이기에, 「기리쓰보」권에 고려의 관상가가 "나라의 부모가 되어 제왕이라는 최고의 지위에 오를 상이신데 그런 상으로 보면 세상이 어지러워져 백성이 고통을 겪을 수도 있습니다"[194]라고 말했다고 쓰고 있다. 이처럼 처음부터 근거를 마련해 두고 이 모노노마기레를 써서 반드시 존호를 받지 않을 수 없게끔 써 내려간다.

그리고 「우스구모」권에 이르러 황위에 오르라고 하는 부분에서 히카루겐지는 "선황께서는 많은 자식 가운데 특히 저를 마음 쓰시면서도 황위를 물려주려는 생각은 조금도 하지 않으셨습니다. 그런데 어찌 그 마음을 바꾸어 이르지 못할 황위에 오르려고 하겠습니까"[195]라는 말을 한다. 이는 천황의 자리에 오를 수도 있지만 그 한 단계를 일부러 남겼다는 작자의 속뜻을 보여주는 말로, 매우 생각이 깊은 작품 구상이라고 할 수 있다. 대저 이 모노노마기레를 쓴 것은 히카루겐지의 영화를 최상으로 하기 위해서라는 점을 위의 장면들을 통해 알아야 한다.

참고로 말하면 『사고로모 모노가타리』는 전반적으로 이 모노가타리를 흉내 내어 조금씩 내용을 바꿔 썼다. 그중에 사고로모 대장이 온나니노미야(女二の宮)를 몰래 만나 낳은 아이를 사가노인(嵯峨院)의 황자

---

194 고려에서 온 관상가가 히카루겐지의 상을 보며 하는 말.(桐壺①39~40)
195 레이제이 천황이 친부인 히카루겐지에게 양위를 하고 싶다고 하지만 히카루겐지는 거절한다.(薄雲②456)

로 꾸미고 이 아이를 동궁으로 세울 것이라는 결정이 났을 때, 아마테라스 신의 계시라며 결국 사고로모 대장을 황위에 오르게 하였다. 이는 바로 레이제이 천황의 모노노마기레를 흉내 내어 쓴 것이다. 그것도 사고로모 대장을 황위에 앉혀 최고의 영화를 누리게 하기 위함이라는 점은 이 모노가타리와 마찬가지로 작자의 뜻이다. 그러므로『사고로모 모노가타리』와 비교해보면 이『겐지 모노가타리』를 더욱 잘 알 수 있으리라.

기타 논의

모노가타리 작품 중에서 이 모노가타리는 각별히 뛰어나고 훌륭한 것으로 이전에도 이후에도 비견할 만한 것이 없다.

이보다 먼저 쓰인 옛 모노가타리들은 그렇게 깊이 공을 들여 썼다고 보이지 않는다. 그저 대부분이 희한하고 흥미를 끄는 일을 주로 다루어 허풍스러운 점이 많고, 어느 것이나 '모노노아하레'는 섬세하고 깊이 있게 그리지 않았다. 또한 이보다 후대의 모노가타리는『사고로모 모노가타리』처럼 어느 작품이나 오로지『겐지 모노가타리』를 흉내 내어 마음을 담아 쓴 듯이 보이지만 현격하게 떨어진다. 그 외의 모노가타리들도 다를 바 없다.

단지 이『겐지 모노가타리』만이 비할 데 없이 뛰어나고 깊으며 모든 것에 정성을 쏟아 쓴 이야기다. 문장 전체가 훌륭한 것은 물론이거니와 세상 사람들의 모습, 춘하추동 각 계절마다 변하는 자연의 모습까지 모두 필치가 훌륭하다. 특히 남녀 등장인물의 모습과 마음가짐을 각각 달리 묘사하고 있어, 칭송할 때도 각각의 인물이 지닌 특성에 따라 다르게 표현한다. 이렇듯 섬세하게 인물을 그려내니 마치 현실의 인물을 직접 만나는 것처럼 느껴지는 등, 어지간한 필력으로는 도저히 써낼 수 없다.

한편 중국 서적이 뛰어나다고들 하는데, 사람들이 어떤 일을 접할 때마다 느끼는 마음을 묘사한 부분을 살펴보면 그렇기도 하다. 하지만 실상은 엉성하고 깊이가 없다. 무릇 사람의 마음이란 중국 서적에 적힌 것처럼 어느 한쪽으로 단정 지을 수 있는 것은 아니다. 자고로 고민이 깊을 때는 이렇게 할까 저렇게 할까 우왕좌왕 갈피를 못 잡고 결정하기 어려워 마음이 어수선해지는 법이다. 그런데 이 모노가타리는 그러한 복잡한 마음을 남김없이, 구체적으로 소상히 써내어 마치 명경에 비춰보는 듯하다. 바로 이것이 이 작품이 뛰어난 소치다. 동서고금을 막론하고 사람의 마음을 그려낸 여러 글 중에서 이와 견줄 만한 것은 없다고 생각한다.

또한 이 작품에서는 희귀하고 무시무시하며 놀랄 만한 사건은 전혀 없고, 처음부터 끝까지 단지 세상에 흔히 있을 법한 이런저런 일만을 이야기하고 있다. 실로 긴 글이지만 읽는 데 번거롭지 않으며, 질리지 않고 그저 계속해서 읽고 싶은 마음이 든다.

일찍이 가르치는 제자들을 위해 이 모노가타리를 강독한 일이 몇 번이나 있었다. 다른 책들은 이리 길지 않은 것조차 풀이하는 데 질리는 마음도 들었다. 그러나 이 모노가타리는 상당히 분량이 긴 책으로 오랜 세월에 걸쳐 강독했는데도 조금도 질리는 마음이 들지 않는다. 볼 때마다 처음 읽는 듯하여 진귀하고 정취 있게 생각되니, 그 뛰어남이 새록새록 느껴진다. 아무리 생각해도 훌륭하다.

○ 혹자가 묻기를, 『이세 모노가타리』는 단지 한두 마디 말에 마음을 담아 전체적으로 말이 적고 짧게 쓰여 정말 뛰어난 글이라고 하는데, 이 모노가타리는 그에 비하면 말이 많고 길어서 너무 장황한 것이 아닌가. 이에 대해 어떻게 생각하는가.

이에 다음과 같이 답하였다. 먼저 중국 사람이 문장을 논하는 것처럼 대개 말이 적고 짧게 쓴 글을 좋다 하는 것은 실로 당연한 것이다. 이는 일본의 글을 논할 때도 마찬가지다. 『이세 모노가타리』는 말이 적고 훌륭한 글로 다른 모노가타리보다 뛰어나다. 하지만 『겐지 모노가타리』가 말이 길고 장황하여 『이세 모노가타리』에 뒤떨어진다고 생각하는 것은 그 글의 좋고 나쁨을 따지지 않고 그저 말의 길고 짧음만을 가지고 우열을 가리려는 것이다. 이는 한문의 틀에 얽매인 것이다. 원래부터 서투르고 말 많은 것이 나쁘다는 생각에는 이론의 여지가 없지만, 그렇다고 해서 긴 것을 반드시 나쁘다고 규정해서는 안 된다. 짧아도 나쁜 것은 나쁘고, 길어도 좋은 것은 좋다. 이 모노가타리의 글은 말은 많지만 쓸데없는 것이 없고, 적당히 길다. 길면 긴대로 매우 훌륭하다. 본래 『이세 모노가타리』와는 문체가 다른 글이다. 말을 적게, 그리고 짧게 쓰려고 의도한 것은 아니다. 세세하게 구체적으로 쓰고자 한 글이다. 따라서 이 모노가타리를 예로 들어 우열을 논해서는 안 된다.

○ 무릇 모노가타리에 나오는 와카 중에서 『이세 모노가타리』의 와카는 대부분 예전에 지어진 것이기에 좋은 것이 많지만, 작자가 새롭게 읊었다고 보이는 와카는 좋지 않다. 심지어 그중에는 말할 수 없을 정도로 나쁜 것도 있다. 그 밖에 옛 모노가타리들도 대부분 노래는 좋지 않다. 그런데 『겐지 모노가타리』의 와카는 전부 작자가 읊은 것으로 나쁜 것은 전혀 보이지 않고 다 좋다. 개중에는 뛰어난 것도 더러 섞여 있다. 와카는 『겐지 모노가타리』보다 『사고로모 모노가타리』가 좋다고 말하는 사람도 있지만, 그렇지 않다. 『사고로모 모노가타리』도 다른 옛 모노가타리의 와카와 비교하면 비할 데 없이 좋지만, 그렇다고 『겐지 모노가타리』보다 뛰어난 것은 아니다.

○ 이 모노가타리는 히카루겐지를 위시하여 좋은 사람이라고 평가하는 인물에 관해서는 매사에 훌륭한 모습으로 상찬한다. 그런데 유독 그들이 읊은 와카만은 칭송하는 대목을 전혀 찾아볼 수 없고, 그 인물의 다른 면과 견주어 와카는 나쁜 것처럼 평하는 대목이 여기저기에 보인다. 그것은 이 모노가타리에 등장하는 인물들이 읊은 와카는 모두 무라사키시키부가 지어 읊은 것이기에, 만약 이를 칭찬하면

스스로를 칭찬하는 것이 되기 때문이다.

「기리쓰보」권의 "거친 바람을…이라고 기리쓰보 천황을 생각지 않고 지은 듯한 이 노래를 마음이 흐트러졌을 때 읊은 것이라고 관대하게 보시리라."[196] 「유가오」권의 "전세의 인연… 이러한 노래도 정말이지 의지할 수 없을 것처럼 여겨진다."[197] 여기서 '의지할 수 없다'란 와카를 읊는 것도 만족스럽지 않다는 뜻이다. 또 「사카키」권의 "비할 데 없이 두 사람이 마음이 어지러우니 오히려 제대로 된 와카를 읊지 못하는 것일까, 그렇잖아도….."[198] 또 같은 「사카키」권의 "그늘이 넓어… 이렇다 할 뛰어난 노래는 아니었지만 때가 때인지라 왠지 울적한 마음에 대장 님도 눈물로 소매가 흠뻑 젖었다", "꽁꽁 언 연못… 떠오르는 대로 읊으시니 너무나 어설픈 와카로구나."[199] 「아사가오」권의 "가을 저물어… 각별한 취향도 없는데."[200] 「하쓰네」권의 "헤어진 채로… 어린아이 마음에 떠오르는 대로 읊어 장황한 듯 보인다."[201] 「고초」권

---

196 기리쓰보 천황의 와카에 대한 답가로 기리쓰보 갱의의 어머니가 읊은 와카를 두고, 갱의와 아들 히카루겐지의 관계에 대해서만 읊을 뿐, 아버지인 천황에 대해서는 언급이 없는 것에 대한 작중화자의 평.(桐壺①34)
197 히카루겐지가 다음 생에서도 변치 말 것을 노래하자, 유가오가 답가로 읊은 와카에 대한 평.(夕顔①159)
198 노노미야(野の宮)의 이별 장면에서 히카루겐지와 로쿠조미야스도코로의 와카에 대한 평.(賢木②89)
199 기리쓰보 천황 붕어 후 산조노미야(三條の宮)로 퇴거한 후지쓰보 중궁을 찾은 병부경 친왕이 읊은 와카에 대한 평.(賢木②99~100)
200 아사가오가 자신을 울타리에 핀 나팔꽃에 비유한 와카에 대한 평.(朝顔②476)
201 아카시노히메기미가 자신의 생모인 아카시노키미를 잊지 않고 있다고 읊은 와카에 대한 평.(初音③146)

의 "봄꽃 핀 정원… 나비에 끌려…라고 읊었다. 뛰어나신 두 분이시지만 이런 큰 행사에서는 부담이 컸던 탓이리라. 읊은 솜씨가 그리 훌륭하지 않은 듯하다."[202] 「노와키」권의 "그러나 그 와카는 묘하게 틀에 박힌 것으로 감탄스럽지 않은 솜씨다. 거친 바람에…."[203] 「마키바시라」권의 "몇 겹이나… 별다를 것 없는 와카지만 천황의 모습을 알현한 때인지라 깊은 정취가 느껴지는 것일까."[204] 「유기리」권의 "상복 빛깔이… 잘 읊은 노래는 아니지만 때가 때인지라 은근한 목소리는 그럭저럭 정취가 있구나 하며 듣고 계신다."[205] 「하시히메」권의 "어찌해 이리… 잘 지은 와카는 아니지만 읊을 때는 애절한 정취가 느껴진다."[206] 「아게마키」권의 "거리 두지 않고… 별 풍취가 없는 노래를 가슴속 마음 그대로 읊으셨구나 하며 도읍에서 기다리다 와카를 보신 가오루 님은 애처롭게 생각하셨다."[207] 「야도리기」권의 "천황 폐하의…, 영원토록…, 님을 위하여…, 흔하디 흔한…, 대개 이렇게 각별한

---

202 로쿠조인에서 열린 뱃놀이 행사에서 무라사키노우에와 아키코노무 중궁이 읊은 와카에 대한 평.(胡蝶③173)

203 가을 태풍이 분 다음날 히카루겐지가 유기리와 함께 아카시노히메기미를 문안하는 장면에서 유기리가 읊은 와카에 대한 평.(野分③283)

204 다마카즈라가 상시직을 그만두고 궁중을 퇴출하며 천황과 와카를 주고받는 장면에서 천황의 와카에 대한 평.(眞木柱③388)

205 오노(小野)를 찾은 유기리의 와카에 오치바노미야를 대신하여 뇨보가 읊은 답가에 대한 평.(夕霧④451~452)

206 하치노미야와 두 딸이 봄날 연못에서 노는 물새를 보며 와카를 읊는 장면에서 오이기미가 읊은 와카에 대한 평.(橋姫⑤123)

207 자신의 마음을 받아주지 않는 것을 원망하는 가오루의 와카에 대한 오이기미의 답가에 대한 평.(總角⑤275)

정취도 없는 와카뿐이었다고 한다."²⁰⁸ 「아즈마야」권의 "얼마나 기쁠까…, 덧없는 세상…이라고 흔하디흔한 노래를 나누며 마음을 위로하는 것이었다."²⁰⁹ 「데나라이」권의 "깊은 밤 달빛… 어딘지 정돈되지 못한 와카를…."²¹⁰

이와 같은 평은 모두 작자가 스스로를 낮추어 말한 것인데, 예로부터 이에 주의를 기울인 사람이 없었다. 그저 실제로 그 와카들이 좋지 않은 것처럼 주를 달았으니 어찌할 것인가.

○ 『겐지 모노가타리』와 그녀의 일기를 아울러 무라사키시키부의 마음을 생각해보면, 여자가 한학을 공부하고 똑똑한 척하는 것을 매우 싫어하여 스스로도 사람들에게 그렇게 여겨지지 말아야겠다고 깊이 마음먹은 모습이 여기저기에 보인다.

「하하키기」권에 "남자든 여자든 나쁜 자는…"이라는 구절부터 "말하고 싶은 것도 열에 한두 번은 참는 것이 좋습니다"까지,²¹¹ 스스로 한학을 하는 것을 싫어해서 하지 않는 마음을 드러낸 것이다. 같은 「하하키기」권에 "사서오경을 이해하는 것은 실로 귀염성이 없는 것이지만, 여자라고 해서 세상이 돌아가는 일을 전혀 모르고 이해하지 못

---

208 금상을 모시고 열린 연회에서 가오루와 금상, 대납언이 읊은 와카에 대한 평.(宿木⑤ 484~485)
209 우키후네의 장래를 걱정하며 우키후네와 모친이 주고받은 와카에 대한 평.(東屋⑥84)
210 요카와 승도의 여동생이 전 사위였던 중장을 응대하며 읊은 와카에 대한 평.(手習⑥318)
211 이하 비 오는 날 밤의 여성 품평회에서 좌마두가 여성론을 펼치는 부분.(帚木①89~91)

해야 할까요", "보고 듣는 것이 저절로 이것저것 있겠지요"라는 말은
여자라 해도 그 정도의 일은 있을 법하기에 자랑할 만한 것은 아니라
며 스스로 자랑하는 마음이 없음을 나타낸 것이다.

또 같은 「하하키기」권에 박사의 딸에 대해 식부승(式部丞)이 이야기
한 것을 듣고 귀공자들이 기분 나쁜 이야기라며 말도 안 되는 이야기
를 하는 식부승을 힐난하는 모습을 그린 대목이 있다. 이 여인의 모습
을 생각하니 그렇게까지 나쁘게 말할 만한 점은 보이지 않는데, 무라
사키시키부가 스스로 학문을 하는 것을 꺼려하는 마음을 보여주기 위
해 일부러 과장하여 나쁜 것처럼 말하는 것이다.

또 「오토메」권에 대학료(大學寮) 사람들의 행동거지나 말투를 별스
럽게 그린 것도 재미있지만, 일부러 학문하는 자의 지질지질한 모습
을 전면에 내세워 과장하여 말하는 것이다. 보통 세상 사람들은 무슨
일에든 자신이 좋아하고 우러러보는 부분의 일을 더욱 좋게 꾸며 말
하려고 하는 법인데, 스스로 각별히 학문을 좋아하면서도 오히려 이
렇게 안 좋은 양 말하는 것은 보통 사람과 다른 깊은 마음씀씀이가 있
기 때문이다.

○ 혹자는 이렇게 묻는다. 이 모노가타리에 등장하는 히카루겐지
를 비롯한 좋은 사람들이 어떤 일에 접했을 때의 마음을 그린 것을 보
면 실로 남자답지 못하고 위엄이 없다. 또 대체로 어떤 일을 결정하는
데 적절치 못하고 여러 모로 마음이 흔들리며 그저 우유부단하고 미

덥지 못한 모습을 보인다. 이를 어떻게 설명할 것인가.

이에 답하자면, 대부분 사람들의 마음속을 구석구석 들여다보면 모두 그저 우유부단하고 미덥지 못한 점이 많은 법이다. 남자답고 군건한 모습은 자신을 살펴 의식적으로 보이고자 하는 것이다. 남에게 말할 때는 더욱더 신경 써서 꾸며 말하는 것이지, 있는 그대로를 말하는 것이 아니다.

예를 들면 용맹한 무사가 주군을 위해 나라를 위해 전쟁터에서 미련 없이 죽음을 맞이하는 모습을 그린 글을 보고 그 행동도 마음가짐도 실로 훌륭한 남자라고 생각하리라. 또 그 마음속까지 얼마나 용감할까 하고 생각하리라. 그러나 그 마음을 속속들이 들여다보면 한편으로는 역시 고향에 계신 부모님도 그리울 것이고, 처자식도 한 번이라도 더 보고 싶을 것이다. 어찌 목숨이 조금도 아깝지 않겠는가. 이는 누구나 갖는 솔직한 마음이다. 용맹한 무사라고 해서 유약한 생각은 조금도 하지 않는다고 한다면, 오히려 감정이 없는 목석과 같을 것이다.

그런데 일반적인 중국 서적은 자신의 마음은 물론이거니와 다른 사람을 칭찬할 때도 그저 꾸며낸 마음만을 쓰고 나쁜 점은 생략하기 때문에, 언뜻 보면 군건하고 남자답고 위엄 있게 생각된다. 이러한 중국 서적에 익숙해진 눈으로 보면 모노가타리는 부질없고 유약하게만 느껴질 것이다.

모노가타리는 엄격한 교훈을 보여주기 위한 서적이 아니다. '모노노아하레'를 보여주기 위해 사람의 마음을 있는 그대로 쓴 것이다. 그 중에서도 이 모노가타리는 특별히 정성들여 사람의 마음을 숨김없이 상세하게 묘사하고 있다. 특히 좋은 사람은 '모노노아하레'를 깊이 이해하기에 그 사람의 마음을 묘사하는 부분을 보면 더욱 유약하게 느껴지는 일이 많은 것이다.

○ 또 이렇게 묻는다. 남녀가 만남을 시작할 때 비밀스러운 관계는 말할 것도 없고 부모의 승낙을 받은 관계도 법도를 따지는 중국과 달리 문란하기만 하다. 이를 어떻게 설명할 것인가.

이에 다음과 같이 답한다. 옛날과 지금의 변화를 이해하지 못하고 요즘의 중국 풍습에 근거해서 보기 때문에 옛것이 문란하게 느껴지는 것이다. 모든 일에 중국은 중국, 일본은 일본, 지금은 지금, 옛날은 옛날이라 생각해야 하는데, 유학자들은 오로지 중국의 풍습에 근거하여 판단한다. 요즘 사람들은 지금의 풍습에 따라 옛 풍습을 이상하다고 여긴다. 이는 편벽된 생각이다.

본래 옛날에는 대부분 남녀가 대면할 때 잘 모르는 사이라면 늘어뜨린 발 가까이에도 오지 못하게 하였다. 다소 친한 사이라 해도 발을 내리고 그 사이에 또 휘장을 걸친 칸막이를 세워 만났다. 남매라도 대부분 휘장 걸친 칸막이를 사이에 두고 확실하게는 얼굴을 보여주지 않았다. 또 남자에게 목소리를 들려주는 것조차 조심스러워하였다. 이런 옛 풍습으로 본다면 요즘 세상, 그리고 중국의 풍습은 아주 문란하게 보일 것이다. 또 신방을 치르는 예법도 옛날에는 여자 집에 남자가 갔지만, 지금은 남자 집에 여자가 가는 중국의 풍습을 따르고 있다. 굳이 따지자면 남자가 여자 집에 가는 것이 맞다. 여자가 먼저 가는 것을 어떻게 생각하는가. 이렇게 입장을 바꿔 옛 사람들이 요즘의 풍습을 본다면 매우 문란하고 옳지 않은 일이라 여길 것이다.

○ 또 이렇게 묻는다. 모노가타리 속에서 병에 걸리면 무조건 모노노케(物の怪) 때문이라며 소란스럽게 가지기도를 행한다. 또 중병에 걸렸을 때도 오로지 승려에만 의지하며 의원에게 보이거나 약을 사용하는 장면은 이제껏 본 적이 없다. 이는 참으로 어리석은 행동이 아닌가.

이에 답하자면, 이 또한 그 당시의 모습일 뿐이다. 단지 약을 쓰는 장면이 보이지 않는다 하여 당시에는 약을 사용하지 않았다고 생각하는 것은 잘못이다. 예로부터 의약에 관한 글이 옛 서적에 보이고, 또한 '병(病)'을 '약 쓰는 일(くすりの事)'이라 표현하였다. 「와카나 상」권의 "마치 의원처럼…"[212], 또 「야도리기」권의 "의원처럼 다루시어 들여보내주시지요"[213]라는 구절에서 약과 의술이 사용되었다는 것을 알 수

---

212 출산을 앞둔 아카시노히메기미를 그녀의 외조모인 아마기미가 너무 가까이에서 지켜보는 모습을 보고, 아카시노키미는 보기 흉하다고 생각한다. 당시 고귀한 여성들에게 가까이 갈 수 있는 것은 가지를 행하는 수험자와 의관뿐이었다.(若菜上④106)
213 가오루는 나카노키미에게 자신을 의원이라 여기고 가까이서 볼 수 있게 발 안쪽으로 들어가게 해달라고 호소한다.

있다.

그런데도 이 모노가타리에서는 의원에 대해서는 쓰지 않고 가지기도를 행하는 승려에 대해서만 많이 쓰고 있다. 그 이유는 신불의 영험을 믿고 승려의 힘에 의지하는 것은 연약하고 느긋하고 가련한 정취가 느껴지는 데 반해, 의원에 의지하여 약을 쓰는 것은 똑똑한 체하는 것 같고 보기에도 안 좋아 정취가 없기 때문이다. 『에이가 모노가타리』에 히가시산조인(東三條院)이 병에 걸렸을 때도 의원에게 보이지 않았다는 이야기가 있다.[214] 그 당시의 고상한 풍습에 따라 신분이 높은 여성들은 이러하였다. 남자를 가까이 오게 하는 행동은 삼가야 할 일이며 있을 수 없는 일이라 생각한 것도 당시의 관습인 것이다.

또 「하하키기」권에 열을 내리는 약을 복용한 여자를 끔찍하다고 비난하는 장면이 있는데,[215] 이 구절을 생각해야 한다. 그래서 '약(藥)'을 '약(くすり)'이라 하지 않고 '따뜻한 물(御湯)'이라 한 것이다. 병자에 대해 쓴 대목에 '따뜻한 물'이라 표현된 것은 대부분 약을 뜻한다고 생각하면 된다. 마찬가지로 같은 말인데도 '병'을 '약 쓰는 일'이라고 말하는 것은 그렇지도 않은데, '약을 먹는다'라는 표현은 천박하게 느껴진

---

214 이치조 천황의 어머니인 히가시산조인, 즉 후지와라노 센시(藤原詮子)가 병에 걸려 죽어가는 「도리베노(とりべ野)」권에 보인다.(榮花物語①346)

215 비 오는 날 밤의 품평회에 나오는 이 여인은 박사의 딸로 매우 현명한 인물로 소개된다. 그러나 남자에게 "열을 내리는 약(마늘)을 복용했기 때문에 냄새가 나서 대면을 할 수가 없습니다"라고 말하여 끔찍하다는 비난을 받는다. '약', '복용', '대면'이라는 딱딱한 한문투의 말과 약으로 마늘을 먹어서 냄새가 난다는 노골적인 표현에 남자들이 기겁을 한 것이다.(帚木①87)

다. 이와 같이 이 모노가타리에는 세세한 점까지 마음을 써서 쓴 부분이 많다.

요즘 사람들에게는 '약을 먹는다'는 표현이 왜 천박하다는 것인지 이해가 가지 않겠지만, 이러한 것은 시대에 따라서 바뀌는 것이다. 예를 들면 요즘 세상에서는 '가시라쓰키(頭付き, 머리 모양)', '쓰라쓰키(面付き, 얼굴 생김새)'와 같은 말들은 상당히 천박하게 느껴지는데, 옛날에는 그렇지 않았다. 모노가타리 속에서 고귀한 사람의 모습을 칭찬하는 말로 많이 사용되고 있다. 이런 예만 보아도 시대에 따라 풍습이 달라짐을 알아야 한다. 그 시대의 풍습을 잘 알아야 한다는 것, 이 또한 모노가타리를 읽는 데 필요한 하나의 마음가짐이다.

○ 또 혹자가 묻기를, 이 모노가타리가 세상의 온갖 일을 쓴 것이라 한다면 아랫것들에 관해서도 자세히 썼어야 하지 않을까. 그저 윗분들 이야기뿐으로 천한 자들의 이야기는 전혀 쓰지 않은 것은 어째서인가.

이에 답하기를, 무릇 세상은 시대나 신분과 지역에 따라 각양각색이다. 고대는 고대의 세상, 지금은 지금의 세상이다. 신분이 높은 자는 높은 자들끼리의 세상이 있고, 천한 자는 천한 자들끼리의 세상이 있다. 무사는 무사의 세상, 백성은 백성의 세상, 상인은 상인의 세상이 있어 항상 생각하는 것도 대개는 각자가 속한 세상일을 생각할 따름이다.

요즘 세상에야 모노가타리 작품들을 다 볼 수 있지만, 옛날에는 일반 사람들이 볼 수 있는 것이 아니었다. 어지간한 상류층에서 즐겨보던 것이므로 그분들의 세상에서 늘 있는 일들을 주로 쓴 것이다. 세상만사 나에게 친숙하고 평소 보고 듣는 것이 아니고서는 좀처럼 제대로 알 수 없고 느끼는 바도 깊지 않기 때문이다.

예를 들어 쓰쿠시의 대부감이 풍류를 알지 못하는 모습, 우키후네의 계부인 히타치 차관(常陸介)의 세련되지 못한 촌스러운 모습 등을 생각하면, 하물며 그보다 못한 자들의 일이 윗분들의 눈에 들어오기나 하겠는가. 「유가오」권에 "정취를 모르는 산골사람"[216], 「모미지노가」권에도 "정취를 알 리 없는 아랫것들"[217]이라는 구절이 있다. 『에이가 모노가타리』「음악(音樂)」권에는 "여어는 호조지(法成寺)가 세워졌다는 소식에 연못을 파는 노인이 와카를 읊자, 그런 자도 정취를 아는구나 하고 감탄하였다"[218]라는 구절이 있다. 또한 「스마」권에는 히카루겐지가 어부들의 신세 한탄을 듣고, "잘 알아들을 수 없는 사투리이기는 하나 마음속은 같은 것이구나 하며 가엽게 바라보셨다"[219]라는 구절이 있다.

---

216 그다지 관계가 없는 사람들조차 히카루겐지를 동경하는 장면.(夕顔①148)
217 스자쿠인에서 열린 수연에서 히카루겐지의 춤을 보고 모든 사람들이 그 아름다운 모습에 감동하는 장면.(紅葉賀①315)
218 1022년 7월 14일 호조지 금당 공양에 맞추어 그 준비가 이루어지는 장면.(榮花物語②263)
219 스마로 퇴거해 있는 히카루겐지에게 근처의 어부들이 생선 등을 가져와 바쳤을 때, 히카루겐지는 그들의 생활상에 대해 듣는다.(須磨②214)

이러한 예를 통해 신분이 낮은 자들이 정취와 풍류를 모르는 것을 알 수 있다. 작자인 무라사키시키부도 턱없이 낮은 신분은 아니었기 때문에, 항상 보고 듣고 생각하는 것은 모두 윗분들의 일로 아랫것들의 일은 아니었을 것이다.

○ 와카를 읊는 심정에 대해 알고자 한다면 이 모노가타리를 늘 음미해야 한다. 이 모노가타리에 쓰여 있는 일들과 사람들의 행동이며 마음은 하나같이 와카를 읊는 자연스러운 마음이다.

왜냐하면 인간의 감정은 예나 지금이나 신분고하를 막론하고 변함 없는 것이지만, 시대의 관습이나 신분 등 각자가 속한 세상에 따라 조금씩 다르다. 와카도 사물의 정취에 마음이 동하여 읊는 것이므로 고금과 신분고하에 따라 변함이 없어야 마땅하나, 고대에는 그럴지 몰라도 중고 이래 지금의 와카는 반드시 지금 생각한 마음을 있는 그대로 읊는 것만은 아니다. 옛 노래를 익혀 그 정취로 읊는 것이기에 옛 세상의 모습이며 사람들의 마음과 행동을 제대로 모르면 안 되는 법이다.

옛 노래 중에서도 『만요슈(萬葉集)』 이전의 것은 시대가 너무 멀고 그 모습도 매우 오래되었기 때문에 차치하고, 대개는 『고킨와카슈』 이후의 것을 익히게 되는데, 그 시대의 와카는 모두 어느 정도의 신분이 있는 사람들이 읊은 것이다. 때문에 옛 노래를 익힐 때도 중류 이상의 상류층 사람들의 마음, 행동, 그리고 그 품위에 맞는 세상을 알아야만 한다. 지금 시대에 그것을 자세히 알기 위해서는 이 모노가타리를 보는 것보다 나은 방법은 없다.

옛 노래도 단지 노래만을 보아서는 그 노래가 나온 본래의 마음을 상세히 알 수 없기에 따라 하기 힘든 법이다. 그런데 이 모노가타리를 밤낮으로 읽어서 익숙해지면 히카루겐지를 비롯하여 최상의 좋은 것만을 모아 세련된 사람들에 섞여 그 모습과 분위기를 바로 눈앞에서 보고 그 모노가타리를 듣는 것처럼 그들의 행동에 익숙해지고 그들의 마음속까지 세세히 보인다. 또한 당시 궁중의 모습, 때마다 행해지는 공식 행사, 각별히 고귀한 집안의 내밀한 사정까지, 최고로 세련된 것들을 지금 눈앞에서 보는 것과 같다. 그래서 옛 사람들이 와카를 읊는 본래의 모습과 마음을 잘 알게 되어 이런 노래는 이러이러할 때 읊어졌고 그때 읽는 이의 마음은 이러이러하였음을 낱낱이 알게 된다. 그렇기 때문에 이 모노가타리에 쓰여 있는 것들, 사람들의 행동과 마음은 하나같이 와카를 읊는 심경이라고 한 것이다.

한편 지금의 와카는 옛 노래를 따라 부르는 것이라는 점에 대해 좀 더 자세히 논하겠다. 먼저 노래란 본디 자신의 마음속에 떠오르는 가락을 읊는 것이니만큼 남이 부르는 마음과 노랫말을 배워서 흉내 내서는 안 되겠지만, 그것은 고대에나 그럴 뿐 중고부터는 그렇지도 않다. 또 모든 노래는 신과 인간에게 들려주어 정취 있는 마음을 보여주는 것이므로 잘 부르려고 가다듬는 것도 자연스러운 본심이며 후대의 거짓은 아니다. 좋은 노래를 읊으려고 하면 반드시 옛날의 좋은 노래를 따라 부르지 않을 수 없다.

그런데 옛것을 따른다고 하면 지금 시대와 다른 점이 많고, 지금은 별것도 아닌 일이 옛 사람에게는 대단한 일로 여겨져 많이 읊어지는 경우도 있다. 반대로 요즘 사람들이 즐겨 읊는 노래가 옛 노래에는 보이지 않는 경우도 많이 있다. 그럴 때는 대개 지금 시대에 얽매이지 말고 오로지 옛것에 따라 노래를 지으면 된다. 옛 사람들이 꽃과 달을 사랑하는 마음의 깊이, 또 그와 연관 지어 감흥을 느끼는 정도는 요즘 사람들과는 비교도 안 된다. 물론 요즘 사람들도 꽃은 풍류 있고 달은 정취 있다고 보기는 하지만 깊은 감흥에 젖어들지는 않는다. 그럼에도 노래는 마치 옛 사람처럼 깊이 느끼는 양 읊어야만 하는 것이다. 요즘 사람의 마음 그대로 읊는다면 노래의 정취가 깊을 수 없다. 또 여행을 하지 않는 사람도 여정을 노래하고 사랑을 하지 않는 사람도 사랑 노래를 부르는 것은 모두 옛 노래를 따라 한 것이 아니고 무엇이겠는가.

아무리 옛 사람의 마음이라 해도 애당초 반드시 노래로 읊을 정도가 아닌 일도 있을 것이다. 하지만 절실한 마음을 분명히 말하고자 하면 본심보다 정도가 심해지는 것이 자연스러운 법이다. 앞에서 좋은 모습으로 그리려 하면 최상의 좋은 것만으로 골라 쓴다고 하였듯이, 노래도 '모노노아하레'를 깊이 있게 표현하여 보는 사람 듣는 사람이 깊이 감동하도록 읊는 것이다. 옛 노래에 설령 진심이 지나친 경우가 있더라도 그것은 왈가왈부할 문제가 아니다. 다만 그 마음과 본연의 모습을 따라 해야 하는 것이다.

이 모노가타리를 항상 읽으며 내 마음을 모노가타리 속의 인물들의 세상에 두고 노래를 읊으면 자연스럽게 고대의 풍취 있는 감정이 이입되어 속된 인간의 감정보다는 훨씬 나을 것이다. 같은 달과 꽃을 보더라도 더없이 깊은 정취를 느끼게 될 것이다. 그런데 요새 사람들은 옛 노래를 흉내 낸다고는 하나 옛 사람들의 세상을 모르고 그 마음을 제대로 알지 못하여 그저 자신의 지금 마음이 가는 대로 읊기 때문에 고대의 정취와 다르게 촌스러운 것만이 부각된다. 노래뿐만 아니라 옛 가집들의 설명글을 보아도 모노가타리를 잘 모르는 사람은 그 당시의 모습을 상세히 알지 못하므로 자기가 모르는 먼 세계의 일 같기만 하다.

이 모노가타리를 잘 읽어서 그 당시의 모습에 익숙해지면 옛 노래는 물론이요, 노래를 읊게 된 사연 한두 구절도 지금 이 시대에 내가 사는 곳의 일을 보고 듣는 것처럼 가깝고 친숙하게 느껴질 것이다. '모노노아하레'도 한층 더 깊어질 것임에 틀림없다.

거듭 말하지만 와카를 읊으려는 사람, 또 옛 정취를 그리워하는 사람은 각별히 이 모노가타리를 잘 읽어야 할 것이다.

2부

이소노카미 사사메고토

이소노카미 사사메고토 권1

| 순암 모토오리 노리나가 찬

〔1〕혹자가 묻기를, 어떤 것을 '노래(歌, 우타)'라 하는가.

답하기를, 넓은 뜻에서는 31자(5·7·5·7·7)로 읊은 와카(和歌)를 비롯하여 가구라(神樂), 사이바라(催馬樂), 렌가(連歌), 이마요(今樣), 풍속가〔헤이케 모노가타리(平家物語), 사루가쿠(猿樂)의 노래〕, 교카(狂歌), 하이카이(俳諧), 고우타(小歌)〔조루리(淨瑠璃)〕, 아이들이 부르는 유행가, 절구를 찧으며 부르는 노래, 나무를 켜며 부르는 노래까지를 포함한다. 말을 마침맞게 가다듬어 정취 있게 부르는 것은 모두 노래다. 고금아속(古今雅俗)의 차이는 있으나 노래가 아닌 것은 없다. 그러므로 요즘 비천한 아낙네가 흥얼거리는 것도 노래라 한다. 이것이 곧 진정한 노래다.

31자로 읊은 와카 같은 것은 옛 사람들의 노래이고, 고우타나 유행가 같은 것은 요즘 사람들의 노래다. 이것들이 같은 노래이면서 그 모습이 많이 다른 이유는 옛날과 지금의 차이다. 옛 노래는 말도 뜻도 우아하고 훌륭하다. 요즘 유행가는 말도 뜻도 천박하고 볼품없다. 그것은 아속의 차이다. 이처럼 그 모습은 고금아속의 차이가 커서 같은 것이라고 하기 어렵지만, 그렇다고 노래가 아니라고도 할 수 없다. 이러한 이유로 아이들이 흥얼거리는 것도 노래다. 이는 신대로부터 지금까지 이어져 그 본질을 잃지 않고 있다. 노래의 모습은 뜻도 말도 시대에 따라 바뀌었지만, 그 정취와 취지는 신대나 지금이나 변함없다. 이에 대해서는 뒤에서 자세히 말하겠다.

비단 사람만이 아니라 금수라도 감정이 있는 것은 모두 그 소리에 노래가 담겨 있다. 『고킨와카슈』 가나 서문의 "꽃피면 우는 휘파람새, 물가의 개구리 울음소리 들으면, 살아 있는 모든 것 중에 어느 하나 노래하지 않는 것이 있으랴"라는 대목을 보라. 새나 벌레나 그 우는 소리가 조화롭고 듣기 좋아 절로 정취가 느껴지는 것은 모두 노래다. 그런데 휘파람새의 노래, 개구리의 노래가 31자 와카로 전해졌다고 하는 것은 『고킨와카슈』 가나 서문에 의거하여 호사가들이 지어낸 말이다. 금수가 어찌 사람의 노래를 부른다 하겠는가. 휘파람새는 휘파람새, 개구리는 개구리, 제각각 우는 소리에 정취가 있는 것, 그것을 노래라 한다. 고로 이 세상에 살아 있는 모든 것은 제각기 노래를 갖는다.

혹설에 천지가 열렸을 때부터 만물에 절로 그 이치가 생겨 바람소리, 물소리에 이르기까지 소리가 있는 것은 모두 노래라 하기도 한다. 이는 만물의 이치를 깊이 헤아려 노래의 범주를 넓게 본 것 같지만, 오히려 얕은 생각이다. 노래란 마침맞게 가다듬어 정취가 있는 것이기 때문이다. 따라서 새나 벌레가 우는 소리를 노래라고는 하지 않는다. 그 우는 소리에서 정취가 느껴질 때 노래라 한다. 사람의 말도 정취 있게 불리는 것을 노래라 한다. 그 외에는 노래가 아니라 평범한 말일 뿐이다.

또한 노래는 감정이 있는 것에만 존재하며 감정이 없는 것에는 존재하지 않는다. 고로『고킨와카슈』가나 서문에서도 '살아 있는 모든 것'이라고 할 뿐 '만물'이라고는 하지 않는다.『고킨와카슈』한문 서문에 "모든 것에는 이것(노래)이 있다(物皆有之)"라고 한 것도 살아 있는 것을 가리킨다. 그러므로 만물의 소리가 모두 노래라는 것은 그릇된 설이다. 살아 있는 것에는 모두 감정이 있어 스스로 소리를 낸다. 그 감정에서 우러난 정취 있는 소리가 즉 노래다. 감정이 없는 것은 스스로 소리를 내지 않는다. 다른 무언가에 접하여 소리를 낸다. 노래는 감정에서 우러나오는 것이기에 감정이 없는 것에는 노래가 있을 리 없다.

악기의 네 가지 재료인 금석사죽(金石絲竹)에서 나는 소리조차도 노래라고 하지 않는다. 감정이 있어서 스스로 내는 소리가 아니기 때문이다. 그러니 바람소리나 물소리를 어찌 노래라 하겠는가. 설령 정취가 있다 하더라도 감정이 없는 것이 내는 소리는 노래가 아니다. 더욱이 정취가 없다면 노래라 할 까닭이 없다.

〔2〕묻기를, 말이 마침맞게 가다듬어져 정취 있다는 것은 어떤 것인가.

답하기를, 노래로 부르기에 말의 수가 적당하고 막힘없이 멋지게 들리는 것을 말한다. 정취 있다는 것은 말이 잘 정돈되고 갖추어져 흐트러짐이 없는 것이다. 대체로 5·7조 형태로 다듬어진 것이 고금아속에 두루 적당하다. 때문에 옛 노래도 지금의 유행가도 모두 5·7조다. 이것이 자연스러운 모습이다.

고대에는 노래의 글자 수가 정해져 있지 않았다고 하는데, 그것은 맞지 않다. 신대의 노래라 해도 5·7조에서 벗어나지 않는다. 그중에는 5음을 4음 또는 3음으로 하고, 7음을 6음 또는 8음으로 하는 것도 많이 있다. 그것도 노래할 때는 모자라는 음을 길게 끌어 메운다. 반대로 음이 남는 경우에는 음을 짧게 하여 모두 5·7조로 맞추어 부른다. 때문에 3음, 4음, 6음, 8음도 부를 때는 5·7조가 된다. 이를 어찌 알 수 있는가 하면 요즘 아이들이 부르는 유행가나 절구를 찧으며 부르는 노래, 나무를 켜며 부르는 노래를 들으면 모두 5음과 7음이기 때문이다. 그중에서 모자라거나 남는 음은 가락을 늘이거나 줄여 5음과 7음으로 맞추니, 노래를 들으면 모두 5·7조다. 이는 자연스럽게 그리된 것으로 신대나 지금이나 다를 바 없다.

『고킨와카슈』가나 서문에 달린 주를 보면, 시타테루히메 신의 노래는 글자 수가 일정하지 않아서 노래가 아니라고 한다. 이는 위에서 말한 이치를 모르고 그저 『일본기』에 쓰여 있는 것에 따라 후대의 관점에서 말한 것이다. 신대의 노래도 모두 마침맞게 정돈되어 있어 정취가 있다. 5·7조에서도 벗어나지 않는다. 앞에서 말한 시타테루히메의 노래는 특히 말이 잘 정돈되어 있어 아름답게 들린다. 만약에 글

자 수가 일정하지 않았다면 노래할 때 흐름이 끊기고 흐트러져 귀에
거슬려 듣기 거북했을 것이다. 요즘의 유행가도 그러하다. 이는 잘 알
려져 있는 사실이다. 고대의 노래는 읊을 때 곡조를 붙여 부른다. 부
르면서 음의 길이가 맞춰지므로 3음이든 4음이든 5음이든 8음이든 여
하튼 5·7조로만 부르면 글자 수가 모자라든 남든 상관없었다. 남아
도 좋은 것, 모자라도 좋은 것, 반대로 남아서 나쁜 것, 모자라서 나쁜
것이 있으리라. 모두 부를 때 알 수 있는 것이다. 5·7조로 맞추는 것
에 대해서는 나중에 자세히 언급하겠다.

　말이 마침맞게 가다듬어져 정취 있다는 것은 이와 같은 것을 말한
다. 금수가 우는 소리도 이에 견주어 알 수 있다. 5·7조는 사람의 말
에 가장 적합한 것이다. 새나 벌레도 제각기 소리에 적당한 곡조가 있
기 마련이고, 그것이 곧 각각의 노래다.

　〔3〕 묻기를, 앞에서 언급한 『헤이케 모노가타리』나 요즘의 조루리 등은 노래
가 아니라고 생각하는 것에 대해서는 어떠한가.

　답하기를, 이는 원래 모노가타리 부류이지만 곡조를 붙여서 부르는
부분이 노래다. 본래 모노가타리는 부르는 것이 아니나 『헤이케 모노
가타리』에 곡조를 붙여 부르면서부터 사루가쿠, 요쿄쿠(謠曲), 조루리
등이 생겨났다. 중국에서도 시와 문장을 구분하여 문장은 부르는 것
이 아니거늘, 근래에는 문장의 형태인 것을 노래로 부르기도 하는 것
같다. 우리나라에서도 모노가타리 같은 것은 문장이다. 부르는 것이

아니다. 노래와 문장은 쓰는 말도 많이 다르다. 이처럼 다른데, 문장에 쓰인 말에 곡조를 붙여 부르게 된 것은 근래에 들어와서의 일이다. 그럼에도 적당히 불리도록 만들어서 부르는 부분이 노래다. 단『헤이케 모노가타리』는 부른다고는 하지 않는다. 이야기를 들려준다고 한다. 이는 부르기에 마땅한 것이 아니다. 모노가타리라는 그 성격을 알고 명목상 붙인 것이다. 표면상으로는 이야기한다고 하지만 실은 부르는 것이다. 고로 이러한 것들도 노래의 부류에 들어간다.

〔4〕또 묻기를, 노래란 언제부터 시작된 것인가.

답하기를,『고킨와카슈』서문에 노래란 천지가 열리기 시작했을 때부터 생겼다고 한다.『고킨요자이쇼(古今餘材抄)』[220]는 다음과 같이 주를 달고 있다. "『일본서기(日本書紀)』신대권(神代卷)에 최초에 국토가 부유하는 모습이 물고기가 물 위에 떠다니는 것과 같다고 하는 그때를 말하는 것이 아니다.『고어습유』에 최초에 이자나기와 이자나미 두 신이 부부가 되어 일본의 여덟 섬과 산천초목을 낳았다고 하는 그때를 뜻한다."【이상은『고킨요자이쇼』문장이다】천지개벽 때부터 노래가 갖추어졌음을 말하기 위해 음양오행의 이치를 갖다 대는 설도 있다. 이는 노래가 천지개벽 때부터 생겼다는 말에 억지로 맞추려는 설이므로 맞지 않다. 두 신도 개벽 때의 일을 모르기 때문이다. 그래서『고킨요자

---

220 승려 게이추가 1692년에 지은『고킨와카슈』의 주석서로 전 10권으로 이루어져 있다.

이쇼』에서는 『고어습유』를 인용하여 두 신이 등장하는 시기가 천지가 시작한 때라고 풀이하고 있다. 그때 노래가 처음으로 생겼다고 하는데, 그 노래는 이자나기와 이자나미 두 신이 오노고로지마(磤馭慮島)라는 섬에 내려와 부부가 되기 위해 기둥을 돌며 서로 주고받은 말을 가리킨다.

그 주고받은 말이란 『고사기(古事記)』에 나오는 "이자나기 신이 먼저 '아나 니야시 에 오토메오(阿那邇夜志愛袁登賣袁)(아, 이 얼마나 아름다운 여인인가)'라 말하고 나서 그 후에 이자나미 신이 '아나 니야시 에 오토코오(阿那邇夜志愛袁登古袁)(아, 이 얼마나 멋진 남자인가)'라 말하였다"를 가리킨다.

이 말의 뜻은 『일본서기』 신대권에서 알 수 있다. 『일본서기』에는 '아, 이 얼마나 멋진 남자인가'에 해당하는 부분이 '妍哉可愛少男歟'라 되어 있고, 거기에 "妍哉, 이를 '아나 니에야'라 읽는다. 可愛, 이를 '에'라 읽는다"고 주가 달려 있기 때문이다. 『고사기』는 옛말을 그대로 음을 취해 표기하였고, 『일본서기』는 한자의 뜻을 취해 표기하였다. '妍'은 자전에 '아름답다' 또는 '잘생겼다'라고 설명되어 있다. 즉 서로 좋은 배우자라 기뻐한다는 말이다.

더 자세히 뜻을 풀이하면 다음과 같다. 『고어습유』에 의하면 "옛말에서는 무언가 몹시 간절할 때 '아나'라 한다."【이에 대해서는 『구사기(舊事紀)』[221] 에서도 언급하고 있지만 위서(僞書)이기에 인용하지 않는다】 『만요슈』에는

---

221 『선대구사본기(先代舊事本紀)』를 말한다. 천지개벽에서 스이코 천황까지의 역사가 기록

'아나(痛)'라는 말이 있다. '아나 고히시(아, 그리워라)', '아나 다후토(아, 귀하도다)'의 '아나'와 같다. '아나(阿那)', '아야(阿夜)', '아아(阿阿)' 등은 모두 탄식하는 말이다.

'니야시'는 다른 문헌에서는 보이지 않는 말인데, 『일본서기』에 '妍哉'라고 쓰여 있으니 그와 같은 뜻이리라. '니야시'의 '니'가 체언이고 '야시'는 조사다. '하시케야시(波歟祁夜歟, 사랑스럽다)'의 '야시'와 같다. 또 『일본서기』 신대권에는 '니에야(而惠夜)'가 있는데, 여기서도 '에야'는 조사다. 같은 '妍哉'를 『일본서기』 진무 천황(神武天皇) 조에는 "이를 '아나 니야'라 읽는다"고 주가 달려 있으므로, '에(惠)'도 조사라는 것을 알 수 있다. 또 '요시에야시(餘志惠夜志, 좋다)'라는 말에서도 '에야시'는 조사로 단순히 '요시'라는 뜻이다. 『만요슈』 권5에서 '고이시케시에야(古飛宜志惠夜, 그립구나)'라 하고, 『일본서기』 덴치 천황(天智天皇) 조의 참요(讖謠)[222]에서 '구루시(苦し, 괴롭다)'를 '구루시에(俱流之衛)'라 하는 것도 마찬가지다.

'에 오토코'는 '요키 오토코(멋진 남자)'라는 말과 같다. 『일본서기』 신대권에는 '아나 니야시 에 오토코(美哉善少男)'라는 표기도 있다. '스미요시(住吉)'를 '스미노에(須美能愛)', '히요시(日吉)'를 '히에(比愛)'라 하는 것과

되어 있다. 중세 신도에서는 중시되었으나 에도 시대에 위서로 밝혀졌다. 서문에 쇼토쿠 태자 등이 지었다고 되어 있지만, 현재는 9세기 초에서 10세기 초에 성립된 것으로 본다.

222 시대의 변화나 정치적 징후를 예언하거나 암시하는 민요. 옛 문헌에서는 이런 노래를 '동요(童謠)'라고 일컬었다.

같다. '요키'를 '에'라 표현하는 경우가 많다. 『고사기』에 쓰인 '에(愛)'는 한자의 음을 빌린 것이라 뜻은 없다. 『일본서기』에 쓰인 '에(可愛)'는 한자의 뜻을 나타낸다. 혼동해서는 안 된다. 앞에서 언급한 조사 '에(惠, ェ)'와 위의 '에(愛, ェ)'는 뜻도 음도 다르다. 이 또한 혼동해서는 안 된다.

'오토코(袁登古, ヲトコ)'는 '少男', '오토메'는 '少女'를 뜻한다. 즉 젊은 남녀를 말한다. 후대에 노소를 가리지 않고 모든 남성을 '오토코(於登古, オトコ)'라 하는데, 그것과는 뜻도 음도 다르다.

그리고 '오토코오(袁登古袁, ヲトコヲ)'에서 뒤의 '오(袁)'는 종조사다. 지금 사용하는 목적격조사 '오(ヲ)'는 아니다. 고대 노래에서는 체언 다음에 '오(袁)'를 사용하는 경우가 많았다. 예를 들어 '가가나베테 요니하 코코노요 히니하토오카오(加賀那倍弓用邇波許許能用比邇波登加袁)(날을 거듭해 밤으로는 아홉 밤, 낮으로는 열흘이옵니다)'의 '오(袁)', '오호사카니 아후야오 토메오 미치토헤바(淤富佐迦邇阿布夜袁登賣袁美知斗閇婆)(오사카에서 만난 여인에게 길을 물어보니)'의 '오(袁)'와 같은 예는 『만요슈』에도 많다. 모두 조사이며 '요(ヨ, -이여)'처럼 부르는 말이다. '오토코요(袁登古餘, 낭군이여)', '오토메요(袁登賣餘, 여인이여)'와 같다. '오토코오'를 『일본서기』 신대권에서는 '少男歟' 또는 '少男乎'로도 표기한다. '歟'와 '乎'를 보통은 '가(カ)' 또는 '야(ヤ)'라 읽으며 의문사로 쓰지만, 자전에 따르면 어말조사라고도 한다. 말의 뜻과는 상관없는 부분이라고도 하는 것이다. 따라서 지금 말한 '오(袁)'에 해당하니, 『일본서기』 신대권의 예도 『고사기』처럼 읽어야 한다.

위의 이자나기와 이자나미의 말은 『고사기』와 『일본서기』에 모두 '노래(歌)'라고는 하지 않는다. 특히 『일본서기』에서 노래는 모두 음차로 표기하는데, 이 두 신의 말은 한문으로 쓰고 있다. 확실히 노래라고 할 수 있는 정도는 아니다. 그러나 5음의 2구로 정돈되어 있고 그 말도 보통의 말은 아니다. 그래서 창화(唱和)라고 한다. 이것이 바로 평상시의 말이 아니라는 이유다. 따라서 이 창화를 노래의 시작이라 하는 것이다. 모든 일의 시작은 후대의 일처럼 분명치는 않은 법이다.

〔5〕 묻기를, 이 창화의 말은 『일본서기』 신대권에 "아나 우레시야 우마시 오토코니 아히누 아나 우레시야 우마시 오토메니 아히누(憙哉遇可美少男焉憙哉遇可美少女焉)(아, 기쁘도다. 멋진 남자를 만났다. 아, 기쁘도다. 아름다운 여인을 만났다)"라고 되어 있는데, 어찌 이는 언급하지 않고 『고사기』만을 인용하는가.

답하기를, 『일본서기』는 모두 격조 높은 한문으로 꾸며 쓴 것으로 고어와는 상관이 없다. 오로지 문장을 중심으로 쓰인 경우가 많다. 반면 『고사기』는 문장에 구애받지 않고 고어를 중심으로 쓰인 것이다. 그런데 후대에는 그저 문장의 아름다움에만 치우쳐 고어를 생각하지 않았다. 고로 오로지 『일본서기』만을 보고 『고사기』가 있음을 몰랐다. 그러므로 고어는 나날이 사라져 가는 것이다. 말이 먼저이고 문자는 나중이라는 사실을 모르다니 애석한 일이다.

지금 이 『일본서기』의 '憙哉遇可美少男焉'라는 문장도 한자를 보면 그 뜻을 알 수 있지만, 그것에 해당하는 고어를 알 수 있는 근거는 없다. 왜냐하면 한자 옆에 단 훈은 후대 사람들이 붙인 것이기에 대부분 믿을 수 없기 때문이다. 그렇다면 '憙哉'에 해당하는 고어를 대체 어떻게 알 수 있겠는가. '少男'에는 "이를 '오토코'라 읽는다"고 주가 달려 있다. 『일본서기』 진무 천황 조에는 '可美'에 '우마시'라는 훈이 달려 있으니, '可美少男'을 '우마시 오토코'라고 읽어야 하리라. 그런데 '憙哉'는 확실치 않다. 굳이 읽는다면 『고사기』 및 『일본서기』의 일서(一書)에 의거하여 '아나 니야시' 또는 '아나 니에야' 등으로 읽어야 할 것이다. 앞에서 '妍哉'를 '아나 니에야'라고 읽은 것은 여기서의 '憙哉', 그다음의 '美哉'에도 해당한다. 또 '可愛'를 '에'라고 읽은 것도 여기서의 '可美', 그 다음의 '善'에도 해당한다.[223]

그러므로 '憙哉遇可美少男焉'도 '아나 니에야 에 오토코오(아, 이 얼마나 멋진 남자인가)'라고 읽어야 하지 않겠는가. 여기서 '遇'는 그저 내용에 맞게 쓴 글자로 고어일 리가 없다. 요즘 나도는 책처럼 '아나 우레시야 우마시 오토코니 아히누(아, 기쁘도다. 멋진 남자를 만났다)'라고 읽는다면 창화의 말로 들리지 않는다. 여하튼 확실치는 않으므로 『고사기』에 확실히 나온 고어를 우선하고 그 다음에 『일본서기』의 한자에 의거하여 그 뜻을 해석해야 한다.

---

223 『일본서기』의 본문은 본서(本書)와 여러 개의 일서(一書)로 구성되어 있다. 이 부분은 신대 제4단으로, 노리나가는 본서의 "憙哉遇可美少男焉", 일서 제1의 "妍哉可愛少男歟", 일서 제5의 "美哉善少男"라는 표현을 가지고 계속 설명하고 있다.

모름지기 무엇이든 『고사기』를 본문으로 삼고 『일본서기』를 주해로 보아야 한다. 특히 말을 문제 삼을 때는 고어를 그대로 쓴 『고사기』를 중심으로 생각해야 한다. 그런 점에서 『고사기』는 세상에 비할데 없이 훌륭한 서적이므로 말을 공부하려는 사람은 밤낮을 가리지 않고 읽어서 익혀야 한다.

〔6〕 또 묻기를, 확실하게 '노래'라고 할 수 있는 것의 시초는 어떤 것인가.

답하기를, 『고사기』에도 『일본서기』에도 노래의 시초라고는 보이지 않기 때문에 확실치 않다. 두 문헌에 처음으로 기록된 노래는 '야쿠모의 신영(八雲の 神詠)'이라 불리는 노래다.

그것은 『고사기』의 "스가 궁을 만들었을 때 그곳에서 구름이 피어올랐다. 그래서 노래를 읊으셨다. '야쿠모타쓰 이즈모야에가키 쓰마고미니 야에가키쓰쿠루 소노야에가키오(여러 겹으로, 구름 피어오르네, 이즈모 땅 울타리에 아내를 두네, 겹겹이 울타리를 만드네, 그 겹겹의 울타리를)'"[224]라는 노래다. '쓰마고미니'가 『일본서기』에는 '쓰마고메니'라고 되어 있다. '미(ミ)'와 '메(メ)'의 한 글자 차이다.

이 노래의 뜻을 풀자면 예부터 억지스러운 설들이 많다. 모두 옛것에 어두워 나온 설이기에 언급할 필요도 없다. 잘못된 설에 절대로 현혹되지 말아야 한다.

---

[224] '八雲立つ 出雲八重垣 妻隱みに 八重垣作る その八重垣を'(古事記73)

『고킨요자이쇼』에 따르면, '야(八)'는 수가 많음을 뜻하므로 '야쿠모(八雲)'란 야에구모(八重雲, 여러 겹의 구름)다. 야에자쿠라(八重櫻, 천엽벚나무), 야에야마부키(八重山吹, 천엽황매화나무) 등과 같다. 반드시 여덟 겹은 아니지만 여러 겹으로 겹쳐 있는 것을 뜻한다. '이즈모(出雲)'란 이 노래에 의거하여 후대에 붙여진 지명이다. 그러므로 이때는 아직 이즈모의 마쿠라코토바(枕詞)로서 '야쿠모타쓰(八雲立, 여러 겹으로 구름 피어오르는)'라고 한 것이 아니리라. 위의 '야쿠모'라는 말을 여러 번 사용하여 '이즈루 구모(出る雲, 피어오르는 구름)'를 표현한 말로 생각해야 한다.

내가 생각건대, '야쿠모타쓰'는 구름이 피어오르는 것을 보고 '이야쿠모타쓰(彌雲立, 겹구름이 피어오르네)'라 읊은 것이다. '이즈모'는『풍토기(風土記)』에도 이 노래에 의거하여 지명이 되었다고 나온다. 그렇다면 이 노래에서는 아직 지명을 읊은 것이 아니다. 그저 피어나는 구름을 말하는 것이다. '이즈모'를 지명이라 생각하고 '야쿠모타쓰'를 마쿠라코토바라고 설명하는 것은 잘못이다. '야호타데오(八穗蓼乎) 호즈미(穗積)', '마소가요(摩蘇餓豫) 소가(蘇餓)' 등의 예와 같이 지명에 붙는 마쿠라코토바라고 생각해서는 안 된다.

'야헤가키'는 '이야헤가키(彌重垣, 겹울타리)'다. 이것은 스가 궁(須賀宮)의 진짜 울타리가 아니다. 단지 구름을 울타리로 표현한 것이다. '야쿠모타치(겹구름 피어오르고)'라 하지 않고 '타쓰(피어오르네)'라고 한 것은 눈앞에서 바라보는 풍경을 말한 것이다. '이즈모야에가키'는 그 바라보는 곳의 구름을 울타리라고 표현한 말로, 피어오르는 구름이 만드는 겹울타리를 말한다.

'쓰마고미니 야에가키쓰쿠루'는 지금 아내를 위해 구름도 겹겹이 울타리를 만든다고 읊은 것이다. 구름이 울타리를 만든다는 것이 대체 무슨 말이냐고 생각하는 사람도 있으리라. 이는 실제로 만드는 것이 아니라 피어오르는 구름을 보고 겹울타리를 만든다고 표현한 것이다. 구름이나 안개는 앞을 가로막고 사물을 갈라놓기 때문에 울타리라고 한다. 지금도 그 정서는 마찬가지다. 중국에도 '하늘의 구름 울타리 되어 피어오르다(天雲垣其旣立)'라는 표현이 있다. 그러니 이것을 스가 궁 울타리라고 하는 것은 잘못이다. 단지 구름을 말하는 것이다.

'소노야에가키오'와 같이 반복하여 말하는 것은 고대 노래에 많이 보인다. 요즘 아이들이 흥얼거리는 노래도 마찬가지인데, 무릇 가요는 앞의 가사를 반복하여 부르는 것이 많다. 이는 가요의 자연스러운 이치이며, 중국의 가요도 같다. 마지막의 '오'는 앞에서 말한 두 신의 창화 끝부분에 있는 '오'와 같다. 이때가 스가 궁을 만들 무렵이었기에 피어오르는 구름을 보고 이처럼 겹겹의 울타리에 비유하여 읊은 것이다. 즉 이 노래는 시종 구름을 읊은 노래다.

〔7〕 묻기를, 『고킨와카슈』 가나 서문에 "천상에서는 시타테루히메로부터 시작되었다"라고 하는데, 지금 '야쿠모의 신영'을 노래의 시초라 하는 것은 어떤 연유에서인가.

답하기를, 노래가 성립된 시기를 말하자면 야쿠모의 신영이 먼저

다. 『고킨와카슈』가나 서문의 말은 노래의 성립 전후를 무시하고 단지 천지의 순서에 따라 말한 것이다. 천상에서 읊은 노래는 시타테루히메 신의 노래가 처음이라는 뜻이다. 그렇지만 『고사기』도 『일본서기』도 야쿠모의 신영이 앞에 나오기 때문에 이 노래를 시초라 한다. 게다가 『고사기』에는 야쿠모의 신영 다음에 야치호코 신의 장가(長歌) 두 수, 누카와히메의 장가, 스세리비메의 장가가 나온 뒤에 시타테루히메의 장가가 나오기 때문에 이 노래를 시초라고는 할 수 없다.

　서문은 그저 문장을 멋스럽게 하기 위해 천상과 지상을 대비하여 쓴 것이다. 천상에서 읊은 노래는 시타테루히메의 노래가 시초라고 확실하게 말하고 있는 것은 아니다. 이 문장 바로 앞에 나오는 "세상에 전해지는 바로는"이라는 대목에서 알아야 한다. 천상에서 읊은 노래로서 전해 내려오는 것으로는 이것이 시초라고 말하는 것이다.

　그런데 천상에서 읊은 노래는 시타테루히메의 노래 '하늘의 베짜는 여인이…'[225]와 바로 뒤에 이어지는 노래 '하늘에서 멀리 떨어진 곳의 여인이…'[226]의 두 수 외에는 보이지 않는다. 또한 이 노래를 천상에서 읊었다는 것도 확실치 않다. 왜냐하면 『고사기』에서는 천상에서 읊은 노래가 아니고 지상에서 읊은 노래이기 때문이다.

---

225 '하늘의 베짜는 여인이 목에 걸고 계신 줄에 꿰맨 구슬, 그 꿰맨 구슬이여, 그 구멍 뚫린 구슬이여, 그처럼 아름다운 자태가 두 골짜기를 넘어 빛나는 아지스키타카히코네 신이로다'(日本書紀①127, 古事記106)
226 '하늘에서 멀리 떨어진 곳의 여인이 건너는 해협 이시카와의 깊은 못이여, 그 깊은 못에 그물을 걸고 끌어당기듯 가까이 오너라, 이시카와의 깊은 못이여'(日本書紀①127)

『일본서기』에는 "관을 가지고 하늘로 올라가 천상에 빈소를 마련하여 안치하고 소리 내어 울었다", "하늘로 올라가 명복을 빌었다"라고 쓰여 있지만, 시타테루히메가 하늘로 올라가 이 노래를 읊었다는 내용은 보이지 않는다. 더욱이 『일본서기』의 편찬자는 "빈소에 모인 사람들이 노래를 읊기를, 혹설에는 아지스키타카히코네 신의 여동생 시타테루히메가 빈소에 모인 사람들에게 언덕과 산골짜기를 빛나게 할 정도로 아름다운 이는 아지스키타카히코네 신이라고 알리기 위해 읊기를"이라고 기록하였다. 그러므로 시타테루히메가 읊었다는 것은 『일본서기』 중의 일설일 뿐이다. 다른 한 수도 그 장면과 상관없는 장면에서 읊은 노래처럼 생각되므로 여러 가지로 『일본서기』의 기사는 의심스럽다.

따라서 『일본서기』보다는 『고사기』에 따라야 할 것이다. 『고사기』에는 이 장면이 천상에서의 일로 기술되어 있지 않다. 확실하게 지상에서의 일로 기술되어 있다. 노래의 작자는 다카히메라고 하는데, 이는 시타테루히메의 다른 이름이다. 다른 한 수의 '하늘에서 멀리 떨어진…'이라는 노래는 『고사기』에는 보이지 않는다.

예로부터 모두 『일본서기』만을 언급하고 『고사기』는 묻혀 있어 보는 사람도 없었기 때문에, 『고킨와카슈』 서문에서도 오로지 『일본서기』에 의거하여 이 노래를 천상에서 읊은 노래의 시초라 한 것이다. 또한 앞에서 말한 바와 같이 서문이기에 천지를 대비하여 문장을 멋스럽게 쓰고자 약간의 근거에만 의지하여 기술한 것이다. 때문에 굳이 그것에 의거할 필요는 없다. 자세한 것은 두 문헌을 펼쳐 보면 알 것이다. 요컨대 세상에 전해지는 노래의 시초는 야쿠모의 신영이라고 할 수 있다. 시타테루히메의 노래는 그 후의 것이다.

〔8〕 묻기를, 31자 노래(단가, 短歌)는 '야쿠모의 신영'을 시초로 하고, 장가(長歌)는 시타테루히메의 노래를 시초로 해야 하는가.

답하기를, 장가, 단가, 혼본가(混本歌)[227], 선두가(旋頭歌)[228]라고 불리는 것은 후대에 붙인 명칭이다. 신대에는 그러한 구별이 없었기 때문에 장단(長短)을 불문하고 야쿠모의 신영이 노래의 시초다. 스사노오 신은 오로지 5·7음으로 정리하여 구(句)의 수에는 개의치 않고 느끼는 바를 마침맞게 읊었다. 어느 것이 장가이고 어느 것이 단가라는 구별은 없다. 그러니 특별히 장가의 시초를 따질 것도 없다.

다만 후대의 형식에 따라 굳이 하나하나 그 시초를 구별한다면, 단가의 시초는 야쿠모의 신영이고, 장가의 시초는 『고사기』에 나오는 야치호코 신과 누카와히메가 주고받은 노래다.

선두가와 혼본가는 신대에는 보이지 않는다. 진무 천황 시대에 이르러서도 3구 또는 7구의 노래는 보이지만 정확히 선두가나 혼본가는 없다. 그 이후에는 6구, 4구 노래도 보이지만 조금 다르다. 정확히 선

---

227 와카 형식의 하나로 알려져 있으나 실체는 미상으로, 6구 혹은 4구 형식의 노래라는 설 등이 있다.
228 와카 형식의 하나로 5·7·7·5·7·7음의 6구를 정형으로 한다.

두가의 5・7・7・5・7・7 형식으로 정돈된 것은 『일본서기』 유랴쿠 천황(雄略天皇) 조에 나오는 '안타깝구나, 이나베가 친, 금줄, 그가 없다면, 대체 누가 칠 수 있으랴, 그 줄'[229]이라는 노래다. 혼본가의 시초는 『고사기』의 닌토쿠 천황(仁德天皇)이 읊은 '사랑스러운, 메도리노미코가, 짜고 있는 천은, 대체 누구 옷이 되려나'[230]라는 노래다. 단지 이 노래들도 자연스럽게 정돈된 것이지, 일부러 궁리하여 이 형식에 맞추어 읊은 것은 아니다.

한두 글자 부족한 노래, 또는 5음과 7음의 순서가 바뀐 노래는 이전에도 있었기에 정확히 이 두 노래를 시초라 할 수 없지만, 우연히 잘 정돈되었기에 후대의 형식에 맞는 최초의 노래라 한 것이다. 단 고대의 노래는 최소한 3구 이상으로, 그 이상 몇 구라고 정해진 것은 아니기 때문에 장가, 단가의 구별은 없다.

〔9〕 묻기를, 『고킨와카슈』 서문에 "인대(人代)에 이르러 스사노오 신부터 31자 노래를 읊었다"라고 있는데, 어떻게 된 것인가. 지신(地神) 5대를 인대라 할 수 있는가.

답하기를, 『고킨요자이쇼』에 "인대에 이르러 스사노오 신의 노래를 따라 31자로 정해 읊게 되었다"라고 쓰여 있다. 이를 보고 알아야 한

---

229 'あたらしき いなべの工匠 懸けし墨繩 其が無けば 誰か懸けむよ あたら墨繩(日本書紀②195)
230 '女鳥の 我が大君の 織ろす機 誰が料ろかも'(古事記301)

다. 다만 이 노래를 따라 읊는다고 하는 것이 과연 맞는 말인가. 후대
에 오로지 31자 노래가 많아진 까닭은 스사노오 신의 노래를 따라 읊
어서가 아니다. 인대에 이르러 주로 읊게 된 31자 노래는 스사노오 신
부터 시작되었다는 뜻이다. 그 노래를 따라 한 것은 아니지만, 자연스
럽게 이 형식으로 정돈되어 특별히 아름답게 들리니 후대에 절로 이
형식의 노래가 많아진 것이다. 이는 자연스러운 일이다.

신대에 읊은 31자 노래는 야쿠모의 신영 외에 니니기 신의 노래 '물
가의 해초는 해변으로 다가오는데 사랑하는 내 아내는 잠잘 곳도 내
어주지 않는구나 사이좋은 물떼새여'가 있다. 또한 도요타마비메의
노래 '붉은 구슬은 그것을 꿰맨 줄까지 빛나지만 하얀 구슬 같은 당신
의 모습은 더욱 존귀하고 아름답나이다', 이에 대한 히코호호데미의
답가 '물오리 다가오는 그 섬에서 내가 함께 밤을 보낸 부인은 잊을 수
없으리 살아 있는 한'이 있다. 위의 증답가는 『고사기』에 쓰인 대로 인
용한 것으로 『일본서기』와는 다소 다른 부분이 있다.[231]

인대가 된 후에는 진무 천황의 노래 '갈대밭 더러운 오두막 사초(莎
草)로 엮은 거적 깨끗하게 깔고 우리 둘 동침하였다네', 그리고 이스케
요리히메의 노래 '사이 강(狹井河)에서 구름 피어오르니 우네비 산(畝火
山)에서는 나뭇잎이 부스럭부스럭 곧 바람이 불어닥치겠구나'와 '우네

---

231 『일본서기』에는 히코호호데미의 노래가 먼저이며, 뒤에 읊은 도요타마비메의 노래는
『고사기』의 구와 조금 달리 '붉은 구슬은 훌륭하게 빛난다고 사람들은 말하지만 하얀 구
슬 같은 당신의 모습은 더욱 존귀하고 아름답나이다'라고 전한다.

비 산 낮에는 구름이 요동치더니 저녁 되자 바람 불려고 나뭇잎 소리 요란하구나'가 있다. 위의 노래들이 인대의 31자 노래의 시초다.

〔10〕 또한 묻기를, 렌가(連歌)는 야마토타케루가 '니바리(新治), 쓰쿠바(筑波) 땅을 지나, 몇 밤이나 잤을꼬'라고 읊자 그 앞에 있던 화톳불을 피우는 자가 '날을 거듭해, 밤으로는 아홉 밤, 낮으로는 열흘이옵니다'라는 노래로 답한 것이 시초라 한다. 정말 그러한가.

답하기를, 이는 『일본서기』에 "그때 화톳불을 피우는 자가 있었는데 야마토타케루의 노래에 이어서 이렇게 읊었다"라는 구절이 있어 후대의 렌가처럼 들리나, 실은 이어서 읊은 것이 아니라 각각 3구의 노래를 주고받은 것이다. 3구의 노래가 『일본서기』에 나오는 것은 이 노래가 처음이다. 하지만 『고사기』에는 진무 천황의 '우선 저기 맨 앞줄, 제일 나이 많은 여인을, 아내로 맞이하겠노라'라는 노래가 있다. 그리고 증답가로는 바로 뒤에 나오는 이스케요리히메의 '노랑할미새, 물떼새 촉새처럼, 어찌 눈에 날카로운 문신을 하셨나요'라는 노래와 그 답가인 오호쿠메의 '그대를, 직접 보려, 나는 눈을 날카롭게 부릅뜨고 있소'라는 노래가 있다. 때문에 야마토타케루의 노래가 시초라 할수 없다. 이는 앞에서 말한 바와 같이 『일본서기』만을 읽고 『고사기』는 모르는 사람들이 말한 것이다.

단 이 노래에 '이어서'라고 쓰여 있으므로 렌가의 시초라고 보는 것도 일리는 있다. 『고사기』에도 '노래에 이어서'라고 쓰여 있다. 오호쿠메의 노래는 그렇게 쓰여 있지 않고, 단지 '답하여 읊기를'이라고만 쓰여 있다. 때문에 야마토타케루의 노래를 시초라고 말하는 것도 그럴 수 있다.

그러나 노래의 형태가 같다 하여 앞의 노래를 제쳐두고 뒤의 노래를 시초라고 해서는 안 된다. '이어서'라는 말에 현혹되지 말아야 한다. 그 이유는 『고사기』도 『일본서기』도 노래에 딸린 설명글은 후대에 말이나 글로 전해진 것이기 때문이다. 후대에 3구의 노래가 사라지고 오로지 5구나 6구의 노래만을 읊는 세상이 되고 나서는 3구의 노래는 생소하게 느껴져 6구의 일부처럼 보였기 때문에 '이어서'라고 전해졌을 것이다. '그립구나, 우리 집 쪽에서, 구름 피어오르네'라는 노래를 '가타우타(片歌, 반쪽짜리 노래)'라고 하는 것도 이러한 연유에서 후대에 붙여진 명칭이다.

3구의 노래로는 사이메이 천황(齋明天皇) 시대의 참요 '사랑스러운, 내 어린 자식을, 두고 떠나야 하나'가 『일본서기』에 보인다. 이외에도 고대에는 3구의 노래가 많이 보인다. 3구의 노래를 주고받는 증답가를 렌가의 시초라 한다면, 앞의 진무 천황 시대의 증답가가 시초라 할 수 있다. 그러나 이 노래들은 모두 선두가의 상구(上句)와 하구(下句)이지, 31자 형식의 렌가가 아니다.

『만요슈』 권8에 "비구니가 상구를 짓고, 비구니의 청으로 오토모노 야카모치(大伴家持)가 이어 하구를 읊었다. '사호 강(佐保川), 흐르는 물 막고 끌어와, 모를 심누나【비구니 지음】, '그 햅쌀로 지은 밥, 내 차지가 되겠네'【이어 야카모치 지음】"라고 실려 있는 노래는 31자로 렌가와 비슷해 보인다. 그러나 이는 한 수의 노래를 두 사람이 읊었을 뿐이다.

『슈이와카슈(拾遺和歌集)』에 궁중에 있는 여인과 약속하여 늦은 밤까지 기다리던 중, 축시라는 소리를 듣고 여인이 '당신 마음이, 괴롭습니다, 이제 믿을 수가 없네요'라고 노래를 보냈다. 이에 요시미네노 무네사다(良岑宗貞)가 '꿈에 보고 싶어, 깊이 잠들고 말았네요'라고 답하였다. 또 『이세 모노가타리』에 의하면 아리와라노 나리히라(在原業平)가 이세로 사냥을 나가 재궁(齋宮)을 만났다. 그 여인이 술잔에 노래를 써서 내놓았다. 술잔을 들어보니 '걸어서, 강 건너도 젖지 않을 만큼, 얕은 인연이니'라는 상구만 쓰여 있고 하구는 없었다. 이에 남자가 그 술잔에 횃불이 타다 남은 재로 '사랑하는 이를 만난다는 오사카 산을, 넘어 다시 만나리라'라고 이어 썼다. 이것은 틀림없는 후대 렌가의 형식이다.

'렌가'라는 명칭은 『긴요와카슈(金葉和歌集)』에 처음 나온다. 『슈이와카슈』에 하구를 먼저 읊고 상구를 이어서 읊은 예도 보인다.

〔11〕 또 묻기를, 노래의 시초에 대해서는 잘 알았다. 그런데 노래란 어디에서 비롯된 것인가.

답하기를, '모노노아하레'를 아는 것에서 비롯된 것이다.

〔12〕묻기를, ‘모노노아하레’를 안다는 것은 어떤 것인가.

답하기를, 『고킨와카슈』가나 서문에 “야마토우타는 어떤 마음 하나를 씨앗으로 삼아 수많은 말로 나타내는 것이다”라는 대목이 있다. 이 ‘마음’이라는 것이 ‘모노노아하레’를 아는 마음이다. 그리고 “세상 사람들에게는 많은 일들이 일어나기 때문에 마음속 느낀 것을 보고 듣는 것에 가탁하여 표현하는 것이다”라는 대목도 있다. 여기서 말하는 ‘마음속 느낀 것’, 이 역시 ‘모노노아하레’를 아는 마음이다. 앞의 ‘어떤 마음 하나’란 근본을 말하고, 여기서의 ‘마음속 느낀 것’이란 그 유래를 말하는 것이다. 마찬가지로 『고킨와카슈』한문 서문에 “생각은 변하기 쉽고, 감정 또한 변한다”라고 쓰여 있는 것도 ‘모노노아하레’를 안다는 것이다. 이러한 것을 ‘모노노아하레’를 안다고 하는 이유는 다음과 같다.

세상에 살아 있는 모든 것들은 마음을 가지고 있고, 마음이 있다면 어떤 일에 접했을 때 반드시 느끼는 바가 있기 마련이다. 고로 살아 있는 것들은 모두 노래를 한다. 만물 중에도 특히 사람은 뛰어나고 마음도 분명하기에 생각이 많고 깊다. 게다가 사람에게는 금수보다 많은 일들이 일어나므로 많은 일에 접하기 마련이다. 그래서 더더욱 마음이 움직이고 생각이 많아진다. 그러므로 사람에게는 노래가 없으면 안 되는 것이다.

사람이 생각이 많고 깊은 까닭은 ‘모노노아하레’를 알기 때문이다. 많은 일들이 일어나기에 그 일에 접할 때마다 마음이 움직이고 고요

하지 않다. 마음이 움직인다는 것은 때로는 기쁘고 때로는 슬프고 또는 화가 나고 또는 경사스럽고, 혹은 즐겁고 재미있고 혹은 무섭고 걱정되고 혹은 사랑스럽고 혹은 원망스럽고 혹은 그립고 혹은 귀찮은 것처럼 매우 다양하게 느끼는 것이다. 이는 즉 '모노노아하레'를 아는 까닭에 마음이 움직이는 것이다.

알기 때문에 움직인다는 것은 예를 들면 다음과 같다. 기뻐해야 할 일에 기쁘다고 느끼는 것은 기뻐해야 할 일이라는 그 마음을 분별하여 알기에 기쁜 것이다. 또한 슬퍼해야 할 일에 슬프다고 느끼는 것은 슬퍼해야 할 일이라는 그 마음을 분별하여 알기에 슬픈 것이다. 그래서 어떤 일에 접했을 때 기쁘거나 슬픈 마음을 분별하여 아는 것을 '모노노아하레'를 안다고 하는 것이다. 그 마음을 모르면 기쁨도 슬픔도 없기에 마음에 느끼는 바도 없다. 느끼는 바가 없으면 노래는 나오지 않는다. 살아 있는 모든 것은 정도의 차는 있으나 그러한 마음을 분별하여 알기에 기쁨도 있고 슬픔도 있다. 그래서 노래가 존재한다.

마음을 분별하여 아는 데도 얕고 깊음의 정도 차가 있다. 금수는 그것이 얕아서 사람에 비하면 분별이 없는 것이나 마찬가지다. 사람은 만물 중에 뛰어난지라 마음을 잘 분별하여 '모노노아하레'를 아는 것이다. 사람 중에도 얕고 깊음의 차는 있다. 깊이 '모노노아하레'를 아는 자에 비하면 '모노노아하레'를 전혀 모르는 듯 보이는 사람도 있다. 그 차이가 크기 때문에 보통은 '모노노아하레'를 모른다는 사람도 많으나 이는 정말로 모르는 것이 아니다. 깊고 얕음의 차이에 불과하다.

노래는 '모노노아하레'를 깊이 아는 데서 나오는 것이다. '모노노아하레'를 안다는 것은 대략 이상과 같다.

좀 더 자세히 말하자면, 어떤 일에 감동하는 것이 곧 '모노노아하레'를 아는 것이다. '감동하다'라는 말의 일본어 '간즈루(感ヅル)'는 흔히 좋은 것에만 쓰이지만, 본래는 그렇지 않다. 자전에 의하면 감(感)자의 의미는 즉 동(動)이라 한다. 감상(感傷), 감개(感慨)라 하여 무릇 어떤 일에 접했을 때 마음이 움직이는 것을 말한다. 그러나 우리나라에서는 좋은 것에 대해 마음이 흡족할 때만 감동한다고 한다. '감탄하다'라는 말의 일본어 '메즈루(メヅル)'에 감(感)자를 쓰는 것은 좋지만, 감(感)자를 '메즈루'라고 읽는 것은 좋지 않다. 그 이유는 '메즈루'도 감동하는 것 중의 하나이므로 감(感)자를 써도 상관없지만, 감(感)자는 '메즈루'만을 뜻하는 것이 아니기 때문이다. '메즈루'라고 읽으면 그 뜻을 다 나타낼 수 없다. 어떤 일이든 마음이 움직여서 기쁨도 슬픔도 깊이 느끼는 것은 모두 감동하는 것이니, 바로 이것이 '모노노아하레'를 아는 것이다. '모노노아하레'를 안다는 것에 대해서는 『시분요료(紫文要領)』에 자세히 적어 놓았다.

'아하레'란 깊이 감동했을 때 쓰는 말이다. 이 말도 후대에는 그저 슬픈 일에 대해서만 사용하여 애(哀)자를 쓰지만, 애(哀)는 단지 '아하레' 중의 하나일 뿐이다. '아하레'가 반드시 슬픔에 한정되는 것은 아니다.

『만요슈』에서는 한자로 '가령(恫怜)'이라고 쓰고 '아하레'라고 읽는다. 이것도 한정된 의미로 쓰인 것으로 '아하레'의 뜻을 다 나타내지는 못한다. '아하레'는 원래 감탄하는 말이다. 무엇이든 마음에 깊이 생각하는 바를 표현한다. 문장의 앞에 오나 뒤에 오나 감탄하는 말이다. '아나'와 '아야'도 같은 부류다. 『일본서기』 닌켄 천황(仁賢天皇) 조에 "나의 남편이여 아아【吾夫怜怜矣, 이를 '아가쓰마하야토'라고 읽는다】", 고교쿠 천황(皇極天皇) 조에 '돌차(咄嗟)'를 '아야'라고 읽는 것에서 알 수 있다. 또한 한문의 '오호(鳴乎)', '우차(于嗟)', '의(矣)' 등을 '아아'라고 읽는 경우가 많다. 여기서 '아아'도 감탄의 말이다.

『고어습유』에는 "이때 하늘이 비로소 맑아져 그곳에 모인 이들이 서로 쳐다보니 모두 얼굴이 밝아졌다. 팔을 벌리고 노래하며 춤추었다. 서로 부르며 말하기를, '아하레(아아), 아나 오모시로(아아 후련하도다), 아나 다노시(아아 즐겁도다), 아나 사야케(아아 상쾌하도다)'…"라는 문장이 있다. 이는 의심스럽지만, 고어로 보인다. 이는 아마테라스 신이 아마노이와야 동굴에서 나오는 장면의 문장이다. 그런데 이 문장에 달린 "아하레는 아메하레(天晴, 맑게 갠 하늘)를 말한다"라는 주는 후대 사람들의 억측으로 믿을 수 없다. 식자들이 이 문장에 현혹되어 '아하레'를 '아메하레'라는 뜻으로 오해하기에 지금 여기서 일부러 설명하는 것이다. 여기서 '아하레, 아나'라고 중복해서 쓴 것도 모두 감탄하는 말이다.

야마토타케루의 노래에 '오와리(尾張) 쪽으로 뻗은 소나무 한 그루 아아 이 한 그루 소나무가 사람이었다면 옷을 입혔을 텐데 칼을 지니

게 했을 텐데', '이즈모타케루가 지니고 있었던 칼자루는 넝쿨로 칭칭 감겼는데 칼날은 없다니 아아'[232]가 있다. 이외에도 노래 구절 중에 '사랑하는 아내여 아아(思いづまあはれ)', '가게히메여 아아(影姬あはれ)'라고 쓰인 예도 있다. 쇼토쿠 태자(聖德太子)의 노래에도 '굶주려 쓰러져 버린 나그네여 아아'[233]가 있다. 이 노래들은 애처롭게 느껴져 가엽게 여긴다는 뜻으로 생각되지만, 이는 후대의 해석이다. 고대의 뜻은 그렇지 않다. 모두 감탄의 말로 '가게히메여 아아(影姬はや)', '나그네여 아아(旅人はや)'라 하는 것과 같다. 야마토타케루가 '내 아내여 아아(吾妻はや)'라 하고, 또 『일본서기』 인교 천황(允恭天皇) 조에 신라 사람이 우네비 산(畝傍山)과 미미나시 산(耳成山)을 '우네비 산 아아(うねめはや)', '미미나시 산 아아(みみはや)'라 한 것을 생각하면 알 수 있을 것이다.

'아하레무(あはれむ, 가여워하다)'라는 말은 '아하레(가엽다)'라 느끼는 마음을 뜻한다. '가나시(かなし, 슬프다)'라 느끼는 것을 '가나시무(かなしむ, 슬퍼하다)'라 하는 것과 같다. 그러므로 '아하레무'도 무릇 마음속 깊이 느끼는 것을 가리켜 '무언가를 가여워하다', '그것을 가여워하다'라고 하는 것이다. 사랑스러운 대상에만 한정되는 것은 아니다. 그런데 무릇 말의 쓰임은 시대에 따라 본래의 뜻과는 달라지는 것이 많다. '아

---

232 앞의 각주 93번 참조.
233 노래 원문은 'いひにゑて こやせる そのたびとあはれ'(日本書紀②569). 여기서 '다비토(たびと)'를 '나그네(旅人)'라고 하는 것이 종래의 해석이었으나, 근래에는 '농부(田人)'라고 해석하기도 한다.

하레'라는 감탄의 말도 후대에는 다양하게 썼고 조금씩 그 뜻도 변하였다.

『만요슈』에 오토모노 사카노우에노 이라쓰메(大伴坂上郎女)가 읊은 노래 '하야 강(早川) 여울 새들처럼 의지할 데 없이 불안해 보이는 내 딸이여 아아'가 있다. 여기에 쓰인 '아하레(아아)'라는 말도 『고사기』나 『일본서기』의 노래들과 쓰임이 같다.

또한 작자 미상의 노래에 '나고(奈吳) 바다를 아침에 노 저어 건너니 바다에서 사슴 울음소리 들리네 아아 그 노 젓는 소리'[234], '안개 낀 밤하늘 두견새 울며 날아가네 아아 그 새여'[235]라고 있는데, 이 노래들에 쓰인 '아하레(아아)'는 뜻은 같지만 말의 순서가 약간 다르다. 두 노래 모두 '아하레'에 해당하는 한자로 '가령(忄可怜)'을 쓴다. 이 두 글자를 『일본서기』 닌켄 천황 조에서 '하야'라 읽는 것을 보면 여기서의 '아하레'도 감탄하는 말임을 알 수 있다.

한편 『만요슈』 권18에 두견새가 우는 소리를 듣고 읊은 오토모노 야카모치의 장가에 '정취 있는 새라 감탄하지 않을 수 없구나'[236]라는 노래가 있는데, 여기서는 후대의 읊는 방식과 약간 비슷하다. 앞에서 인용한 노래들과는 '아하레'의 쓰임이 다르다. 우선 고대에 노래 읊

234 '名兒の海を 朝漕ぎ来れば 海中に 鹿子ぞ鳴くなる 忄可怜(あはれ)その水子'(萬葉集 7・1417)

235 'かき霧らし 雨の降る夜を ほととぎず 鳴きて行くなり 忄可怜(あはれ)その鳥'(萬葉集 9・1756)

236 '…うち嘆き あはれの鳥と 言はぬ時なし'(萬葉集18・4089)

는 방식을 보면 '소나무 한 그루 아아', '나그네여 아아', '아아 그 새여' 와 같이 그 대상에 접하여 마음이 움직였을 때 'ㅇㅇ 아아'라고 감탄하는 말이다. '아아 그 새여' 노래에서도 마찬가지다. 그러나 야카모치의 노래에 나온 '정취 있는 새'에서의 '아하레(정취 있다)'는 쓰임이 조금 변하여 '아하레(아아)'라고 감탄할 만한 대상 자체를 가리켜 '정취 있는 새'라고 읊은 것이다.

후대에 이르러 『고킨와카슈』에 '황폐하다 아아 얼마나 오랜 세월을 보낸 저택일까 살던 이도 찾아오지 않네'[237], '아아 옛날에 있었다는 그 유명한 히토마로의 노래에 마음이 끌리네'[238]라는 노래가 있다. 또 『슈이와카슈』에 후지와라노 나가요시(藤原長能)의 '동국 지방 들길 눈 사이를 헤쳐 나와 아아 도읍의 꽃을 보고 있다네'[239]라는 노래가 있다. 이 노래들의 '아하레(아아)'는 탄식의 뜻이 분명하며 후대까지 그 용법이 남아 있다. 속된 말로 '앗빠레'라 하는 것은 이 '아하레'의 힘준 말이다. 『고킨와카슈』에 '붙잡을 수 없어 아아 아아 괴롭다며 세월을 흘려보냈나'[240], 또 '어두운 저녁이 되어 홀로 앉아 아아 아아 한탄한 나머지…'[241]라는 장가가 있는데, 이 노래들 역시 탄식하는 것이다. 『가게로 일기(蜻蛉日記)』의 "관문 넘어가는 길 아아 아아 한숨 나오네 앞으로

---

237 앞의 각주 95번 참조.
238 앞의 각주 96번 참조.
239 후지와라노 나가요시의 노래(拾遺和歌集16 · 1049)
240 앞의 각주 98번 참조.
241 앞의 각주 97번 참조.

갈 곳 바라보니…"라는 대목과 마찬가지로 마음속으로 탄식하는 것이다.

『고킨와카슈』에 '아아라는 말을 독차지하려고 봄 지난 후 홀로 피었는가'[242], '아아라는 말조차 없었다면 사랑으로 흐트러진 마음 무엇으로 붙들어맬 수 있으랴'[243], '아아라는 말이야말로 지긋지긋한 세상과 연을 끊을 수 없는 걸림돌이구나'[244], '아아라는 말을 할 때마다 잎에 맺힌 이슬처럼 옛날을 그리는 눈물 흐르네'[245]라는 노래들이 있다. 『고센와카슈』에는 '꽃이 지는 슬픔도 잊고 아아라는 말을 벚꽃에 남겨두네'[246], '아아라는 말로 위로 받는 이 세상 왜 슬프다 말하며 지내는가'[247], '듣는 이도 아아라고 말할 이별에는 그저 한없이 눈물 흐르네'[248]라는 노래가 있다.

위의 노래들에서 '아아라는 말(あはれてふこと)' 부분의 일본어 '고토(こと)'는 말(言, 고토)을 뜻하는 것이지 상황(事, 고토)을 뜻하는 것이 아니다. 위의 '아아라는 말을 할 때마다'라는 구에서 알 수 있다.[249] '아아라는 말'이란 마음속 깊이 느껴 '아아 아아'라고 감탄하는 말이다. 앞에

---

242 앞의 각주 99번 참조.
243 작자 미상의 노래.(古今和歌集11・502)
244 오노노 고마치(小野小町)의 노래.(古今和歌集18・939)
245 작자 미상의 노래.(古今和歌集18・940)
246 미나모토노 나카노부(源仲宣)의 노래.(後撰和歌集3・133)
247 작자 미상의 노래.(後撰和歌集16・1192)
248 작자 미상의 노래.(後撰和歌集20・1395)
249 노래 원문 'あはれてふ ことのはごと'에서 '고토(こと)'를 뒷말과 이어서 읽으면 '고토 노하(言の葉)', 즉 '말'이라는 뜻이다.

서 인용한 '봄 지난 후'라는 노래와 마찬가지다. 사람들이 보고 '아아 아아'라고 감탄하는 말을 다른 꽃들에게 빼앗기지 않고 자기만 들으려고 봄이 지난 후에 홀로 늦게 피어 있나라고 읊은 것이다. 나머지도 이에 준하여 알아야 한다.

『만요슈』에 작자 미상의 노래 '스미노에 해안 맞은편 아와지 섬 그대를 생각하며 아아라고 탄식하지 않는 날이 없구나'[250]가 있다. 『고킨와카슈』에 '세상 어디에도 내 몸 둘 곳 없구나 아아라고 할까 괴롭다고 할까'[251], 『고센와카슈』에 '아아라고도 괴롭다고도 하지 않으리 아지랑이처럼 덧없이 사라지는 신세이니'[252], 『슈이와카슈』에 '그대만 아아라고 말해 준다면 그리움에 지쳐 죽은들 아깝지 않으리'[253], '아아 가엽다 말해 줄 이조차도 생각나지 않는 이 몸은 허무하게 죽는 것인가'[254], '오지 않은 사람 마음속으로 기다리며 달을 보고 아아 탄식하지 않는 밤이 없구나'[255]라는 노래가 있다.

이 노래들에서 '아아라고 한다'고 읊은 것은 마음에 느낀 바를 '아아 아아'라고 탄식하는 것이다. 예를 들면 다른 사람에 대해 '아아라고 한다'는 그 사람을 생각하며 탄식하는 것이다. 나 자신에 대해 '아아라고

250 작자 미상의 노래.(萬葉集12・3197)
251 작자 미상의 노래.(古今和歌集18・943)
252 작자 미상의 노래.(後撰和歌集3・133)
253 미나모토노 쓰네모토(源經基)의 노래.(拾遺和歌集11・686)
254 후지와라노 고레마사(藤原伊尹)의 노래.(拾遺和歌集15・950)
255 기노 쓰라유키의 노래.(拾遺和歌集18・1195)

한다'거나 달을 보고 '아아라고 한다'는 것도 모두 같은 뜻이다.

『고킨와카슈』에 '멀리서만 아아 하며 보았던 매화꽃 질리지 않는 그 빛깔과 향 꺾어보고서야 알았네'[256], '한 포기 지치풀 그 풀이 있으니 무사시 들판에 피어 있는 모든 풀 아아 사랑스러워 보이네'[257]라는 노래가 있다. 또『슈이와카슈』에 '산골 마을 눈이 많이 내려 길도 없네 오늘 찾아올 사람 아아 걱정하며 내다보네'[258], '달빛이 이 몸을 대신한다면 나를 생각지 않는 그대도 아아 하며 보겠지요'[259]라는 노래도 있다.

이 노래들의 '아아 하며 보다'도 마음속에서 '아아'라고 탄식하며 보는 것이다.

또한〔저본에는 이 부분이 4행 정도 비어 있다.〕

이 노래들의 '아아 하며 듣다'도 같은 뜻이다.

『고킨와카슈』에 '빛깔보다도 향기야말로 아아 하고 느껴지네 누구의 소맷자락 닿았을까 앞뜰에 핀 매화꽃'[260], '나만이 아아 하고 느끼는 걸까 귀뚜라미 우는 해 질 녘의 패랭이꽃'[261], '또 다시 아아 하고 느끼네 떨어져 있어도 그대에게 마음 가는구나 하얀 파도 되돌아오듯'[262],

---

256 소세이 법사(素性法師)의 노래.(古今和歌集1·37)
257 앞의 각주 15번 참조.
258 작자 미상의 노래.(拾遺和歌集4·251)
259 미부노 다다미네의 노래.(拾遺和歌集13·793)
260 작자 미상의 노래.(古今和歌集1·33)
261 소세이 법사의 노래.(古今和歌集4·244)
262 아리와라노 모토카타(在原元方)의 노래.(古今和歌集11·474)

'아아 기쁘다 아아 괴롭다라고 느낄 때 어찌 눈물이 실처럼 흘러내리는가'[263], '우지 다리 지키는 그대여 당신과 알고 지낸 세월을 돌아보니 아아 하고 느껴지네'[264]가 있다. 또 『슈이와카슈』에는 '떨어지는 이슬에 아아 하고 느끼네 새벽마다 어찌 당신을 보내리'[265]라는 노래가 있다.

이 노래들에서 '아아 하고 느끼다'라는 것도 마찬가지로 마음에 느껴 탄식하는 것이다. 이와 같이 '아아라고 한다', '아아 하며 본다', '아아 하며 듣는다', '아아 하고 느낀다'는 모두 그 대상에 마음이 움직여 탄식하는 것이다.

『슈이와카슈』에 '추억도 없는 고향 산이지만 눈에 보이지 않으니 아아 그립구나'[266], '해마다 꽃은 다시 피지만 매화향은 아아 사라지지 않고 남아 있구나'[267]가 있다.

이 노래들은 앞에서 인용한 오토모노 야카모치의 장가에서 감탄할 만한 대상을 가리켜 '정취 있는 새'라고 읊은 것과 같다. 고향 산이 마음을 움직여 '아아'라고 감탄이 나오게 했고 매화향이 '아아'라고 감탄하게 만들었음을 뜻한다.

지금까지 언급한 노래에서 읊은 '아하레'는 '아아'와 같은 감탄사로

---

263 작자 미상의 노래.(古今和歌集15・805)
264 작자 미상의 노래.(古今和歌集17・904)
265 작자 미상의 노래.(拾遺和歌集12・730)
266 유게노 요시토키(弓削嘉言)의 노래.(拾遺和歌集6・350)
267 작자 미상의 노래.(拾遺和歌集16・1013)

쓰인 것이다. '아하레'가 '정취'라는 체언으로 쓰인 노래도 있다. 예컨대 『고센와카슈』의 '아름다운 밤, 달과 꽃 이왕이면 정취를 아는 사람에게 보여야지'[268], 『슈이와카슈』의 '봄은 그저 꽃이 필 뿐 정취는 가을에 비할 바 없다'[269] 라는 노래에서처럼 '아하레(정취)'가 체언으로도 쓰인다.

'아하레'라는 말은 쓰임은 다양하지만 그 뜻은 모두 같다. 보고 듣고 행하는 것에 접하여 마음에 깊이 느끼는 것을 말한다. 흔히 '아하레'를 단지 비애의 뜻으로만 생각하지만 그렇지 않다. 기쁠 때, 흥겨울 때, 즐거울 때, 슬플 때, 그리울 때 마음에 느끼는 모든 것이 '아하레'다. 때문에 정취 있는 것이나 흥에 겨운 것도 '아하레'라고 하는 경우가 많다.

모노가타리에서는 '정취 있게 흥에 취해(あはれにおかしく)'라든지 '정취 있게 기쁨에 겨워(あはれにうれしく)'라고 이어 쓴다. 『이세 모노가타리』에 "이 남자 유배지에서 밤마다 찾아와 피리를 멋들어지게 불며 아름다운 목소리로 정취 있게 노래를 읊는다"라고 있는데, 피리를 멋들어지게 불며 노랫소리가 우아함을 '아하레(정취)'라고 한 것이다. 『가게로 일기』에는 "평소 서운한 마음도 이번만큼은 정취 있고 더할 나위 없이 기쁘게 느껴진다"라는 구절이 있다. 이 또한 만족스럽고 기쁜 일

---

268 미나모토노 사네아키라(源信明)의 노래.(後撰和歌集3 · 103)
269 작자 미상의 노래.(拾遺和歌集9 · 511)

에 대해 '아하레(정취)'라고 한 것이다. 다만 『겐지 모노가타리』를 비롯한 모노가타리 작품에서 '흥겨운(おかしき)'과 '정취 있는(あはれなる)'을 상반된 뜻으로 쓰는 경우도 많다. 이는 크게 포괄하여 말하는 것과 세세히 나누어 말하는 것의 차이다. 포괄적으로 말하자면 흥겨움도 '아하레'에 포함된다는 것은 앞에서 말한 바와 같다.

나누어 말하자면 사람의 여러 감정 중에서 흥겨운 일이나 기쁜 일은 마음에 느끼는 정도가 얕다. 반면 슬픈 일이나 그리움은 마음에 느끼는 정도가 깊다. 때문에 그 깊이 느끼는 쪽을 특별히 '아하레'라 할 때가 있다. 흔히 비애만을 '아하레'라 하는 것도 이러한 맥락에서다. 예컨대 세상에는 많은 꽃이 있지만 각별히 벚꽃을 '꽃'이라 하여 매화꽃과 견주어 말하는 것과 같다. 『겐지 모노가타리』 「와카나」권에 있는 "매화를 만개한 꽃과 견주어보고 싶구나"[270]라는 대목이 바로 그것이다. 또 십이율(十二律)[271]이라 하면 육려(六呂)도 그 안에 포함되지만 따로 육률(六律)·육려라고 나누어 말하는 것과 같다. 따라서 '아하레'를 여러 감정 중의 하나에 쓰는 것은 세분하여 말한 것이다. 그 본질을 말하자면 사람이 어떤 일에 접했을 때 마음이 움직이는 것 모두가 '아하레'다. 그러므로 응당 사람의 마음에 깊이 느껴지는 모든 감정을 '모노노아하레'라고 한다.

---

270 앞의 각주 100번 참조.
271 한국과 중국에서 사용하는 12개의 음 이름.

'모노노아하레'를 아는 것과 '모노노아하레'를 모르는 것의 구별은 예를 들면 아름다운 꽃을 보거나 맑은 달을 보거나 하면 아아 하고 마음이 움직이는 것, 이것이 바로 '모노노아하레'를 아는 것이다. 이것은 달이나 꽃의 정취를 마음으로 이해하기에 감동하는 것이다. 정취를 이해하지 못하는 마음은 아무리 아름다운 꽃을 보아도 맑은 달을 보아도 움직이지 않는다. 이것이 '모노노아하레'를 모르는 것이다.

달이나 꽃만이 아니다. 세상의 모든 일에 접하여 그 정취와 마음을 이해하고 기뻐해야 하는 일에는 기쁨을 느끼며, 흥겨워해야 하는 일에는 흥겨움을 느끼며, 슬퍼해야 하는 일에는 슬픔을 느끼며, 그리워해야 하는 일에는 그리움을 느끼는 등, 그때그때 마음이 움직이는 것이 '모노노아하레'를 아는 것이다. 반면 별 감흥 없이 마음이 움직이지 않는 것은 '모노노아하레'를 모르는 것이다. 그래서 '모노노아하레'를 아는 사람을 마음이 있는 사람, '모노노아하레'를 모르는 사람을 마음이 없는 사람이라고 한다.

사이교 법사(西行法師)의 노래 '마음 없는 나에게도 정취 느껴지네 도요새 떠나는 물가 가을 해 질 녘'[272]에서 알 수 있다. 『이세 모노가타리』에 "옛날에 남자가 있었다. 여자에게 여러 번 구애를 하는 동안 세월이 흘렀다. 여자도 마음 없는 목석이 아닌지라 남자의 마음을 가엽

---

272 '心なき 身にもあはれは しられけり 鴫たつ澤の 秋のゆふぐれ'(新古今和歌集 4・362)

게 여겨 점점 아아 하고 마음이 끌리기 시작하였다"라고 있다. 또 『가
계로 일기』에 "마음 없는 나도 이리 느끼니 하물며 정취를 아는 사람
은 아아 하고 눈물을 흘리는 것이다"라고 있다. 이 대목에서 '모노노
아하레'를 안다는 것의 의미를 알 수 있다. 더 자세하게는 『시분요료』
에 적어 놓았다.

'모노노아하레'를 아는 것에서 바로 노래가 생겨났다. 『고킨와카
슈』 권19에 기노 쓰라유키가 천황에게 바친 옛 노래에 다음과 같은
장가가 있다.

> 신대부터 계속되어 지금까지 끊이지 않았네. 메아리 울리는 오토와
> 산(音羽山) 피어오르는 봄 안개 마음 흐트러지네. 오월 장마 빗소리 하
> 늘에 울려 퍼지고 깊은 밤 두견새 울 때마다 모두 잠에서 깨네. 비단
> 결 같은 다쓰다 산(龍田山) 단풍 보며 그리워하네. 시월 비 내리고 겨울
> 밤 앞뜰 드문드문 내리는 눈 사라지려 하네. 매해 때때마다 아아 찬미
> 하며 천황의 치세 영원하길 기원하네. 세상 사람들이 생각하는 스루
> 가(駿河)의 후지 산(富士山) 봉우리 불꽃같은 사랑, 질리기도 전에 헤어
> 지며 흘리는 눈물, 상복을 짜는 마음, 수많은 말마다…[273]

---

273 이 장가는 노래란 어떤 것인가를 설명함과 동시에 옛 노래의 내용과 순서를 나타내는 목
록으로도 볼 수 있다.(古今和歌集19·1002)

이 노래는 기노 쓰라유키 자신이 지어 올린 것이 아니다. 서문에 "『만요슈』에 포함되지 않은 옛 노래를 바친다"라고 쓰여 있는데, 가집의 분류항목에 따라 그 옛 노래들의 일부를 가져다 쓴 것이다. 신대부터 읊은 사계·사랑·잡가의 다양한 노래는 하나같이 '모노노아하레'에서 생겨난 것이라는 뜻이다. 이 장가에서 사계와 사랑·잡가 사이에 있는 '매해 때때마다 아아 찬미하며'라는 구절은 전후의 모든 노래에 해당한다. 즉 모든 노래는 때때마다 '모노노아하레'를 느끼고 아아 하며 감탄하는 데서 생겨났다는 뜻이다. 그 노래들을 분류항목별로 늘어 놓은 것이 이 장가다.

『고센와카슈』 권18에 "발이 쳐져 있는 어떤 곳에서 이러쿵저러쿵 이야기하는 소리를 듣고, 발 안쪽에서 '묘하게 모노노아하레를 아는 노인이로구나'라는 여성의 목소리를 들은 기노 쓰라유키가 다음과 같이 읊었다.

아아 하는 말에 효험은 없을지라도
말하지 않을 수 없는 것일지니[274]

노래는 '모노노아하레'에서 생겨나므로 가선(歌仙)이라 불리는 사람을 가리켜 '묘하게 모노노아하레를 아는'이라고 말하는 점이 흥미롭

[274] 앞의 각주 101번 참조.

다. 그런데 답으로 '아아 하는 말'이라 읊은 것은 앞에서 말한 바와 같이 마음에 느껴 감탄하는 말이다. 아아 아아 하며 탄식한다 하여 무슨 득이 있는 것은 아니지만, 그 감정에 겨울 때는 말하지 않을 수 없는 것이다. 그런데 이 노래의 설명글에 '묘하게 모노노아하레를 아는'이라는 부분은 발 안쪽의 여성이 노래를 읊는 이가 기노 쓰라유키임을 알고서 노래에 정통하다는 것을 넌지시 내비친 것이다. 답가도 그 뜻을 이해하고 읊었다. 노래를 읊은들 무슨 득이 있는 것은 아니지만 감정에 겨울 때는 읊지 않을 수 없다는 것이 본뜻이다.

『도사 일기(土佐日記)』에 보면 "중국에서도 일본에서도 시름에 겨워 견디지 못할 때" 노래를 읊는다고 한다. 또 "도읍에 경사스러운 일이 많아 노래도 넘쳐난다"는 것도 기쁨에 겨워 그 정취를 참지 못하고 읊은 노래가 많았다는 뜻이다. 기쁘다고 느끼는 것은 마음이 움직이는 것이니 '모노노아하레'다.

『에이가 모노가타리』「초왕의 꿈(楚王の夢)」권에 "노래는 감정을 표현하는 것이라 하여 흥겨울 때도 경사스러울 때도 애절함을 느낄 때도 많은 이들이 우선 읊는 것이리라"고 한 것은 '아하레'를 특별히 애절함이라는 하나의 감정으로 다룬 것이다. 앞에서 말한 바와 같다.

그러나 아울러서 말할 때는 흥겨운 것도 경사스러운 것도 '모노노아하레'다. 이로써 노래는 '모노노아하레'에서 생겨나는 것임을 알아야 한다.

〔13〕 묻기를, 노래가 '모노노아하레'를 아는 것에서 생겨난다는 것은 이해하였다. 그런데 무슨 까닭으로 '모노노아하레'에 겨워 참기 힘들 때 노래가 나온다는 것인가.

답하기를, 노래는 '모노노아하레'를 참기 힘들 때 읊는다. '모노노아하레'에 겨워 견디지 못한다는 말은 다음과 같이 설명할 수 있다.

우선 정취를 모르는 사람은 '모노노아하레'를 느낄 만한 상황에도 정취 있다고 생각지 않으며, 정취 있다고 생각지 않으니 노래도 나오지 않는다. 예를 들면 귀가 먼 사람은 우르릉 쾅쾅 천둥이 쳐도 들리지 않으니 천둥이 울린다고 생각지 않는다. 울린다 생각지 않으니 무섭다고도 느끼지 않는다.

반면 '모노노아하레'를 아는 사람은 정취 있는 일을 접하면 굳이 느끼지 말아야지 하면서도 정취가 느껴져 견딜 수 없다. 예를 들면 귀가 밝은 사람은 무서워하지 말자 하면서도 무섭게 치는 천둥을 의식하는 것과 같다. 이처럼 어쩔 수 없이 깊이 '모노노아하레'를 느낄 때는 생각지 않으려 해도 마음속에 자리 잡아 끊임없이 생각나 참기 힘들다. 이를 '모노노아하레'에 겨워 견디지 못한다고 하는 것이다.

그리하여 이렇게 참기 힘들 때 절로 넘쳐나는 감정을 말로 표현하는데, 이때 정취에 겨워 절로 터져 나오는 말은 반드시 소리를 길게 끌며 꾸밈이 있다. 이것이 곧 노래다. 탄식하며 읊다, 읊조리다와 같이 말하는 것도 바로 이런 경우다.【이에 관해서는 후술하겠다】

이렇게 말에 멋을 내어 소리를 길게 끌면 근심 걱정으로 맺혔던 감정이 말끔히 풀린다. 이는 말하려 하지 않아도 자연스레 나오는 것이다. 정취에 겨울 때는 말하지 않겠노라 아무리 참아도 저절로 그 정취를 말하게 되는 법이다. 앞에서 기노 쓰라유키가 '말하지 않을 수 없는 것일지니'라 읊은 것과 같다. 그러므로 정취에 겨울 때는 반드시 자기도 모르게 노래가 나오는 것이다.

〔14〕묻기를, 견딜 수 없을 때 그 생각하는 바를 무심코 말로 내뱉는 것은 당연하다. 그렇게 하는 것은 보통말로도 되는데, 소리를 길게 끌며 말을 꾸민다는 것은 이해하기 어렵다. 어째서인가.

답하기를, 요즘 사람들 생각으로는 그러한 의문이 들지도 모른다. 무릇 만사에 근본을 찾아 그 뜻을 곰곰이 생각해야 한다. 근본에서 벗어난 마음으로 보면 의심스러운 일이 많은 법이니 그 본래의 마음이 되어 취지를 생각해야 한다.

먼저 노래가 어디서 나오는가에 대해서는 앞에서 설명한 바와 같다. 노래를 평소에 쓰는 보통말로 하지 않고 소리를 길게 끌며 말을 꾸미는 것은 일부러 기교를 부린 것이 아니다. 정취에 겨워 참기 힘든 것을 말로 표현할 때, 절로 말에 운치가 있어 길게 끌게 되는 것이다. 그것을 보통말로 하는 것은 정취(아하레)가 그리 깊지 않을 때다. 정취가 깊을 때는 자연스레 운치가 있고 길게 끌어 말하게 된다. 깊은 정취는 보통말로는 충분치 않다. 같은 말이라도 길게 빼서 노래하면 더없이 마음이 후련해진다. 보통말로는 아무리 길고 세세하게 말한들다 드러내지 못하는 감정도 말에 기교를 더해 길게 빼서 노래하면 그 말과 소리의 멋스러움에 의해 마음속 깊은 감정도 표출된다. 그러므로 마침맞게 멋스러운 말로 길게 소리를 내는 것, 바로 거기에 헤아릴 수 없는 깊은 정취가 담겨 있는 것이다. 듣는 사람도 보통말로 들으면 아무리 정취 있는 내용일지라도 감동이 적다. 그런데 말에 멋을 부려 소리를 길게 빼서 노래하면 듣는 사람이 각별히 정취가 깊다고 느낀다. 이것이 곧 노래 본연의 묘미다. 귀신을 감동시킨다는 것도 이러한 연유에서다.

이렇게 말해도 역시 잘 모르고 이해하기 어렵다 느끼는 사람이 있으리라. 흔한 예를 들면, 요즘 사람들이 슬픈 일이 있어 견디기 힘들 때 미주알고주알 이야기해도 풀리지 않고, 또 오로지 슬프구나 슬프구나 하며 평소에 쓰는 말로 해도 슬픔을 참고 견디기 어려울 때 무심코 소리를 돋우어 '아 슬프구나 아아' 탄식하며 가슴에 밀려오는 슬픔을 떨쳐낸다. 그때의 말은 절로 알맞게 운치가 있어 길게 끌어 노래하는 것과 비슷하다. 이것이 곧 노래 본연의 모습이다. 보통말과는 전혀 다른 것이다. 그 자연스럽게 나오는 멋진 말, 길게 뺀 소리에 한없이 깊은 정취가 표출된다. 이처럼 '모노노아하레'에 겨워 절로 터져 나온 멋진 말이 노래의 근본이며, 이것이 곧 참된 노래다.

한편 위와 같이 무심코 터져 나오는 것이 아니라, 읊어야지 해서 노래가 나오는 경우도 있다. 이 또한 본래는 '모노노아하레'를 견디지 못할 때와 마찬가지다. 그 이유는 '모노노아하레'를 깊이 느껴 마음속에 담아두고 참기 어려울 때 보통말로 해서는 여전히 마음이 후련해지지 않아 그 넘치는 감정을 멋진 말로 알맞게 이어 길게 소리를 빼서 노래하면 더할 나위 없이 위로가 되기 때문이다. 천 마디 만 마디 말로도 다하기 힘든 마음속 깊은 감정도 불과 3구, 5구의 말로 표현해내는 것이 노래의 묘미다.

또 앞에서와 같이 정취에 겨워 노래를 읊어도 여전히 감정을 다 표출하기 어려울 때가 있다. 그럴 때는 귀에 들리는 바람 소리나 벌레 소리에 가탁하여 그 마음을 말하거나, 혹은 눈에 보이는 꽃이나 눈의 아름다움에 빗대어 노래한다. 『고킨와카슈』가나 서문의 "마음에 생각하는 것을 보는 것 듣는 것에 가탁하여 표현한다"라는 것이 바로 이것이다. 느끼는 바를 그대로 말해서는 감정을 다 표현하기 어렵지만, 이렇게 보는 것 듣는 것에 가탁하여 말하면 더할 나위 없이 깊은 감정도 표현하기 쉬운 법이다.

무언가에 가탁하여 노래한다는 것은 진무 천황이 읊은 노래를 보면 알 수 있다.

구메(久米) 사람들이 울타리 곁에 심어 둔 산초
입이 얼얼하구나 나는 잊지 않고 토벌하리라

이 노래는 진무 천황이 나가스네히코를 토벌할 때 읊은 것이다. 예전에 구사에 언덕(孔舍衛坂)에서 싸웠을 때, 형 이쓰세가 빗나간 화살에 맞아 세상을 뜬 일이 있었다. 이를 천황이 깊이 원통해하고 분개하며 지금도 잊지 못하고 있음을, 산초를 먹고 그 매운 맛이 가시지 않아 입에 남아 있는 얼얼함에 빗대어 노래한 것이다.

후대에 이르러서는 『고킨와카슈』에 다음과 같은 노래가 있다.

소문만 듣는 나는 국화꽃 위 이슬인 양 밤에는 맺히고
낮에는 애달파 사라질 듯하네[275]

무언가에 가탁하여 마음을 표현하는 이러한 유의 노래는 예나 지금 이나 셀 수 없이 많다.

또 다른 방식이 있다. '모노노아하레'에 겨워 참을 수 없을 때 그것을 드러내놓고 말하기 조심스러워 무언가에 가탁하여 읊는 것이다. 이스케요리히메 황후가 읊은 노래가 그 예다.

사이 강(狹井河)에서 구름 피어오르니 우네비 산(畝火山)에서는
나뭇잎이 부스럭부스럭 곧 바람이 불어닥치겠구나

우네비 산 낮에는 구름이 요동치더니 저녁 되자 바람 불려고
나뭇잎 소리 요란하구나

---

275 소세이 법사의 노래.(古今和歌集11・470)

이 두 노래는 진무 천황이 승하했을 때, 다기시미미가 이스케요리히메가 낳은 황자들을 죽이려 도모하자 황후가 괴로워하며 이 일을 알리기 위해 풍운에 가탁하여 읊은 것이다. 황자들은 이 노래를 듣고 다기시미미의 계략을 미리 알아채고 대비하였다고 한다. 다기시미미는 배다른 어머니의 소생이었다. 자세한 내용은 『고사기』에 보인다. 그 밖에도 이러한 예는 많다. 후대에도 이러한 유의 노래가 많은데, 모두 보는 것 듣는 것에 가탁하여 '모노노아하레'를 표현한 것이다.

이러한 종류의 노래는 일부러 무언가에 빗대어 에둘러 말하는 것처럼 들리지만, 원래의 취지는 그렇지 않다. 무릇 마음에 깊이 느끼는 바가 있을 때는 눈에 보이고 귀에 들리는 모든 것이 그리 생각되어 더욱 절절하게 느껴진다. 이런 감정을 그대로 무언가에 가탁하여 읊어낸 노래이므로, 이 또한 본질적으로 자연스러운 감정의 발로이지 기교를 부린 것이 아니다.

그런데 노래라는 것은 '모노노아하레'에 겨워 읊는 사람의 마음을 표현하는 것에 그치지 않는다. 정취가 매우 깊을 때는 자연스럽게 읊는 것만으로는 역시 흡족하지 않아 남에게 들려주어 마음을 위로한다. 사람들이 그것을 듣고 정취가 있다고 생각하면 몹시 마음이 후련해지는 것이다. 이 또한 자연스러운 일이다. 예를 들면 사람들이 간절히 마음속에 담아둔 것이 있어 견디기 힘들 때는 혼잣말로 계속 중얼거려도 마음이 후련해지지 않지만, 사람들에게 들려주면 다소 마음이 후련해진다. 듣는 사람이 과연 그렇구나 하고 공감해주면 말한 사람의 마음이 더욱 후련해지는 법이다. 그러므로 마음에 깊이 느끼는 모든 것을 다른 사람들에게 들려주지 않을 수 없다. 혹은 진귀한 일, 기괴한 일, 이상한 일을 접하여 느끼는 바가 있을 때도 반드시 다른 사람에게 들려주고 싶어 마음에 담아둘 수 없다.

노래를 들려준다 한들 읊는 사람이나 듣는 사람이나 아무 득도 없지만, 그럼에도 읊지 않을 수 없는 것이 자연스러운 이치다. 이것이 노래의 본령이다. 그러므로 다른 이에게 들려주는 것은 노래의 본질이지 부차적인 것이 아니다. 이 이치를 분별하지 못하는 자는 단순히 자신이 생각하는 바를 좋든 나쁘든 있는 그대로 읊는 것이야말로 진정한 노래라 하고, 다른 사람이 듣는 바에 얽매이는 것은 참된 노래가 아니라 한다. 이는 언뜻 그럴싸하지만 노래의 참뜻을 모르는 것이다.

『우문현주(愚問賢註)』[276]의 첫 문답에서 말하는 바는 사소한 문제지만, 역시 그 본질을 따지자면 노래란 다른 사람이 듣고 정취를 느끼는 것이 중요하다. 표현에 멋을 내고 소리도 적당히 길게 내는 것이 본연의 노래다. 신대부터 그러하다. 노래를 듣는 사람이 정취를 느끼면 읊는 사람의 마음도 더없이 풀린다. 듣는 사람이 정취를 느끼지 못하면 읊는 사람이 심정을 토로하는 일도 적다. 이는 자연스러운 일이다. 세상사에 견주어도 알 수 있다. 마음속에 넘쳐나는 것을 남에게 이야기

---

276 남북조 시대의 가론서. 1363년에 돈아(頓阿)와 니조 요시모토(二條良基)가 지은 것으로, 니조 요시모토의 질문에 돈아가 답을 하는 형식으로 구성되어 있다. 와카의 본질, 가체, 본가 인용에 대해 니조파(二條派)의 입장에서 설명하고 있다.

해도 그 사람이 공감하지 못하면 아무 소용없다. 공감을 해야 마음이 위로되는 것이다. 그러므로 노래는 사람들이 듣고 정취 있다고 공감하는 것이 가장 중요하다. 이러한 연유로 신대의 노래라 해도 생각하는 마음 그대로 읊지 않고, 반드시 표현에 기교를 부리고 멋스럽게 소리를 끌어 정취 있게 읊는 것이다.

예컨대 '쓰마(妻, 아내)'라는 표현을 쓰고자 할 때 그 앞에 '와카쿠사노(若草の, 어린 풀의)'[277]라는 수사(修辭)를 붙이고, '요루(夜, 밤)'에는 '누바타마노(ぬば玉の, 범부채 열매의)'[278]라는 수사를 붙인다. 이는 모두 표현을 아름답게 하여 가락을 적절히 가다듬고자 함이 아니겠는가. 후대에는 다음과 같은 예도 있다.

(시키시마의) (야마토에는 없는) (중국풍 옷)
머지않아, 만나면 좋으련만[279]

(미카노 들판) (가로질러 흐르는) (이즈미 강)
언제 만났었기에, 이토록 애타는가[280]

---

277 '와카쿠사노'는 어린 풀의 싱그러운 아름다움으로부터 '쓰마(妻)', 또 새롭고 생기발랄함으로부터 '니히(新)' 등의 표현과 같이 사용된다.
278 '누바타마노'는 범부채의 열매를 뜻하며 그 빛깔이 검어 '구로(黑)', '가미(髮)', '요루(夜)' 등의 표현과 같이 사용된다.
279 기노 쓰라유키의 노래.(古今和歌集14·697)
280 후지와라노 가네스케의 노래.(新古今和歌集11·996)

바라보는 것만으로, 끝나버릴 사랑이런가

(가쓰라기) (다카마 산) (봉우리의 흰구름)[281]

이 노래들이 나타내고자 하는 본뜻은 그저 두 구에만 담겨 있다. 나머지 세 구는 모두 수사다. 그러므로 필요 없다고 생각하는 사람도 있겠지만, 쓸데없어 보이는 수사에 의해 두 구의 정취가 각별히 깊어지는 것이다. 특히 『만요슈』에 이러한 유의 노래가 많다.

무릇 보통말과 노래의 차이는 바로 이것이다. 평소에 쓰는 말은 그 뜻을 하나하나 말하므로 이치는 세세하게 알 수 있지만, 말로 다할 수 없는 감정은 노래가 아니면 드러내기 어렵다. 말로 다할 수 없는 깊은 정취를 어찌 노래로 표현할 수 있는가 하면 말에 멋을 내어 꾸미기 때문이다. 그 꾸밈에 의해 한없는 정취도 드러나는 것이다.

노래란 평소에 쓰는 말처럼 그 뜻을 세세하고 소상하게 펼치는 것이 아니다. 또 노래에 쓰인 말에 깊은 이치가 담긴 것도 아니다. 노래란 그저 마음에 느껴지는 정취를 문득 말로 토해내고 그것을 듣는 것일 뿐이지만, 그 속에 더할 나위 없는 깊은 정취가 담겨 있는 것은 말에 꾸밈이 있기 때문이다.

281   작자 미상의 노래.(新古今和歌集11・990)

〔15〕 또 묻기를, '가(歌)'라는 글자의 뜻은 무엇인가. 그것을 일본어 훈으로 '우타(ウタ)'라고 하는 것은 어떠한가.

답하기를, 물음이 이치에서 크게 벗어난다. 왜냐하면 우선 가(歌)자의 뜻을 묻고 나서 이를 일본어 훈으로 '우타'라고 하는 것은 심히 근거가 없기 때문이다. '우타'는 신대부터 내려온 옛말이다. 가(歌)는 훨씬 후대에 중국에서 전해진 것이다. 그러므로 '우타'라는 일본어에 가(歌)라는 한자를 붙였을 뿐이다. 따라서 '우타'라는 말의 뜻을 모르면 가(歌)자의 뜻도 알 수 없을 텐데, 가(歌)의 뜻을 먼지 묻는 섯은 말이 안 된다. 또한 일본어 훈이란 중국 서적의 한자를 읽을 때 쓰는 것이지, 우리나라의 옛말을 훈이라 할 까닭이 없다. '우타'는 신대부터 전해져 온 말인데, 어찌 가(歌)자의 훈이겠는가. 본디 우리나라의 말에 대해 일본어 훈이라 설명하는 것은 맞지 않다.

'우타'라는 말이 주(主)이며, 가(歌)라는 글자가 종(從)이다. 무릇 만물이 모두 이렇게 말을 주로 보고, 문자를 종으로 보아야 한다. 곰곰이 만사의 본말을 분별해야 한다. 특히 가도(歌道)에서는 지금도 신대부터 전해 내려오는 옛말을 숭상하므로 만사에 말의 뜻을 깊이 생각해야 한다. 문자는 그저 빌려온 것으로 그 뜻에 관해 깊이 이야기할 만한 것이 못 된다. 그런데 사람들은 이 이치를 분별하지 못하고 문자를 주로 삼아 오히려 옛말을 빌려 온 것처럼 파악해서 모든 것을 설명하니 잘못된 바가 많다. 일본어 훈이라는 말도 이러한 이유로 잘못 사용된 것이다. 이는 사소한 문제 같지만 학문에 큰 해가 되기에 여기서 자세하게 논하겠다.

그러면 먼저 '우타'라는 말의 뜻에 대해 이야기하겠다. '우타(노래)'는 '우타후(노래하다)'의 체언이다. '우타후'는 '우타'의 용언이다. 무릇 하나의 말을 체언과 용언으로 쓰는 예는 많다. 거기에는 두 가지 범주가 있다.

첫째는 체언이 되는 말 뒤에 기능하는 말을 덧붙여 용언으로 만들거나, 생략하여 체언으로 만든다. 예를 들면 '야도(거처)'는 체언인데, 여기에 '루'를 붙여 '야도루(머물다)'라 하면 용언이다. 이 '루'는 라·리·루·레로 활용하여 야도라무(머물러야지)·야도리테(머무르고)·야도레(머물러라)라고 한다. '쓰카(다발)'는 체언이다. '쓰카누(묶다)'는 용언으로, 이 역시 나·네 등으로 활용한다. '쓰나(줄)'와 '쓰나구(잇다)', '하라(배)'와 '하라무(품다)', '이나(부정)'와 '이나무(부정하다)', '기자(마디)'와 '기자무(나누다)' 등이 모두 이와 같다. 또한 '아지(맛)'와 '아지하후(맛보다)', '도모(벗)'와 '도모나후(함께하다)', '마히(선사품)'와 '마히나후(선사하다)'와 같은 예는 체언 뒤에 두 음절을 붙여 용언으로 만든다. 마지막 한 음절이 형태가 바뀌며 활용한다. '우타'는 우타하무(노래해야지)·우타히테(노래하고)·우타후(노래하다)·우타헤(노래하라) 등, 용언으로 사용될 때는 마지막의 한 음절이 하·히·후·헤로 활용한다. 마지막 한 음절을 생략하면 체언이 된다.

둘째는 활용된 말이 결국 체언이 되는 경우다. 예를 들면 '오모후(생각하다)'라는 말은 용언으로, 오모하무(생각해야지)·오모히테(생각하고)·

오모후(생각하다)·오모혜(생각하라)로 활용하는데, '오모히(생각)'라고 하면 체언도 된다. 그때 용언으로 사용하는 '오모히'와 체언으로 사용하는 '오모히'는 그 소리가 다르다. 가호루(향기 나다), 마쓰루(제사드리다), 와타루(건너다), 아후구(부채질하다), 오모무쿠(향해가다), 나게쿠(한탄하다), 호도코스(베풀다), 가쓰(이기다), 요소호후(꾸미다), 다타무(접다) 등도 마찬가지다. 마지막 한 음절이 기·시·치·히·미·리로 바뀌어 체언이 되는 것이다.

요즘 사용하는 '우타히'는 위와 같이 활용하여 '우타후'의 마지막 음절 '후'를 '히'로 바꾸어 체언으로 만든 것이다. 뜻은 '우타'와 같다. 위에서 든 '야도루'도 같은 예다. '야도'도 '야도리'도 체언으로 사용한다.

또한 에·케·세·테·네·헤·메·레로 바뀌어 체언이 되는 예가 있다. '사카유루(번영하다)'는 용언으로 '사카에무(번영하겠지)' 등으로 활용하는데, '사카에(번영)'라 하여 체언이 되기도 한다. 다스쿠루(돕다), 쓰이즈루(잇따르다), 오시후루(가르치다) 등도 모두 같은 경우다. 이처럼 체언으로도 용언으로도 사용되는 말이, 본래는 체언인데 후에 활용하여 용언이 된 것인지, 아니면 용언을 체언으로 한 것인지, 그 본래의 형태를 분별하기는 쉽지 않다.

혹자는 고대에는 용언이 많고 체언이 적다고 한다. 그러므로 체언으로도 용언으로도 사용되는 말은 모두 본디 용언인데 후에 체언으로도 사용된 것이라고 한다. 그럴듯한 설명이지만, 말에 따라 다르다. 이 주장에 대해 좀 더 생각해보면, 앞에서 언급한 두 경우 중 마지막 음절을 활용해서 체언으로 만드는 '가호리(향기)'나 '다스케(도움)'와 같은 말은 본디 용언이 먼저라고 할 수 있을 듯하다. 또한 '야도'나 '쓰카'와 같은 말은 본디 체언인데 거기에 음절을 더하여 용언이 된 것 같다. 옛말을 잘 생각하면 이렇게 추측되는 예도 있다.

그렇다면 '우타'와 '우타후'도 어느 쪽이 먼저라고 확실히 정하기 어렵지만, 위의 설명에 따르자면 '우타'가 먼저이리라. 거기에 음절을 더하여 우타후 · 우타히테 · 우타하무 · 우타헤라고 용언으로 쓴 것이 아니겠는가.

다만 용언으로 쓴 예는 『고사기』에서 다케노우치노스쿠네가 읊은 노래에 나오는 '우타히쓰쓰(노래하며)', '마히쓰쓰(춤추며)'라는 말에 보인다. 이 노래는 『일본서기』에도 나온다. 체언으로 쓴 '우타'는 『일본서기』 진무 천황 조에 "謠, 이를 '우타요미'라고 읽는다"라는 구절에 보이므로 옛말이다. 그렇지만 이것은 노래가 아니라 노래를 설명하는 부분이다. 후대에 덧붙인 것일 수도 있기에 당시의 옛말이라고 분명히 말할 수 없다. 그 밖에 '우타'라는 예는 더 찾을 수 없으나 어쨌든 깊이 생각하지 않아도 알 수 있다. '우타'는 '우타후'의 체언, '우타후'는 '우타'의 용언으로 이해할 수 있다.

한편 '우타오 우타후(노래를 노래하다)'라 하여 체언과 용언을 겹쳐 쓰는 것도 일반적인 일이다. 이렇게 쓰는 것은 후대의 용법이다.

'우타'든 '우타후'든 그 말의 뜻은 일설에 '웃타후루', 즉 마음속에 느끼는 바를 알려 '호소하다(우타후루)'라는 뜻이다. 생각해보면 보통은

'웃타후'라고 하지만, 『화명류취초(和名類聚抄)』[282] 에 형부성(刑部省)을 "호소하여(우타헤) 시비를 가리는 부서"라고 풀이한다. 따라서 '우타후루'가 본래의 말이고, '웃타후'는 속어다. '우타후'와 '우타후루'는 의미상 상통하니 이 역시 일설에 부합한다. 그 이상 달리 설명할 방법은 아직 모르겠다.

또한 『일본서기』 스이코 천황(推古天皇) 조에는 소가노 우마코(蘇我馬子)가 천황에게 바친 노래에 '우타즈키마쓰루(노래를 헌상하다)'라는 표현도 쓰고 있다.

〔16〕 묻기를, 가(歌)자의 뜻은 무엇인가.

답하기를, 앞에서 말한 바와 같이 글자의 뜻은 생각할 가치가 없다.

〔17〕 묻기를, '우타'라는 말에 가(歌)라는 한자를 쓰는 것은 어째서인가.

답하기를, 그리 물을 만하다. '우타'에 가(歌)자를 쓰는 이유는 '우타'와 시(詩)가 본래는 같은 것이기 때문이다.【이에 관해서는 후술하겠다】 그러므로 '우타'는 일본의 시다.

『만요슈』 권17에는 '왜시(倭詩)'라는 표현도 있다.[283] 또한 장가를 '후

---

282 미나모토노 시타고(源順)가 934년경에 편찬한 한화사전(漢和辭典). 한자어를 의미별로 분류하여 출전을 밝히고 발음과 일본어 훈을 제시하고 있다.
283 병에 걸린 오토모노 야카모치가 오토모노 이케누시에게 노래를 보내자, 이케누시가 답가를 보냈다. 그 첫머리에 "뜻밖의 소식을 받았습니다만 당신의 뛰어난 문장은 구름을 뚫을 듯합니다. 또한 받은 시가의 노랫말도 비단을 펼쳐놓은 듯 멋집니다…(忽辱芳音翰苑

타가미 산의 부(二上山賦)', '다치야마의 부(立山賦)'[284]라 하고, 단가를 '병일절(倂一絶)'[285], '병이절(倂二絶)'[286], '단가일절(短歌一絶)'[287]이라고도 한다. 권5에도 '우타'를 '시(詩)'라 쓴 곳이 있다. 다만 이는 '가(謌)'를 잘못 베껴 쓴 것일 수도 있다. 또한 『속일본후기(續日本後紀)』에도 '시(詩)'라 쓰인 데가 있다.

시는 중국의 '우타'다. 『고킨와카슈』서문에는 '가라노 우타(중국의 노래)', 『도사 일기』에는 '가라우타(중국 노래)', 『겐지 모노가타리』「기리쓰보」권에는 '모로코시노 우타(중국의 노래)'라 쓰여 있다. 그러므로 '우타'에는 시(詩)자를 써야 하는데, 이를 두고 가(歌)자를 쓰는 것은 무슨 까닭인가 하면 다음과 같다.

『상서(尚書)』「순전(舜典)」에 "시(詩)는 뜻을 말하는 것이고, 가(歌)는 길게 소리를 끌며 억양을 붙여 노래하는 것이다"라고 한다. 이를 보면 시(詩)와 가(歌)는 별개의 것이 아니고, 가(歌)는 즉 시(詩)를 길게 노래하

凌雲 兼垂倭詩詞林舒錦)"라고 썼다.(萬葉集17·3967~3968)
284 야카모치의 노래 '후타카미 산의 부(二上山賦)'(萬葉集17·3985)와 '다치야마의 부(立山賦)'(萬葉集17·4000)에 부(賦)가 사용되어 있다. 본래 부(賦)란 한시 형식 중의 하나다.
285 이케누시가 읊은 '후세 해변에서 유람하는 노래 한 수와 단가(敬和遊覽布勢水海賦一首倂一絶)'(萬葉集17·3993~3994). 앞에서 야카모치가 장가를 부(賦)라 칭한 것을 받아 여기서 이케누시는 단가를 한시의 형식인 절(絶)이라고 칭하였다.
286 야카모치가 4월 27일에 읊은 '다치야마의 부'에 화답하여 4월 28일 이케누시가 읊은 노래 한 수와 단가 두 수 '敬和立山賦一首倂二絶'(萬葉集17·4003~4005) 등의 예를 가리킨다.
287 749년 5월 6일 이래 계속된 가뭄으로 백성들의 논밭이 말라 비틀어졌다. 6월 1일에 이르러서야 갑자기 비구름이 보이기 시작하였다. 이에 6월 1일 저녁 야카모치는 구름을 읊은 장가 한 수와 단가 한 수를 읊었다. '…作雲歌一首短歌一絶'(萬葉集18·4122~4123)

는 것이다. 『예기(禮記)』「악기(樂記)」에는 "시(詩)는 그 뜻을 말하고 가(歌)는 그 소리를 읊는 것이다", 또 "가(歌)는 말하는 것인데 소리를 길게 빼어 말하는 것이다"라고 한다. 『설문해자(説文解字)』에는 "영(詠)이다"라는 주가 달려 있다. 『한서예문지(漢書藝文志)』에도 "그 소리를 읊는 것을 가(歌)라 한다"라고 되어 있다.

본디 가(歌)는 '노래하다'라는 용언으로만 쓰였다. '노래'라는 체언으로는 쓰이지 않았다. 그런데 그 노랫말을 가리켜 가(歌)라 하여 체언으로도 쓴 것이다. 『문선(文選)』에도 가(歌)라는 것이 실려 있으나, 그 역시 체언이 따로 있는 것이 아니고 시(詩)와 같은 것이다. 후대에 이르러 가(歌)자는 체언으로도 용언으로도 쓰였다. 체언으로 쓰인 가(歌)자의 용례를 살펴보면, 대부분 정확하게 시(詩)는 아니지만 시와 유사하게 부르는 노래를 모두 가(歌)라 한다.

한편 시(詩)자는 예부터 후대에 이르기까지 체언으로만 쓰일 뿐 용언으로 사용된 적이 없다. 가(歌)자는 위에서 말한 바와 같이 체언으로도 용언으로도 통용되며, 소리를 길게 빼어 노래한다는 뜻이다.

그러므로 우리나라의 '우타후(노래하다)'와 '우타(노래)'라는 말도 체언과 용언으로 모두 쓰이는 점이 잘 들어맞기에 가(歌)자를 사용하는 것이다. 한편 우리나라에서도 늘 중국 서적을 익히고 한시도 짓기 때문에, '우타'에 시(詩)자를 쓰면 한시와 헷갈릴 수 있으므로 가(歌)자를 쓰는 것이다. 이런저런 설명이 있다.

〔18〕 묻기를, 『석명(釋名)』 [288] 에 "사람의 소리를 가(歌)라 한다. 가(歌)는 가(柯)이다. 소리 내어 읊조리는 데 높낮이가 있는 것은 초목에 가엽(柯葉)이 있는 것과 같다"라고 되어 있다. 우리나라의 '우타'도 이러한 뜻인가.

답하기를, 그렇지 않다. 그것은 가(歌)자의 음에 대한 설명이다. 더욱이 한자의 음을 우리나라 말에 갖다 댈 필요가 없다. 오히려 '우타'라는 말의 뜻에 대해 주를 달아야 할 것이다. 가(歌)자의 음에 대한 설명을 가지고 '우타'를 설명하려 함은 얼토당토않다. 게다가 '우타'와 가(歌)자는 뜻이 상통하므로 가(歌)자의 뜻에 부합하는 설이라면 '우타'의 뜻에도 절로 부합할 것이다. 그렇지만 위의 '가(歌)는 가(柯)'라는 설은 가(歌)자의 뜻에도 부합하지 않으니 견강부회다. 그러니 우리나라의 '우타'에는 더욱 맞지 않는다.

그뿐만 아니라 글자의 음을 가지고 글자의 뜻을 설명하는 것은 억지가 많으니, 이에 얽매여서는 안 된다. 더욱이 우리나라 말을 풀이하는 데 오로지 한자의 주를 보고 이해하는 것은 크게 잘못되었다. 말의 뜻과 글자의 뜻이 서로 부합하는지 아닌지를 생각한 후에 비로소 글자의 뜻을 생각해야 한다. 말의 뜻만 분명하다면 글자는 빌려온 것이니 깊이 다룰 만한 것도 아니다. 따라서 한자의 뜻만 상세히 밝혀 그것을 우리나라 말의 뜻으로 삼는 것은 심히 잘못되었다.

---

288 후한(後漢) 말 유희(劉熙)가 지은 책으로, 같은 음을 가진 말로써 어원을 설명하였다.

〔19〕 묻기를 『일본서기』 진무 천황 조에 "노래 외기를 하시며 말씀하시기를 (爲御謠之曰)【謠, 이를 '우타요미'라고 읽는다】"라고 있는데, 여기서 요(謠)자도 '우타'에 해당하는가.

답하기를, 가요(歌謠)라는 말도 있듯이 대체로 가(歌)도 요(謠)도 같은 것이다. 다만 『시경(詩經)』 「위풍(魏風)」편에 실린 한시에 "내가 노래하고 또 흥얼거린다(我歌且謠)"라는 구가 있다. 이에 대해 "악기 연주가 있는 노래를 일컬어 가(歌)라 하고, 악기 연주가 없는 노래를 일컬어 요(謠)라 한다"라고 되어 있다. 『설문해자』에도 "요(謠)는 그저 육성으로 노래하는 것이다"라고 되어 있다. 구분하여 말할 때는 이와 같으나, 진무 천황 조에 요(謠)자를 쓴 것은 가(歌)자와 구별하여 쓴 것이 아니다. 천황의 어요(御謠)라고 되어 있지만 "이를 구메우타(久米歌)[289]라 한다. 지금 악부에서 이 노래를 연주하는 것은…"이라는 설명이 있기 때문에 이는 틀림없는 '우타'다.

〔20〕 묻기를, 가(謌) 또는 가(哥) 등은 가(歌)자와 차이가 있는가.

답하기를, 모두 같다.

---

289 고대 가요의 곡명 중 하나로, 『고사기』와 『일본서기』의 진무 천황 조에 구메베(久米部) 씨족이 불렀다고 전하는 여섯 수의 노래. 구메마이(久米舞)라는 가무를 동반하는 것이 특징이다.

〔21〕 또 묻기를, 노래를 '요무(ヨム, 외다)'라고도 하고, '에이즈루(詠ズル, 음영하다)'라고도 한다. 또한 영(詠)자를 '나가무루(ナガムル, 읊조리다)'라고도 말한다. 이것들은 무슨 뜻인가.

답하기를, '우타 요무(노래 외다)'라는 말은 다소 후대에 사용된 것이다. 왜냐하면 '우타후(노래하다)'가 '우타(노래)'의 용언이므로 근본이 되는 말은 '우타후'이기 때문이다. 『고사기』에 노래가 나올 때 보이는 '가왈(歌曰)'은 앞 문장에 이어 '우타히테 이하쿠(노래하여 말하기를)'라고 훈독하는 경우가 많다. 옛말로는 '우타후'라 하였기에 그대로 쓰여 있는 것이다. '요무'란 다소 후대에 사용된 말이다.

단 『일본서기』 진무 천황 조에 '우타 요미(노래 외기)'라는 말이 있다. 그렇지만 이는 후대의 훈이므로 확실히 그 당시의 말이라 단정하기 어려우나, 『일본서기』 이전의 옛말임은 분명하다. 그런데 '요무'가 아니라 '요미'라고 쓴 부분의 '미'는 뒷말과 연결하기 위한 '미'가 아니다. 체언으로 보아야 한다. 따라서 이 구절은 '미우타 요미 시테 노타마하쿠(노래 외기를 하시며 말씀하시기를)'라고 훈독한다.

후대의 『마쿠라노소시(枕草子)』에도 '우타 요미 시테 오코세타루(노래 외기를 하며 보낸)'라는 구절이 두 군데 있다. 지금도 아녀자들이 사용하는 말이기도 하다.

'우타 요미(노래 외기)'도 본디 '우타오 요무(노래를 외다)'라는 말이 있기에 쓰는 것이므로, '요무(외다)' 역시 상당히 옛말이라고 생각된다. '우타후(노래하다)'라 하면 옛 노래를 음영하는 '우타후'와 헷갈리므로 지금

새로이 짓는 노래를 '요무(외다)'라 하여 새 노래와 옛 노래를 구별하기도 한다.

무릇 '요무'라는 말의 뜻을 생각하면, 우선 책을 읽다, 경을 외다 등을 말하는 것이 일반적이다. 이는 중국 서적이 전래된 후의 일이다. 본디 노래든 노리토(祝詞)[290] 같은 것이든 애초에 정해진 말을 지금 입으로 따라 하는 것을 '요무'라 한다. 소리를 길게 빼어 노래하는 것을 '요무'라고는 하지 않는다. 그저 읊조리듯이 중얼중얼 하는 것을 '요무'라 한다. 후대에 경을 음송하고, 다라니경을 음송하는 것을 '요무'라 하는 것과 같다.

후에 중국 서적이 들어와 한문을 소리 내어 외는 것도 마찬가지로 '요무'라 한다. 숫자를 헤아리는 것을 '요무'라 하는데 이 또한 옛말이다.『고사기』상권의 이나바의 흰 토끼 이야기에 그 예가 보인다. 신대의 일이다. 여기에 독(讀)자가 쓰였다. 이는 한자의 뜻에 관계없이 옛말 그대로 쓰인 것이다.『만요슈』에도 날짜를 '헤아리며(요미쓰쓰)'라 많이 읊었다. 또한 권4에 날짜를 '헤아리고(요미테)', 권11에 울리는 북의 개수를 '세어보니(요미미레바)' 등도 있다. 우타 모노가타리에도 많고 요즘 속어로도 쓰는 말이다. 본디 정해져 있는 말을 따라 하는 것도 숫자를 헤아리는 것과 비슷하니 그 근본은 다르지 않다.

---

290 제사를 지낼 때 신에게 바치는 말. 특히『엔기시키(延喜式)』권8에는 29편의 축문이 남아 있어 고대 노리토의 모습을 추정할 수 있다.

이에 노래를 새로 짓는 것을 '요무'라 하는 데는 두 가지 뜻이 있을 수 있다.

첫째로 '요무'란 앞에서 말했듯이 정해진 말을 그저 소리 내어 중얼거리며 따라 하는 것을 말한다. 옛 노래의 경우에도 후대에 노래로 부르지 않고 그저 중얼중얼 읊조리는 것을 '요무'라 한다. 『고사기』에 "이 두 노래는 요미우타(讀歌, 외는 노래)이다"라는 구절이 있다. 어떤 노래에 이어 이것은 "히나부리(夷振)이다"[291], "미야비토부리(宮人振)이다"[292], "우키우타(宇岐歌)이다"[293]라고 쓰여 있는 것은 모두 후대에 전해져 노래로 불릴 때 붙은 명칭이다. 그러므로 '요미우타이다'라고 기술한 이유는 이 노래들은 다른 노래처럼 부르는 노래가 아니라 후대에 이르기까지 그저 읊조리는 노래이기 때문일 것이다. 새로이 지은 노래도 곡조를 붙여 노래하지 않고 그저 읊어 들려준 경우도 많았던 것 같다. 그것이 관례가 되어 스스로 짓는 노래도 '요무'라 하게 된 것이리라. '우타후(노래하다)'라 하면 옛 노래를 음영할 때 쓰는 '우타후'와 헷갈리는 경우도 있고, 또 반드시 노래로 부르지 않는 경우도 많다. 따라서 노래를 부르든 그저 읊조리든 간에 모두 새로이 지은 노래를 '요무(외다)'라 하는 데 익숙해졌다.

둘째로 노래는 마음에 감동스럽게 느끼는 바를 말로 이어 표현하는

---

291 고대 가요의 곡명 중 하나로, 본래 지방의 노래가 궁정으로 유입된 것이라고 추정한다.
292 고대 가요의 곡명 중 하나로, 궁정에 봉사하는 사람의 노래.
293 고대 가요의 곡명 중 하나로, 정월 축하연에서 술잔을 들며 부르는 축가.

것인데, 그것이 수를 헤아리는 것과 같기에 '요무'라 말한다. 중국에서 시를 짓는 것을 '부(賦)'라 하는 것도 이와 상통한다. 『석명』에 이르기를 "그 뜻을 널리 펴는 것을 부라 한다(敷布其義謂之賦)"는 것도 수를 헤아리는 것을 '요무'라 하는 것과 같은 뜻이다. 우리나라에서 노래를 여섯 부류로 나누는데, 그중 '가조에우타(數え歌)'가 한시의 육의(六義) 중 부에 해당한다.[294] 또한 반고(班固)가 『전한서(前漢書)』에 이르기를 "노래 부르지 않고 읊조리는 것을 부라 한다(不歌而誦曰賦)"는 것도 '요무'와 들어맞는다. 정현(鄭玄)이 이르기를 "부란 새로이 짓거나 혹은 옛 노래를 읊조리는 것이다(賦者或造篇或誦古)"라 하였는데, 이 또한 우리나라에서 새 노래를 처음 짓는 것도 옛 노래를 그저 읊는 것도 모두 '요무'라 하는 것과 꼭 들어맞는다. 『일본서기』 유랴쿠 천황 조에는 "군신들에게 명하기를, 짐을 위해 잠자리를 칭송하는 노래를 읊으라고 말씀하셨다. 신하들 중에 잘 읊는 자가 있을 리 없었다"[295] 라는 대목이 있다.

---

294 『시경』 서문에 이르는 고대 한시의 6분류. 내용상의 분류인 풍(風)·아(雅)·송(頌), 표현상의 분류인 부(賦)·비(比)·흥(興)이 있다. 기노 쓰라유키는 이를 전용하여 『고킨와카슈』 한문 서문에서 와카에도 6종류의 풍체가 있다고 설명하였다. 소에우타(풍유의 노래)·가조에우타(사물을 있는 그대로 읊는 노래)·나즈라에우타(다른 사물에 가탁하여 읊는 비유의 노래)·다토에우타(자연의 풍물에 빗대어 읊는 노래)·다다고토우타(기교를 쓰지 않고 그대로 부르는 노래)·이와이우타(축하의 노래)를 말한다.

295 "詔群臣曰, 爲朕讚蜻蛉歌賦之. 群臣莫能敢賦者."(日本書紀②161) 유랴쿠 천황이 어느 날 들에 사냥을 나가 멧돼지를 겨냥하여 활을 쏘려고 가만히 기다리고 있는데 갑자기 등에가 날아와 팔을 물었다. 그때 잠자리가 날아와 그 등에를 바로 잡아 먹어버렸다. 천황은 하찮은 곤충조차 나에게 봉사한다고 기뻐하며 군신들에게 잠자리를 칭송하는 노래를 읊으라 하였으나 제대로 부르는 자가 없어 스스로 노래를 읊고, 그곳을 '아키즈노 오노(蜻蛉野, 잠자리 들판)'라 이름 붙였다.

여기서도 부(賦)자에 '요무'라고 훈을 달고 있다. 『만요슈』권20에도 '부설가(賦雪歌, 눈을 읊은 노래)'라고 쓰여 있는 곳이 있다. 단 이것들은 그 말의 뜻에 부합하기 때문에 이렇게 쓴 것이 아니라, 그저 한시의 '부시(賦詩, 시를 읊다)'를 따라 한 것뿐이다.

위의 두 가지 뜻 중 자연히 후자가 부(賦)자의 뜻에 부합한다. 그렇지만 고대의 말의 쓰임과 만사의 본의를 곰곰이 생각해보면 전자가 좀 더 나은 것 같다.

무릇 '요무'라는 말에는 독(讀)자나 송(誦)자 등의 한자를 쓴다. 독(讀)은 대개 서적을 읽는 데 쓰는 글자다. 송(誦)은 『주례(周禮)』「춘관대사악(春官大司樂)」에 의하면, '풍송(諷誦)'에 "글을 보지 않고 외어 읽는 것을 풍이라 하고, 소리에 곡조를 붙여 읊는 것을 송이라 한다(背文曰諷以聲節之曰誦)"라고 주가 달려 있다. 우리나라 말의 '요무'와 일치한다. 고로 모노가타리에서도 노래를 '송하다(誦する)'라고 하는 경우가 많다. 단 옛 노래를 소리 내어 읊을 때 사용한다. 새로 짓는 경우에는 이 글자는 맞지 않는다. 새로 짓는 노래를 '요무'라 할 때 부(賦)자가 잘 맞는 이유는 앞에서 말한 바와 같다. 『일본서기』에도 '요무'라 훈을 단 예가 있으니 더욱 확실하다. 후대에 노래를 짓는 것을 '요무'라 하면서 영(詠)자를 쓰는 것은 맞지 않다. 영(詠)자의 뜻에 관해서는 뒤에서 자세히 논하겠다.

또한 『고사기』에 '작어가(作御歌, 노래를 지으시다)', 『일본서기』에도 '작가(作歌, 노래를 짓다)’ 등의 표기가 있다. 『일본삼대실록(日本三代實錄)』[296]
에도 ‘작(作)’, 『만요슈』에도 전부 ‘작(作)’으로 표기되어 있다. 이는 모두
중국의 ‘작시(作詩, 시를 짓다)’를 따라 한 것이다. 대개 한문으로 쓰인 것
에는 전부 ‘작(作)’이라 쓰여 있다. 『만요슈』도 노래의 설명글은 전부
한문이므로 이렇게 표기한 것이다.

옛말에서 노래를 ‘쓰쿠루(만들다)’라고 하는 것은 들어본 일이 없으므
로, 위의 작(作)자는 전부 ‘요무’라고 훈독해야 한다. 『일본서기』 신대
권의 ‘위가지(爲歌之)’, 진무 천황 조의 ‘위어요지(爲御謠之)’ 등 위(爲)자를
쓴 경우에도 모두 ‘미우타 요미(노래 읊으시기)’라는 훈이 달려 있는 것에
비추어, 작(作)자도 ‘요무’라고 읽어야 한다. 노래를 ‘쓰쿠루’라고 하는
말은 없다.

겐소 천황(顯宗天皇) 조의 ‘사인(詞人)’에 달려 있는 ‘우타 쓰쿠루 히토
(노래 만드는 사람)’라는 훈은 ‘작가(作歌)’라는 한자에 영향을 받은 후대 사
람이 붙인 것이지 옛말이 아니다. 이것은 ‘우타비토(노래하는 사람)’나 ‘우
타 요무 히토(노래 외는 사람)’라고 훈독해야 한다.

무릇 ‘쓰쿠루’란 형태가 있는 것에 대해 쓰는 말이다. 노래는 입 밖
으로 내는 그 소리만 있고 형태는 없으니 ‘쓰쿠루’라 해서는 안 된다.
우리나라 말과 중국말은 똑같은 것도 있지만 다른 것도 있다. 중국에
서 작(作)자는 형태가 있는 것을 만들 때도 시문을 지을 때도 쓴다. 하

---

296 육국사(六國史)의 하나로, 우다 천황(宇多天皇)의 칙명에 의해 901년에 성립되었다.

지만 우리나라에서 '쓰쿠루'라는 말은 노래 같은 것에는 맞지 않다. 이 것이 곧 글자의 뜻과 말의 뜻을 분별해야 하는 까닭이다.

〔22〕 묻기를, 새 노래를 짓는 것을 '요무(외다)'라 하는 까닭은 이해하였다. 옛 노래를 지금 읊는 것을 '요무'라 함은 어떠한가.

답하기를, 앞에서도 말한 바와 같이 '요무'는 본디 정해져 있는 말을 지금 입으로 따라 하는 것이다. 그러므로 다른 사람이 지어 읊은 노래 를 지금 따라 읊는 것도 '요무'다. 『마쿠라노소시』에 "정취 있다고 느 낀 노래를 책자에 적어 두었는데 시중드는 이가 그 노래를 외는 것이 야말로 싫다. 무턱대고 외워대는구나"라는 구절이 있다. 바로 이런 예 에 해당한다.

'우타후'가 소리를 길게 빼어 노래하는 것임에는 이론이 없다. 그에 비해 '요무'는 소리를 길게 빼지 않고 그저 말하듯이 중얼중얼 소리 내 어 읊는 것이다. 『만요슈』 권8에 "위의 두 수 와카미야 아유마로가 외 다(右二首若宮年魚麻呂誦之)", 권16에 "이 노래를 외다(誦此歌)", 또 권20에 "위의 두 수는 좌대신이 노래를 외고 나서 주인인 오하라 이마키가 답 가를 왼 것이다(右二首左大臣讀之, 主人大原今城博讀)"라고 되어 있는 것은 모 두 옛 노래를 소리 내어 읊은 것이다.

〔23〕 묻기를, '에이즈루(詠ズル, 음영하다)'라는 것은 어떠한가.

답하기를, 영(詠)자는 소리를 길게 빼어 노래한다는 뜻이다. 앞에서 인용한『상서』「순전」에 "노래는 말을 길게 하는 것이다(歌永言)"라고 되어 있다. 여기에 쓰인 영(永)자는 즉 영(咏)·영(詠)과 통하며, 가(歌)와 같은 뜻이다. 이런 연유로『설문해자』에서 "영(詠)은 가(歌)이다", "가(歌)는 영(詠)이다"라고 상호 주를 달고 있다. 그러므로 영(詠)자를 '나가무루(읊조리다)'나 '우타후(노래하다)'라고 훈독한다. 옛 노래도 새 노래도 소리를 길게 빼어 노래하는 것을 말한다.

그런데 후대에 이르러 '요무'에 이 영(詠)자를 사용하여 노래를 짓는 것이라 하는 것은 글자의 뜻에 맞지 않다. 다만 노래는 '우타후(노래하다)'라고 하는 것이 본래의 말이므로 영(詠)자를 쓰고 '우타후'라고 훈을 단다면 새로 짓는 경우에도 사용할 수 있다. '요무'라고 할 때 이 글자는 맞지 않다.

그러나 중고 이래 두루 영(詠)자를 '요무'라 하였다. 옛날에는 그저 소리를 길게 빼어 노래하는 경우에만 썼다. 영(詠)자를 쓴 예는『고사기』에 "이 노래는 요시노 국(吉野國)의 수령이 특산물을 헌상할 때마다 지금에 이르기까지 부르는 노래다(此歌者國主等獻大贄之時時恒至宇今詠之歌也)",『일본서기』 스진 천황(崇神天皇) 조에 "즉 앞의 노래를 다시 부르고(乃重詠先歌)" 등의 구절이 있다.『만요슈』 권16 아사카 산(あさか山)을 읊은 노래에 "이 노래를 부르다(詠此歌)"라고 있는데, 이것은 새로이 지은 노래지만 그것을 노래했다는 점에서 영(詠)자를 쓰고 있다. 노래는 본디 부르는 것이니, 새로이 짓는 노래도 영(詠)자를 쓰는 것은 노래한다는 뜻으로 그런 것이다. 그것을 '요무'라고 훈독하는 예는 옛날에는 보이지 않는다.

또한『만요슈』권7과 권10에는 '영천(詠天, 하늘을 음영하다)', '영월(詠月, 달을 음영하다)', '영조(詠鳥, 새를 음영하다)', '영하(詠霞, 안개를 음영하다)' 등의 예가 많다. 이러한 것들을 '노래하였다'라고는 말하지 않는다. 이는 한시에서 '영물(詠物)'이라고 하여 초목이나 금수, 그 밖의 무언가에 대해 'ㅇㅇ을 음영하다'라고 하는 것을 모방한 것이다. 그렇지만 이는 한시의 하나의 형태로, 두루 사용할 수는 없다. 따라서『만요슈』에서도 '영물(詠物)'에만 쓸 뿐, 모든 것에 쓰지는 않는다. '영련(詠戀, 사랑을 음영하다)'이나 '영술회(詠述懷, 마음을 음영하다)' 같은 표현은 없다.

어쨌든 노래를 읊는다고 할 때 항상 영(詠)자를 쓰는 것은 맞지 않다. 비슷하지만 '영가(詠歌)'라고 하는 것은 괜찮다. 이는 두 글자 모두 '노래하다'라는 뜻으로, 노래를 짓는다는 근본적인 의미에서 부합하기 때문이다. 그조차 후대에는 잘못 이해하여 '영가(詠歌)' 두 글자를 '노래를 읊다'라는 뜻으로 생각하는데, 이는 맞지 않다. 중국에서도 '영가(詠歌)한다'라고 말하듯, 두 글자는 각각 '노래하다'를 뜻한다. 따라서 '가영(歌詠)'이라고도 하는 것이다.

〔24〕 묻기를, '나가무루(읊조리다)'와 '우타후(노래하다)'는 차이가 있는가.

답하기를, 대체로 같지만 세세하게 구분하여 말하면 다음과 같다. '나가무루(읊조리다)'는 소리를 길게 끄는 것을 통틀어 말한다. '우타후(노래하다)'는 그 길게 끄는 말 중에 마침맞게 꾸민 것을 가리킨다. 그러므로 무릇 소리를 길게 끌며 말하는 것은 모두 '나가무루'다. 그 소리에 멋스러움을 가하여 마침맞게 읊조리는 것이 '우타후'다. 이런 까닭에 '우타후'를 가지고 '나가무루'를 뜻하는 경우는 많아도, '나가무루'를 가지고 '우타후'를 뜻하는 경우는 많지 않다. 따라서 영(詠)자는 '나가무루'에도 '우타후'에도 쓰지만, 가(歌)자는 '우타후'에만 쓰고 '나가무루'에는 쓰지 않는다. 중국에도 이런 의미에서 가(歌)자와 영(詠)자의 쓰임에 구별이 있는 것이다. 이에 대해서는 자세히 후술하겠다.

〔25〕 묻기를, 보통 '나가무루'는 '시름에 잠겨 한탄하다' 또는 '무언가를 지그시 보다'라는 의미로 사용한다. '소리를 길게 끌다'는 무슨 뜻인가.

답하기를, 하나의 말이 나중에는 여러 가지 의미가 더해지면서 얼토당토않은 의미로 전용되는 경우가 많다. '나가무루'도 그러한 예로, 후에 여러 의미로 바뀐 것이다.

그 유래를 상세히 말하면 우선 '나가무루'는 길게 늘인다는 뜻이다. 넓힌다를 '히로무루(ヒロムル)'라 하고, 굳힌다를 '가타무루(カタムル)'라 한다. 그러므로 '나가무루'는 본디 소리를 길게 내는 것이다.

『스미요시 모노가타리』에 "사람이라면 물어야 할 것을 긴 한숨을 내쉬며…", "찾아야 할 사람도 물가에 서 있는 가지 늘어뜨린 소나무에 끊임없이 바람 불겠지 하며 길게 탄식하는 것을 듣자니…"라는 구절이 있다. 또한 『마쿠라노소시』에도 "길게 탄식하며"라 있고, 『사고로모 모노가타리』에 "안에서 사람이 다가와 휘장 앞에 있는 사람에게 원망하는 마음을 빨리 노래로 읊으라고 소곤거리니, 당신의 길게 끄는 노랫소리가 좋다. 나는 더 해보라고 권하면서 웃으니…"라고 있다. 이러한 예를 보면 중고에도 변함없이 소리를 길게 낸다는 뜻으로 사용됨을 알 수 있다.

사람이 말하는 것에만 쓰는 것이 아니다. 『가게로 일기』에는 "멀리 떨어진 골짜기에서 희미하게 아주 앳된 소리로 길게 운다"라고 사슴의 울음소리를 말할 때도 사용하였다. 이는 모두 소리를 길게 내는 것이다.

또한 시름에 잠겨 한탄하는 것을 '나가무루'라 표현하는 예는 노래에도 모노가타리에도 많다. 이는 '나게쿠(ナゲク, 한탄하다)'라는 말과 같다. 그 까닭은 '나게키(ナゲキ, 한탄)'는 '나가이키(ナガイキ, 긴 숨)'인데, 이를 '나게쿠'로 활용한 것은 '이키(息, 숨)'와 '이키(生, 삶)'가 같은 말이기 때문이다. 삶과 죽음은 한 번의 숨에 의해 갈리는 것이다. 숨을 쉬면 살고 쉬지 않으면 죽는다. '이쿠(イク, 살다)'는 '이키스루(息スル, 숨쉬다)'라는 뜻이다. 본디 '숨'과 '삶'이 같은 것이므로 '숨'을 뜻하는 '이키'도 '이쿠'로 바뀐다. 따라서 숨을 길게 쉬는 것을 '나가이쿠'라 하고 그것을 축약하여 '나게쿠'라 하니, 즉 '나게쿠'는 숨을 길게 쉬는 것이다. 『만요슈』에 보면 '나가키케니 오모히유루카모(長氣所念鴨, 긴 한숨 쉬며 그리워하누나)'[297] 라고 읊은 구가 셀 수 없이 많다.

---

[297] '꽃 피어 열매 맺지 않아도 긴 한숨 쉬며 그리워하누나 황매화꽃이여'(萬葉集10·1860)

그런데 무슨 까닭에 숨을 길게 쉰다고 하는 것인가. 무릇 마음에 깊이 느끼는 바가 있으면 반드시 길게 숨을 쉰다. 흔히 이를 '다메이키 쓰쿠(タメイキツク, 한숨 쉬다)'라 한다. 한문에서도 '장대식(長大息)'이라 한다. 길게 숨을 토해냄으로써 마음에 맺힌 것이 풀리니 깊이 느끼는 바가 있으면 자연히 긴 숨을 쉬는 것이다. 『만요슈』 권8에 아래와 같은 노래가 있다.

　　　　파도 너머로 작은 섬 멀어져 가네 그대 탄 배도

　　　　아아 한스러워라 이것으로 이별이니[298]

여기서 '한스러워라'는 일본어로 '이키즈카시(イキツカシ)'다. 이 밖에 '나게키', '이키즈키'라는 말도 많이 쓰였다. 이로써 '나게쿠'의 뜻은 긴 숨을 쉰다는 것임을 알 수 있다. 즉 숨을 길게 쉬는 것이므로 '나게쿠'를 '나가무루'라 하는 것이다.

마음에 깊이 느끼는 바가 있으면 반드시 긴 숨을 쉬는 까닭에, 그 뜻이 바뀌어 느끼는 바를 이윽고 '나게쿠'라고도 '나가무루'라고도 한다. 이런 까닭에 '나게쿠'라는 말은 마음에 느끼는 것이라면 무엇에나 기쁠 때도 흥취가 있을 때도 즐거울 때도 모두 쓴다.

　등의 예가 다수 있다.
298　733년 4월 나니와를 출발하는 견당사에게 보낸 가사노 가나무라(笠金村)의 노래에 대한 답가.(萬葉集8·1454)

그런데 후대에 이르러 특히 울적하고 슬픈 경우에만 쓰게 된 것이다. '나가무루'도 마찬가지다. '나게쿠'에는 탄(歎)자를 쓴다. 자전에 "탄(歎)은 음(吟)이다"라고도 "대식(大息)이다"라고도 주가 달려 있다. 보통 '탄식(歎息)'이라고 한다. 우리나라 말의 '나게쿠'에 잘 맞는다. 또한 '칭탄(稱歎)', '탄미(歎美)'라는 말도 있는데, 이때 쓰인 탄(歎)자의 뜻도 슬픈 일에만 한정되지는 않는다.

이와 같이 마음에 깊이 느끼는 바가 있을 때는 반드시 긴 숨을 쉰다. 이것이 곧 '나게쿠'이며 '나가무루'다. 그때는 숨뿐만 아니라 소리도 길게 내는 것이다. '아나', '아야', '아아', '아하레'라는 말은 모두 이러한 긴 숨과 함께 섞여 나오는 소리다. 감정의 깊이에 따라 절로 소리가 길게 나오는 것이다. 이 또한 즉 '나가무루'다.

『겐지 모노가타리』 「미오쓰쿠시」권에 "아아 하고 길게 혼자 탄식하신다"라는 구절이 있다. 이는 '아아(아하레)'라는 소리를 길게 늘여 말한 것이다. 『고킨와카슈』에 실린 장가 중에 '아아 아아 한탄한 나머지'라는 구가 있다. 이는 긴 숨에 '아아(아하레)'라는 말이 섞여 나온 것이다. 이처럼 긴 숨을 토하며 '아아 아아'해도 후련해지지 않을 때는 그 마음에 느끼는 바를 탄식하며 말을 늘어놓는다. 그 말이 마침맞게 정돈되어 멋스러울 때, 이것이 곧 '우타후(노래하다)'이고 '우타(노래)'다.【이에 관해서는 앞에서 자세히 말하였다】

『시경』 서문에 "감정이 속에서 움직여 말로 나타난다. 말로 해도 부족하니 고로 탄식이 나온다. 탄식을 해도 부족하니 고로 노래를 읊는다"라는 구절을 보면, 한시도 마찬가지다.

따라서 숨을 길게 쉬는 것, 아아(아하레)라는 말을 길게 하는 것, 노래
하는 것이 모두 통하니 이를 '나가무루'라 한다. 이는 모두 감정에 겨
워 견디지 못할 때 나오는 것이다. 그 깊은 감정을 토로하는 것을 '나
가무루'라 하는 것에 관해서는 앞에서 말한 바와 같다.

〔26〕 묻기를, '무언가를 지그시 보다'를 '나가무루'라 함은 무슨 까닭인가.

답하기를, '나가무루'는 본디 소리를 길게 내는 것인데, 그 뜻이 바
뀌어 시름에 잠길 때도 쓰는 말이다. 앞에서 상세히 말한 바와 같다.
삼대집(三代集)[299] 시대까지도 여전히 이렇게 쓰였다. 모노가타리에
도 대개는 이 두 의미로만 쓰였고, '보다'의 뜻으로 쓰인 경우는 드물
다. 그런데『센자이와카슈(千載和歌集)』,『신고킨와카슈(新古今和歌集)』무
렵부터 오로지 '보다'의 뜻으로만 쓰인 것은 그 의미가 완전히 바뀐 것
이다. 이에 대해서는 두 가지로 생각해볼 수 있다.

첫째, 시름에 잠길 때는 평소 보고 듣는 것에 더욱 마음이 머물러
문득 보이는 구름과 안개, 초목에도 눈길이 가 지그시 보게 된다. 시
름에 잠기는 것을 '나가무루'라 하니, 그에 따라 무언가를 지그시 바라
보는 것도 이윽고 '나가무루'라 하였다. 때문에 반드시 시름에 잠길 때

---

299 천황의 명으로 이루어진 칙찬집 중『고킨와카슈』,『고센와카슈』,『슈이와카슈』를 말한다.
    '삼대집'의 '삼대'는 다이고 천황, 무라카미 천황, 가잔 천황(花山天皇)의 3대를 가리킨다.

가 아니라도 그저 지그시 바라보는 것을 가리킬 때 이 말을 쓰게 되었다. 그러므로 중고에는 시름에 잠길 때도 무언가를 볼 때도 다 쓰는 것처럼 여겨져, 노래에도 설명글에도 많이 썼다. 시름에 잠길 때는 으레 무언가를 지그시 보기 때문이다.

『가게로 일기』에 "이것저것 바라보며 생각에 잠겨", 또 "이런 것을 질리지도 않고 지그시 바라볼 때"라는 말은 실로 '나게쿠(한탄하다)'와 같다. 시름에 잠긴다는 뜻이다. 또한 『가게로 일기』에 다음과 같은 노래가 있다.

　　아무리 연모해도 헛되이 세월만 지났다며 홍매화를 바라보니
　　내 소맷자락도 피눈물로 꽃처럼 붉게 물들었구나[300]

『겐지 모노가타리』「데나라이」권에도 다음 노래가 있다.

　　산 끝자락에 달이 숨을 때까지 바라보네
　　침소 지붕 틈새로 빛이 스며들기를[301]

위의 노래에 쓰인 '나가무루(바라보다)'는 두 가지 뜻을 겸한 것처럼

300　후지와라노 미치쓰나(藤原道綱)가 야마토의 여인에게 보낸 노래.(蜻蛉日記309)
301　우키후네에게 다가가고자 하는 중장(中將)의 노래.(手習⑥318)

생각된다. 이러한 예가 많다.

둘째, 삼대집에 실린 노래에도 설명글에도 시름에 잠겨 한탄하는 것을 '나가무루'라 하는데, 무언가를 보는 것처럼 여겨지기도 하여 헷갈리는 경우가 많았다. 본다는 뜻으로 잘못 이해한 뒤에는 그 뜻으로 쓰게 되었다. 그러므로 옛 노래에서 시름에 잠긴다는 뜻으로 읊은 것을, 본다는 뜻으로 잘못 파악하는 경우가 지금도 많다.

이상의 두 가지 설명을 놓고 보니, 역시 전자가 더 적절한 것 같다. 어쨌든 '시름에 잠기다'에서 뜻이 바뀐 것은 틀림없다.

한편 '나가무루'에 조(眺)자를 쓰기도 한다. 이 한자는 "시(視)이다", "망(望)이다"라고 주가 달려 있어 후에 무언가를 '보다'로 쓴다. 말의 뜻에 부합하지 않는다. '나가무루'에는 영(詠)자가 잘 들어맞는다. 단 후대의 노래에서 보는 것을 '나가무루'라 하면서 영(詠)자를 쓰는 것은 아무리 글자는 빌린 것이라 하더라도 심히 거슬린다.

이소노카미 사사메고토 권2

〔27〕 또 묻기를, '야마토우타(ヤマトウタ)'라고도 하고 '와카(倭歌)'라고도 하는 것은 어째서인가.

답하기를, '야마토우타'는 옛말이 아니다. '와카'라고 쓰게 된 이후에 그 글자에 따라 쓰기 시작한 말이다.

〔28〕 묻기를, 그러면 '와카'에 대해 설명해 달라.

답하기를, '와카'라는 명칭은 옛날에는 없었다. 『고사기』와 『일본서기』에는 오로지 '우타(歌)'라고만 되어 있다. '와카'라 부른 연유는 이러하다. 후대에 중국 서적만을 익히게 되어 한시를 지었는데, 중국에도 '가(歌)'라는 말이 있어 혼란을 피하기 위해 우리 것을 '와카(倭歌)'라 부르게 된 것이다. 이에 대해 두 가지로 추정할 수 있다.

첫째는 중국에서 각 나라의 노래를 제가(齊歌), 초가(楚歌)라 구별하듯 왜가(倭歌, 와카)라 한 것이다. 둘째는 중국의 시가에 대비되는 말로 사용한 것이다. 대개 무엇에나 '화(和)'와 '한(漢)', '가라(カラ)'와 '야마토(ヤマト)'를 대비하여 말하는 경우가 많으므로 후자가 더 타당하리라. 양쪽다 마찬가지이나 약간의 차이가 있어 두 가지로 추정해본 것이다.

'와카'라는 말이 처음 보이는 것은 『만요슈』 권5의 "서전에서 이별

주연을 연 날에 읊은 와카 4수【730년의 노래다】", [302] 또 권20의 "전 태상 천황이 부종 대부에게 말씀하시기를, 여러 공경들은 잘 어울리는 와 카를 지어 주상하시오…" [303] 다. 그리고 후에는 『일본후기(日本後紀)』를 비롯하여 역대 사서 등, 그 외에도 한문으로 쓰인 책에 많이 보인다.

그도 그럴법하다. 가나로 쓴 글에는 절대로 쓰지 않아야 하는데, 그 말에 익숙해져 후대에는 모노가타리 책에도 종종 보인다. 한문으로 쓰였어도 오로지 노래만을 다룬 서적에는 '우타(歌)'라고 써야 한다. 이 런 연유로 『만요슈』는 노래의 설명글이 전부 한문인데도 그저 '우타 (歌)'라고만 쓰여 있다. '와카(倭歌)'라 쓰인 것은 앞에서 든 두 예뿐이다. 더구나 권5의 예는 그날 한시도 지었을 테니 구별하여 쓴 것이리라. 권20의 예는 칙명에 쓰인 말이기 때문에 이것도 한시와 혼동되지 않 도록 썼을 것이다. 이외에 '와카(倭歌)'라 쓴 예는 없다.

『만요슈』 곳곳에 '와카(和歌)'라 쓰여 있는 것은 후대의 가집에서 말 하는 답가(答歌)다. 한시의 화운(和韻)에 따라 화(和)자를 쓴 것이다. '야 마토우타'라는 뜻이 아니다.

요즈음 간행된 책의 표제에 '만요와카슈(萬葉和歌集)'라 쓰여 있는 것

---

302 "書殿餞酒日倭歌四首". 730년 12월 대재부의 장관이었던 오토모노 다비토(大伴旅人)가 도읍으로 돌아가게 되어 송별의 연회를 서전(書殿)에서 개최했을 때, 주최자인 야마노우 에노 오쿠라(山上憶良)가 읊은 노래.(萬葉集5·876~879)

303 "先太上天皇詔陪從王臣曰夫諸王卿等宣賦和歌而奏…". 753년 5월 겐쇼 천황(元正天皇) 이 행차에 따라온 신하들에게 와카를 잘 지어 올리라고 칙명을 내렸다. '야마무라(山村) 에 행차하셨을 때의 노래 2수'.(萬葉集20·4293)

은 제대로 모르는 사람들이 잘못 쓴 것으로 말할 가치도 없다. '와카슈'라는 제호(題號)는 『고킨와카슈』로부터 시작된 것이다. 엔기(延喜) 연간(901~923)에 편찬된 칙찬집을 『고킨와카슈』라 명명하고, 그 한문 서문을 "무릇 와카는(夫和歌者)"이라고 시작하였다. 기노 쓰라유키가 선집한 『신센와카(新撰和歌)』[304] 서문에도 '와카(和歌)'라 하였다. 이처럼 노래만 다루는 책에서 '와카(和歌)'라 하는 것은 다소 적절치 않지만, 내세워 말할 때는 반드시 '와카(和歌)'라 썼다. 그것이 관례가 되어 나중에는 점차 그렇게만 쓰게 된 것이리라.

〔29〕 묻기를, '와카(倭歌)'라 쓰는 이유는 이해하였다. 그런데 '야마토우타'라 쓰는 것은 무슨 연유에서인가.

답하기를, '야마토우타'란 옛말이 아니다. '왜가(倭歌)'라는 한자로부터 생긴 말이다. 무릇 말에는 예부터 있었던 우리나라 말과 한자에 의해 만들어진 말이 있다. 예를 들면 '종묘(宗廟)'를 '구니이헤(クニィヘ)'라 읽고, '납언(納言)'을 '모노마우스 쓰카사(モノマウスツカサ)'라 읽는데, 이는 옛말이 아니다. 한자를 훈독한 데서 나온 말이다. '야마토우타'도 이런 부류다. 그 이치를 따져 말하면 다음과 같다.

중국에도 '가(歌)'가 있고, 또 한시와도 헷갈리므로 '와카(倭歌)'라고

304　다이고 천황의 명으로 편찬된 기노 쓰라유키의 사찬집(私撰集). 『고킨와카슈』에 수록되어 있는 노래가 대부분이고, 한문 서문이 있다. 『신센와카슈(新撰和歌集)』라고도 한다.

쓰려는 것은 일견 이치에 맞는 듯 보인다. 그러나 '우타'는 중국에는 없으니 혼동될 일이 없다. 따라서 '야마토우타'라 하는 것은 번잡스럽다. 그렇기는 하나 대체로 '와카(倭歌)'라 쓰고, 그 한자를 그대로 '야마토우타'라 읽는 것이 보편화되었기에, 원래부터 있던 옛말처럼 생각하는 사람도 있다. 지금 그렇게 부르는 것을 반드시 나쁘다고는 할 수 없지만, 그 유래를 잘 헤아려 속설에 현혹되어서는 안 된다.

'야마토우타'라는 말은 『이세 모노가타리』의 "매사냥은 그리 열심히 하지 않고 오로지 술만 마시며 야마토우타를 읊는 데 열심이다"라는 구절에 처음으로 보인다. 여기서는 한시도 함께 지어야 하는 까닭에 구별하여 이렇게 말한 것이리라. 또한 『겐지 모노가타리』에는 한시도 함께 지어야 해서 혼동될 때 "중국의 것도 야마토의 것도"라 한 예가 있다. 보통은 그저 '우타'라고만 쓰여 있다.

그런데 『고킨와카슈』 서문 첫머리에 "야마토우타는"이라고 쓰여 있는 까닭은 다소 납득하기 어렵다. 이 책은 오로지 노래만 싣고 있으며, 서문에서 특별히 그 개념을 정의하고 있으므로 '야마토우타는'이 아니라 그저 '우타는'이라고 썼으면 좋았으리라. 그런데 후세에 이를 해석하면서 '야마토'에 이러저러한 의미를 붙여 대단한 것인 양 꾸며 말한 것은 심히 근거도 없고 어리석다. '야마토'는 '우타'에 붙는 말이 아니다. '야마토우타'는 '와카(倭歌)'라는 말이 생겨난 후에 그 한자를 훈독한 것으로, 옛말도 아니다. 왜(倭)자를 붙인 것은 중국의 시가(詩歌)와 구분하여 우리나라의 노래를 말하고자 하였을 뿐이다.

게다가 중국 노래와 헷갈릴 일이 없을 때는 '우타'라고만 해도 될 텐데, 후대에 '야마토우타'라 하면 상서로운 것인 양 생각하여 그렇게 쓰는 것은 크게 잘못되었다. 혹은 지방의 히나부리(夷曲)에 대해 도읍의 노래를 '야마토우타(大和歌)'라 한다는 속설은 말할 가치도 없다. 또한 노래를 부르면 '크게(大)', '마음이 누그러진다(和)'는 뜻에서 '야마토우타(大和歌)'라고 쓴다는 설은 더욱 논할 가치가 없다. '야마토'는 단지 우리나라를 가리키는 명칭으로, '우타'에 붙는 것이 아님을 명심해야 한다.

〔30〕 묻기를, '야마토(ヤマト)'라는 말에는 예로부터 여러 설이 있다. 상세히 알려 달라.

답하기를, '야마토'는 '우타'에 붙는 것이 아니므로 여기서 상세히 말할 필요는 없다. 그러나 '야마토우타'라는 말이 생기고 그 말에 익숙해진 탓에, 후대에는 노래를 말할 때 가장 먼저 '야마토'에 대해 논하게 되었다. 이로 인해 여러 설이 생겨나서 사람들이 현혹된 것이니 제대로 분별해야 한다.

우선 '야마토'는 본래 한 나라의 이름으로, 지금도 야마토 국(大和國)을 가리킬 때 쓰는 말이다. 진무 천황이 야마토 국의 가시와라 궁(橿原宮)에서 처음으로 천하를 다스린 이래로 역대 천황의 도읍은 모두 이곳에 조영되었다. 도읍의 이름이 곧 나라의 이름이므로, 나중에는 '야마토'가 자연스럽게 천하를 가리키는 총칭이 된 것이다.

〔31〕 묻기를, '야마토'라는 명칭은 언제부터 시작되었는가. 진무 천황의 또 다른 이름이 '간야마토 이와레비코노 미코토(神日本磐餘彦尊)'인데, 혹설에 진무 천황 시대의 도읍이기 때문에 그 호칭을 따서 '야마토'라 하게 되었다는 설은 어떠한가.

답하기를, 그렇지 않다. '야마토'라는 말은 야치호코 신이 읊은 노래에도 보이고,[305] 또 니기하야비 신이 강림할 때 '소라미쓰 야마토노쿠니(虛空見日本國)'[306]에도 보이므로 신대부터 있었다. 진무 천황의 또 다른 이름은 이 야마토 국의 이름에서 비롯한 것으로 나중에 붙여진 것이다. 『일본서기』 신대권에 "사노노 미코토(狹野尊)는 간야마토 이와레비코노 미코토(神日本磐餘彦尊)라고도 한다. 사노란 어렸을 때의 이름이다. 후에 천하를 평정하고 야시마(八洲, 여덟 섬나라)를 다스리게 되었다. 그리하여 간야마토 이와레비코노 미코토라는 칭호가 붙여졌다"라는 구절이 있다. 이 문장은 의심스럽기는 하지만, '간야마토 이와레비코노 미코토'가 본래의 이름은 아니라는 증거가 될 만하다. 본기에도 그러한 내용이 보인다.[307] 또한 '이와레'도 야마토 국의 지명이다. 그러므로 진무 천황의 이름에서 생겨난 국호가 아니라는 점은 분명하다.

---

305 야치호코 신(오쿠니누시 신의 별칭)이 정처 스세리비메의 질투에 못 이겨 이즈모 국에서 야마토 국으로 가려 할 때 부른 노래에 나온다.(古事記90)

306 진무 천황 31년 4월 기사에 니기하야비가 강림할 때 하늘에서 내려다보고 좋은 나라라 하여 야마토 국을 택하였다는 데서 유래한 이름이다.(日本書紀①237)

307 진무 천황 원년 정월, 처음으로 천하를 다스린 천황이라는 뜻으로 이름 하여 '간야마토 이와레비코 호호데미노 스메라미코토(神日本磐餘彦火火出見天皇)'라 하였다는 내용이 있다.(日本書紀①233)

〔32〕묻기를, 혹설에 '야마토'는 원래부터 천하를 가리키는 총칭인데, 진무 천황 이후 도읍이 있는 곳을 가리키는 별칭이 되었다는 설은 어떠한가.

답하기를, 매우 잘못된 설이다. 대개 지명이라는 것은 원래 별칭이 었던 것을 후에 총칭으로 쓰는 일이 많다. 반대로 본래 총칭이었던 것을 후에 별칭으로 쓰는 예는 없다. 예를 들어 스루가 국(駿河國) 스루가 군(駿河郡) 스루가 향(駿河鄕), 이즈모 국(出雲國) 이즈모 군(出雲郡) 이즈모 향(出雲鄕), 아키 국(安藝國) 아키 군(安藝郡) 아키 향(安藝鄕), 오호스미 국(大隅國) 오호스미 군(大隅郡) 오호스미 향(大隅鄕)처럼 모두 원래는 고을의 이름인데 군의 이름에도 사용하고, 또 그 군의 이름을 종국에는 일국(一國)의 총칭으로도 사용한 것이다. 또한 쓰쿠시(筑紫)는 본래 지금의 지쿠젠(筑前)과 지쿠고(筑後)에 해당하는데, 나중에 규슈(九州)의 총칭이 되었다. 또 미치노쿠(陸奧)를 나누어 데와(出羽)를 세웠을 때도 데와 군의 이름을 따서 일국의 총칭으로 삼았다. 가가 국(加賀國)도 그러하다. 어느 것이나 모두 별칭에서 비롯하여 나중에 총칭이 된 것이다. 이러한 예를 들 것도 없이 '야마토'는 신대의 옛말에도 단지 일국의 명칭으로만 쓰였고, 진무 천황 이후까지도 총칭으로 쓰인 예는 보이지 않는다.

〔33〕묻기를, 『일본서기』 진무 천황 조에 "(야마토 평정 후) 천황이 행차하여 와카가미(腋上)의 호호마(嗛間) 언덕에 올라 나라의 모습을 내려다보시고 말씀하시기를, '아, 나라를 얻었구나. 우쓰유후노 마사구니(內木綿之眞迮國, 아주 협소한 나라)이기는 하나, 잠자리가 꼬리를 이은 듯 산으로 둘러싸여 있구나'라 하였다. 이

에 연유하여 비로소 아키즈시마(秋津州)라 이름 하였다. 그 옛날 이자나기 신이 이 나라를 이름 하여, '야마토는 우라야스구니(浦安國, 평온한 나라), 호소보코노 지다루쿠니(細戈の千足る國, 정밀한 무기가 구비된 나라), 시와가미노 호즈마구니(磯輪上の秀眞國, 실로 뛰어난 나라)'라 하였다"라는 부분에 '야마토는'이라는 구절이 있다. 전후 문맥의 모든 명칭이 천하의 총칭이므로 야마토도 이자나기 신의 시대부터 일찍이 총칭으로 쓰인 것이 아닌가.

답하기를, 이는 모두 일국을 지칭하는 것이다. '나라의 모습을 내려다보시고'라는 구절에서도 알 수 있다. 광대한 천하를 어찌 한 눈에 볼 수 있으랴. 또한 '우쓰유후노(마쿠라코토바, 뜻은 미상) 마사구니'라는 것도 명백히 일국을 가리키는 것으로 들린다. '마사구니(眞迮國)'는 '마세바구니(眞狹國, 아주 협소한 나라)'다. 이 또한 천하를 어찌 그렇게 말할 수 있겠는가. 그렇기 때문에 '우라야스구니(浦安國)' 등도 모두 일국을 지칭하는 것이다.

그런데 『석일본기(釋日本紀)』 등에 이러한 것에 대해 총칭으로 주를 달고 있는 것은 심히 잘못되었다. 야마토 국은 바다가 없으니 '우라야스(浦安, 포구가 잔잔하다)'라고 할 수 없다고 의심하는 사람이 있을 테지만, 이는 '우라나키(うらなき, 안심이 되는)', '우라가나시(うらがなし, 어쩐지 슬프다)', '우라사비시(うらさびし, 어쩐지 쓸쓸하다)' 등에 쓰인 '우라(うら)'로, 포(浦)자는 음차 표기다.

한편 후대에 '야마토'가 총칭이 되고 나서, 그 외 '아키즈시마(秋津洲)' 등도 총칭이 되었다.

〔34〕 묻기를, 『일본서기』 신대권에 "곧 오호야마토 도요아키즈시마(大日本豐秋津洲)를 낳았다"라는 구절이 있다. 이는 규슈와 시코쿠(四國) 등 떨어져 있는 나라들을 제외하더라도 역시 총칭이라고 해야 하지 않는가.

답하기를, 먼저 '오호야시마(大八洲)'라 함은 그 대소와는 관계없이 바다를 사이에 두고 떨어져 있는 나라를 하나의 섬으로 쳐서 여덟이라는 것이다. 여기서 여덟이란 『고사기』에 의하면 "아와지노호노 사와케노시마(淡道之穗之狹別島), 이요노 후타나노시마(伊豫之二名島), 오키노미쓰고노시마(隱伎之三子島), 쓰쿠시노시마(筑紫島), 이키노시마(伊伎島), 쓰시마(津島), 사도노시마(佐度島), 오호야마토 도요아키즈시마(大倭豐秋津島)"를 말한다. 『일본서기』에는 "오호야마토 도요아키즈시마(大日本豐秋津洲), 이요노 후타나노시마(伊豫二名洲), 쓰쿠시노시마(筑紫洲), 오키노시마(隱岐洲), 사도노시마(佐度洲), 고시노시마(越洲)【의문의 여지가 있다】, 오호시마(大洲), 기비노 고지마(吉備子洲)"라고 되어 있다.

이 중 '오호야마토'는 일곱 개 섬을 제외하고 경계가 이어진 나라들을 일괄하여 말한 것이므로 역시 총칭이다. 그렇지만 이는 총칭이 된 이후에 쓰인 말로, 신대의 옛말은 아니다. 위의 진무 천황 조에 "비로소 아키즈시마라 이름 하였다"라는 구절을 보고 알 수 있다. 신대부터 전해 내려오는 천하의 총칭은 '아시하라노 나카쓰쿠니(葦原中國)', '오호야시마구니(大八洲國)' 등이다. 이 중에 신대의 옛말을 생각하면 천상에서 지상의 국토를 가리켜 '아시하라노 나카쓰쿠니'라 하고, 지상에서 말할 때는 '오호야시마구니'라 하는 것이다. '야마토'라는 총칭으로 쓰인 예는 신대에는 보이지 않는다. 이는 후대의 일이다.

〔35〕묻기를, 그렇다면 "아시하라노 나카쓰쿠니를 낳았다"거나 "오호야시마 구니를 낳았다"고 써야 하는데, 왜 『고사기』나 『일본서기』에 모두 '오호야마토'라 쓰여 있는가.

답하기를, '아시하라노 나카쓰쿠니'는 본래 천하의 총칭이므로, 그 속에는 나머지 일곱 섬도 들어 있다. 여기서는 그 일곱 섬을 빼고 말하는 것이므로, '아시하라노 나카쓰쿠니'라고도 '오호야시마구니'라고도 하기 어렵다. '야마토'는 본래 일국의 명칭으로 다른 나라까지는 미치지 못하지만 후에는 총칭이 되었기에, 그 일곱 섬을 뺀 총칭으로 빌려 쓴 것이다. 예컨대 이요(伊豫)도 일국의 이름인데 시코쿠의 총칭으로 빌려 썼다. 쓰쿠시도 그러하다. 이러한 것을 아울러 생각해야 한다.

〔36〕묻기를, '야마토'가 본래 일국의 명칭이라는 것은 알았다. 그럼 총칭이 된 것은 언제부터인가.

답하기를, 언제부터랄 것도 없이 자연스럽게 그리 되었을 것이다.

총칭으로 쓰인 예가 옛말에 확실히 보이는 것은 『고사기』에서다. 닌토쿠 천황이 히메지마(日女島)에 행차하였을 때, 기러기가 산란하는 일이 있어 다케노우치노스쿠네를 불러 이에 대해 물었다. '다케노우치노스쿠네여, 오랜 세월 살아온 그대는 야마토 국에서 기러기가 알을 낳았단 이야기를 들은 적이 있는가.' 이에 다케노우치노스쿠네가 답한 노래에도 '야마토 국에서 기러기가 알을 낳았단 이야기는 들은 적이 없나이다'라고 하였다. 『일본서기』에는 "가와치 국(河內國) 만타 둑(茨田堤)에서 기러기가 산란하였다"라고 되어 있다.

어느 쪽이라 해도 야마토 국내의 일은 아니다. 더구나 기러기의 산란은 우리나라에서는 드문 일이므로, 여기서의 '야마토'는 총칭이다. '소라미쓰(虛空見)'라는 마쿠라코토바는 '야마토'를 꾸며주는 말이기 때문에 총칭일 때도 쓸 수 있다. 『일본서기』에 실린 노래는 두 수 모두 '아키즈시마 야마토'라고 되어 있다. 같은 것이다. 이 시대에 벌써 이렇게 읊은 것을 보면, 이보다 앞서 일찍이 총칭이 되었음을 알 수 있다.

〔37〕 묻기를, 본국의 별칭을 가지고 천하를 가리키는 호칭으로 삼는 것은 중국 역대의 통례다. 우리나라도 이에 따라 '야마토'를 총칭으로 사용한 것인가.

답하기를, 위에서 닌토쿠 천황의 치세에 일찍이 천황이 읊은 노래에도 쓰였다고 말했을 뿐인데, 어찌하여 그리 묻는가. 그 시대에 이미 중국 서적이 전해진 것은 사실이지만, 아직 중국풍은 조금도 섞이지 않아 신대의 뜻을 잃지 않은 때였다. 그런데도 중국 서적을 두루 익혀 무슨 일이나 중국을 따라 하는 후대의 시각에서 보기 때문에, 신대부터 있었던 일도 중국을 따라 한 게 아니냐고 의심부터 하는 것이다. 대체로 만사는 똑똑한 체하는 후대에나 우리나라와 다른 나라의 차이도 많은 것이지, 상고의 모습은 어디라도 비슷하여 여기나 거기나 절로 뜻이 상통하는 일이 많다. 그러므로 중국의 역대 국호도 '야마토'가 통칭이 된 것과 자연히 비슷하리라.

〔38〕 묻기를, '야마토'라는 이름의 뜻은 무엇인가.

답하기를, 그 뜻은 확실치 않다. 고래로 설은 분분하지만 모두 맞지 않다. 근래에 나온 설도 있으나 들어맞지 않는다. 이에 곰곰이 생각해 보건대, '야마토'는 '산이 있는 곳(山處)'이라는 뜻일 것 같다.

그리 말하는 까닭은 다음과 같다. 『일본서기』 진무 천황 조에 시오쓰쓰 영감이 천황에게 "동쪽에 아름다운 곳이 있다. 청산이 사방을 에워싸고 있다…"라고 말하는 장면이 있는데, 이것이 야마토 국에 대한 설명이다. 『고사기』에도 야마토타케루가 읊은 노래에 '야마토는 나라 안에서도 가장 좋은 곳이로다, 겹겹이 푸른 울타리, 산 중에 있는 야마토는 아름답도다'[308]가 있다. 이와 더불어 생각해야 한다. 여기서 '겹겹이'에 해당하는 일본어 '다타나즈쿠(タタナヅク)'는 '다타나와리쓰쿠(疊附, 겹쳐 있다)'라는 뜻이다. 또한 『일본서기』 진무 천황 조에 "오호아나무치 신이 명명하여 아름다운 울타리 속의 나라(玉牆內國)라고 말씀하셨다"라는 구절도 푸른 산으로 둘러싸여 있음에 유래한 이름이다. 『고사기』에 실린 닌토쿠 천황의 황후 이와노히메의 노래에는 '오

---

308 '倭は 國のまほろば たたなづく 靑垣 山隱れる 倭しうるはし'(古事記233)

다테(小楯, 방패로 에워싼) 야마토'[309]라는 표현이 있는데, 이 또한 방패를 세운 듯 산으로 둘러싸인 데 유래한 것이다. 한편 진무 천황이 '우쓰유후노 마사구니'라 했던 것도, 『만요슈』권9 우나이(菟原)의 오토메즈카(處女塚)를 보고 읊은 장가에 '우쓰유후노 고모리테(盧木綿乃牟而, 틀어박혀)'[310]라는 구절과 함께 보아야 한다.

위의 옛말들은 모두 청산이 에워싸고 있는 나라를 말하므로, '야마토'의 뜻은 '산이 있는 곳(山處)'임이 분명하다. 이와 같이 대개 옛말에 야마토를 설명할 때는 산으로 둘러싸인 곳이라고 할 뿐이다. 또한 야마토 북쪽에 있는 나라를 야마시로(山背)라 하는 것도 고려할 만하나.

'야마토(山處)'의 뜻으로는 두 가지를 생각할 수 있다. 하나는 장소(處)를 뜻하는 '토(卜)'다. 다치도(立所), 후시도(伏所), 하라이도(祓所) 등의 '토(도)'가 모두 장소를 뜻한다. '야마토'의 '토'는 이러한 말들과 접속의 형태는 다르지만 뜻은 같다. 야도(宿), 사토(里) 등의 '토(도)'도 같은 뜻이리라. 또한 지(止)자를 '토'라고 읽는 것은 다음에서 확인할 수 있다. 『일본서기사기(日本書紀私記)』[311]에 "옛말에 거주(居住)를 토(止)라 한다"

---

309 이와노히메 황후가 야마시로 국(山城國)으로 들어가 칩거하였을 때, 가쓰라기 궁(葛城宮)이 있는 쪽을 바라보며 노래를 읊었다. '(겹겹이 봉우리가 보이는) 야마시로 강(山背河)을 궁을 지나 거슬러 올라가면 (푸른 빛 감도는) 나라(奈良)를 지나 (방패로 에워싼) 야마토를 지나 내가 보고 싶은 곳은 가쓰라기 궁 나의 고향집 주변이로다'(古事記294)

310 다키하시노 무시마로의 장가.(萬葉集9·1809)

311 『일본서기』는 성립 이후 궁정에서 강독이 이루어졌는데 그때의 공식 강서기록을 '일본서기사기' 또는 '일본기사기'라 한다. 최초의 강독은 721년, 그 후에도 7회에 걸쳐 행해졌다고 알려져 있으나, 현전하는 것은 갑을병정 4종류 정도다.

고 쓰여 있다. 자전에도 "거(居)라고도 주(住)라고도 한다"고 주가 달려 있다. 『설문해자』에는 "처(處)를 토(止)라 한다"고 주가 달려 있다. 『옥편(玉篇)』에는 "처(處)를 거(居)라 한다"고 주가 달려 있다. 이러한 것들을 함께 고려해야 한다.

다른 하나는 '야마쓰토코로(ヤマッ卜コロ, 산이 있는 곳)'의 축약형으로 보는 것이다. '쓰토(ッ卜)'를 축약하면 '토(卜)'가 된다. '토코(卜コ)'를 축약해도 '토로(卜ロ)'를 축약해도 '토'가 되므로, '쓰토코로(ッ卜コロ)'의 네 음절이 '토'라는 한 음절로 줄어 '야마토'가 된 것이다. 이 또한 앞의 뜻과 자연히 상통한다.

〔39〕 묻기를, 『일본서기사기』의 "천지가 나뉘어 흙탕물이 아직 마르지 않았다. 이에 산에 살면서 왕래하였고, 때문에 밟아 다진 흔적이 많았다. 그래서 야마토(山跡)라 하였다. 산(山)을 야마(ヤマ)라 하고 흔적(跡)을 토(卜)라 하였다. 또한 옛말에 거주(居住)를 토(卜)라 하였다. 그 뜻은 산에 머물며 사는 것이다"라는 설은 어떠한가.

답하기를, 이는 원래 천하의 총칭이라는 것을 전제로 하는 설이므로 그릇된 것이다. '야마토'가 본디 일국의 명칭이라는 점은 앞에서 말하였다.

설령 원래 총칭이라 해도 이 설은 받아들이기 어렵다. 그 까닭은 우선 이 설은 '야마토'를 산을 밟은 흔적(山跡, 야마토)과 산에 머물며 사는 것(山止, 야마토) 두 가지로 풀이하는데, 둘 다 흙탕물이 아직 마르지 않아서 산에 살았다고는 볼 수 없기 때문이다.

『일본서기』신대권에 "옛날 나라가 어리고 땅이 어릴 때(古國稚地稚之時)"라는 표현이 있기는 하지만, 그것은 이자나기·이자나미 두 신이 존재하기도 전의 일이다. 사람과 만물은 말할 것도 없고 국토도 아직 생기기 전인데, 어찌 산에 산다고 하겠는가. 그 밖에 흙탕물이 마르지 않았다느니 산에 살았다느니 하는 것은 어느 문헌에도 보이지 않는다. 그런 일이 있을 법하지도 않다. 모두 망설이다.

'야마토'를 일국의 이름으로 보면 더욱 맞지 않는다. 게이추가 "오직 야마토 국만 흙탕물이 마르지 않았을 리 없으므로 이 설을 취하지 않는다"라고 했는데 바로 그러하다. 단 게이추는 여전히 '산을 밟은 흔적(山跡)'의 야마토를 취하여, "야마토 국은 사방이 산이기 때문에 산속에 왕래한 흔적이 많으리라"고 하였다. 『고킨요자이쇼』에 "『만요슈』에도 야마토(山跡)라 쓰는 예가 많고, 특히 권4에는 설명글에도 그리 쓰여 있기 때문"이라고 하지만, 나는 그리 생각하지 않는다.

왜냐하면 왕래한 흔적이 산에 많다고 하여 나라 이름이 될 법하지는 않기 때문이다. 산에 살았다는 설을 취한다면 그럴 수도 있으리라. 산에 살았다는 뜻을 취하지 않는 이상, 흔적의 뜻이라고는 볼 수 없다. 아마도 흙탕물이 아직 마르지 않아 산에 살면서 왕래하였고, 때문에 밟아 다진 흔적이 많았다는 설은 옛 문헌에 쓰인 산적(山跡)이라는 글자에 끌려서 그랬던 것 같다. 또한 산에 살았다고 하거나 산에 사는 연유를 말하려고 구태여 흙탕물이 아직 마르지 않았다는 구절을 갖다 쓴 것으로 볼 수도 있다. 게이추는 그것이 맞지 않다고 보면서도 여전히 '야마토(山跡)'라 쓰인 점에 연연하였다.

『만요슈』에 음차가 아니라 훈차처럼 설명글에까지 '야마토(山跡)'라 쓰인 것은 예로부터 그리 써왔기 때문이다. 어찌하여 그렇게 쓰게 되었는가 하면 원래는 음차이기 때문이다. 무릇 상고에는 글자의 뜻에 관계없이 예로부터의 자구를 빌려 쓰는 일이 많았다. 적(跡)자가 '아토(アト)'라는 음에 해당하는 것은 맞지만, '아(ア)'음은 어중에 올 때 생략되기도 하고 또 바로 앞의 '마(マ)'에 '아(ア)'음이 있기 때문에, 어찌 되었든 '야마토(山跡)'라고 음을 빌려 쓸 수 있다. 고대의 한자 사용법은 대개 그러하여 반드시 그 뜻을 취한 것이라고는 할 수 없다.

그런데 근래에는 하나같이 산을 밟은 흔적의 '야마토(山跡)'설을 취하여, 『고킨와카슈』 서문 또는 와카 경합에서 시가를 낭독할 때 '야마아토(ヤマアト)'라고 읽는 것이 관례가 되었을 정도다. 이는 전혀 근거가 없다. 설령 '야마토(山跡)'가 정설이라 해도 고대부터 노래든 그 무엇이든 그저 '야마토'라고만 할 뿐, '야마아토'라 쓴 예는 하나도 없다. 옛말의 쓰임에 어두운 것이다. 하물며 그런 뜻이 아닌데 더 말해 무엇하랴. 요즘 습관적으로 읽는 법 중에는 이러한 예가 많다. 근본은 잘 생각지도 않고 사소한 것을 근거로 별로 들어본 적이 없는 말을 멋대로 내뱉어, 사람들의 귀를 놀라게 하고 어리석은 이들을 혼란스럽게 한다.

지금 산을 밟은 흔적의 '야마토(山處)'를 취한다 해도 산에 머물러 사는 곳의 '야마토(山止)'와 그 뜻이 상통한다. 그럼에도 불구하고 산에 머물기 때문에 '토(止)'라 하는 설은 취할 수 없고 산으로 둘러싸인 곳에 있는 나라라는 뜻을 취한다.

〔40〕 묻기를, '야마토(山外)' 또는 '야마토(山戸)'라 쓰고 그 글자와 연관 짓는 설은 어떠한가.

답하기를, '야마토(山外)'는 앞에서 든 옛말의 성질에 어긋나므로 수긍할 수 없다. 또한 '야마토(山戸)'도 옛말의 이름 붙이는 방식에 맞지 않는다.

〔41〕 묻기를, 이자나기·이자나미 두 신이 '오호야시마'를 낳을 때 '오호야마토'가 처음 생겼다. 그 '야시마(여덟 섬나라)'의 기초가 되는 나라의 뜻으로 '야시마모토(八洲元)'의 축약형이라는 설은 어떠한가.

답하기를, 그릇된 설이다. 그처럼 그럴싸해 보이는 이름은 옛말의 원리에 맞지 않는다. '야마토(山跡)'설 같은 것은 맞지는 않아도, 그나마 상고의 뜻에 가깝다. 이 설처럼 이치를 따져 명명하는 일은 후세의 학문에서나 하는 짓이다. 이와 같이 똑똑한 체하는 것은 하나같이 후대의 해석이다. 절대로 우리나라 신대의 이름이 아니다. 게다가 여덟 섬이 생겨난 순서도 『고사기』에서는 아와지시마(淡路島)부터 시작하여 야마토가 마지막이다. 때문에 그 순서는 확실치 않다. 그런데도 옛말 그대로를 꾸밈없이 쓴 『고사기』를 멀리 하고 한문의 윤색이 많은 『일본서기』를 취하여 신대의 옛말을 정하는 것은 심히 유감스럽다.

〔42〕묻기를, 『고킨요자이쇼』에 『석명』의 "산(山)은 산(產)이다. 산(產)은 만물을 낳는 것이다"라는 해석을 인용하여, 아름다운 명칭이라 천하의 총칭으로 썼다는 설은 어떠한가.

답하기를, 납득할 수 없다. 총칭이 된 것은 앞에서도 말했듯이 닌토쿠 천황 이전의 일로, 고대에는 결코 그처럼 똑똑한 체하지 않았다. 겐메이 천황(元明天皇) 때의 조칙에도 "좋은 글자를 붙여라(着好字)", 『엔기시키(延喜式)』에도 "좋은 이름을 취하라(取嘉名)"라고 되어 있다. 그렇지만 이는 모두 후대 학문의 논의로 고대와는 무관하다. 더욱이 이러한 예들도 좋은 글자를 붙이라고 한 것이지, 불리던 이름을 고치라고 한 것은 아니다. '야마토'도 글자에 대한 논의는 있었지만, 말에 대해 아름다운 명칭이라느니 추한 이름이라느니 하는 논의는 다 쓸모없다.

〔43〕묻기를, '야마토'에 왜(倭)자를 쓰는 것은 어떠한가.

답하기를, 왜(倭)는 당으로부터 붙여진 명칭이다. 이 말이 처음 보이는 것은 『전한서』 「지리지(地理志)」의 "동이(東夷)는 천성이 유순하여 다른 오랑캐(西戎, 南蠻, 北狄)와는 다르다. 이에 공자가 중국에 도가 행해지지 않음을 한탄하며 만약 바다를 건널 수 있다면 동이의 땅에 가고 싶다고 한 것도 무리는 아니다. 낙랑군 바다 건너에 왜인이 있는데 백여 국으로 나뉘어 있다. 때마다 사신을 보내어 알현한다고 한다"라는 대목이다. 이후의 문헌에도 모두 그리 쓰여 있으며, 보통은 줄여서 왜(倭)라고만 한다. 이와 같이 명명한 연유는 확실한 전거가 보이지 않는다. 왜(倭)자의 본뜻은 『설문해자』에 "순모(順貌)"라고 달린 주를 보면 알 수 있다. 이와 앞의 『전한서』의 문장을 아울러 생각해보건대, 동이는 천성이 유순하여 왜인(倭人)이라 하면 이해가 되므로 반고가 그렇게 쓴 것으로 보인다. 확실치는 않다.

우리나라의 옛 설에는 『겐겐슈(元元集)』[312] 에 "우리나라 사람이 옛날 중국에 당도하였다. 그때 중국 사람이 너희 나라 이름이 무엇이냐고 물었다. 그래서 왜노국(倭奴國, 和奴國)이라 답하였다는 것이다. 왜노(倭奴, 和奴)는 자기 자신이라는 뜻이다. 그리하여 이후 중국에서는 우리나라를 왜노국이라 불렀다"라고 있지만, 이 또한 수긍하기 어렵다.

또한 일설에 '왜노국'을 중국어 음으로 읽으면 '오노코'라서 '오노고로지마(磤馭慮島)'라는 것은 당치도 않은 억지다. 근래의 신도가(神道家)들은 대개 근거 없는 설을 함부로 내세워 오노고로지마를 우리나라의 본래 이름인 양 말한다. 그러나 오노고로지마는 한낱 작은 섬으로 야시마(여덟 섬나라)에 들어가지도 않는다. 신대가 지난 후에도 오노고로지마라는 이름만이 남아, 닌토쿠 천황의 와카에도 읊어졌다.[313] 『일본서기사기』에도 "지금 아와지시마의 서남쪽에 있는 작은 섬이 이것이다"라고 주가 달려 있지만, 신대부터 우리나라의 명칭으로 쓰인 적

---

312 기타바타케 지카후사(北畠親房)의 편저라고 전해지는 중세의 신도서(神道書).
313 닌토쿠 천황이 황후를 속이고 기비(吉備) 지방의 구로히메를 만나러 가면서 읊은 노래 '나니와 곳에 서서 우리나라를 보니 아와지시마 오노고로지마 빈랑나무 섬도 보이고 외딴섬도 보이는구나'를 가리킨다.(古事記290)

은 없다. 그러한 전거도 보이지 않는다. '야시마'나 '야마토' 같은 말을 듣고 그 음을 한자로 썼으리라는 것은 그럴 수도 있겠으나, 우리나라 사람들이 상고에 쓰지도 않은 이름을 다른 나라 사람들이 알 리 없다. 이 설은 지극히 그릇된 것이다.

결국 왜(倭)라고 명명한 까닭은 분명치 않다.

〔44〕 묻기를, 왜(倭)자를 '야마토'라 읽는 것은 어떠한가.

답하기를, 중국 서적에 왜(倭)라 쓰인 것을 보고 그 글자를 우리나라의 명칭인 '야마토'에 갖다 붙인 것이다. 그것이 언제부터인가 하니 아주 오래 전부터인 것 같다. 『고사기』에도 '야마토'라 할 때 모두 왜(倭)자를 쓰는 것을 보면 예로부터 익숙한 표기법이다. 무릇 『고사기』는 옛말을 중시하였기에 조금이라도 낯선 표기에는 반드시 주가 달려 있다. 예컨대 '天之常立神(아메노토코타치노카미)'에는 "常을 토코라 읽고 立을 타치라 읽는다"라는 주가 있다. 그런데 '倭'에는 '야마토라 읽는다'라는 주가 달려 있지 않으므로 널리 쓰였던 표기법임을 알 수 있다. 이러한 내용은 서문에도 보인다. 한편 중국에서 붙인 '야마토'는 국명이지만, 우리나라에서는 '야마토'를 국명으로도 지역명으로도 쓴다.

〔45〕 묻기를, 왜(倭)를 화(和)라고도 쓰는 것은 어떠한가.

답하기를, 고래로 왜(倭)자를 써왔으나 이는 원래 다른 나라에서 붙인 글자다. 더구나 왜노(倭奴)는 좋은 글자가 아니기 때문인지 나중에 우리나라에서 화(和)자로 바뀌었다. 그래서 중국 서적에는 후대에도 화(和)자를 쓴 예가 보이지 않는다.

그렇다고 화(和)자가 국호로 쓰기에 근거가 있는가 하면 그렇지는 않은 듯하다. 단지 왜(倭)와 동일한 음이고 좋은 글자라서 취했을 뿐이리라. 상고에는 '야마토'라는 말을 우선 하고 글자는 빌린 것이라 하여 왈가왈부할 필요도 없이 있는 그대로 왜(倭)자를 써왔지만, 후대에는 글자의 좋고 나쁨을 가려 좋은 쪽으로 바꾼 것이다.

그런데 화(和)자의 뜻에 따라 우리나라 사람들의 성질이 매우 유하다고 하는 해석은 후대의 견강부회다. 글자가 차용된 것임을 모르는 까닭에 이런 설이 나오는 것이다.

다만 앞에서 든 『전한서』의 문장 '순모(順貌)' 운운하는 구절에 이어서 '화순(和順)'이라고도 하는 점을 고려하면 화(和)자와 왜(倭)자가 뜻이 가깝기에 취한 것이라고도 생각된다. 하지만 이 역시 후대의 추측에 불과하다.

또한 『일본서기』 게이타이 천황(繼體天皇) 조의 칙명에 "야마토(日本)는 옹옹(邕邕)하여(화평하여) 천하를 뜻하는 대로 차지하였다. 아키즈(秋津)는 혁혁(赫赫)하여(성대하여) 찬란한 왕도(王都) 부근으로 중요하다"라는 문장의 '옹(邕)'은 '옹(雝)'과 통한다. 『시경』 「대아(大雅)」편에 '옹옹(邕邕)'에는 "봉황의 울음소리가 부드럽다(鳳凰鳴之和也)"라고도 "부드러움이 지극하다(和之至也)"라고도 주가 달려 있다. 쇼토쿠 태자의 17조 헌법 첫머리에도 "화합을 최우선시하라(以和爲貴)"라고 되어 있다. 중국에서도 옹주(雍州)는 본래 황제가 있는 도성의 명칭이다. 고로 우리나라에서도 후대에 이를 따라 야마시로(山城)를 옹주(雍州)라고도 하였다. 옹(雍)자에도 "화(和)이다"라는 주가 있다. 옹(雝)과 통하는 까닭이다.

대부분 이 글자들은 모두 화(和)자와 연관되므로 뜻을 취하는 경우도 있으려니 생각하지만, 역시 그런 일은 없다. 무릇 나중에 생각하면 자연히 서로 닮은 듯 보이는 것이 많은 법이다. 한편 『자화자(子華子)』에 '태화지국(太和之國)'이라는 표현도 있지만, 이는 더욱 맞지 않다.

[46] 묻기를, 화(和)자로 바뀐 것은 어느 시대부터인가.

답하기를, 정확히 기록된 바는 없다. 생각하건대 『고사기』는 말할 것도 없고 『일본서기』에도 화(和)자를 쓴 예는 아직 보이지 않는다. 『일본서기』 권5에 유일하게 한 군데 보이지만, 이는 옮겨 쓰는 과정에서 잘못된 것이다. 만약 화(和)자를 이미 쓰고 있었다면 반드시 그것을 썼을 텐데, 『일본서기』 안에 무수히 많은 '야마토'는 모두 '일본(日本)' 혹은 '왜(倭)'라고만 표기되어 있기 때문이다. 후대에 화(和)자가 널리 쓰였기에 무심코 잘못 베낀 것이다.

『속일본기(續日本紀)』에 이르러 처음으로 화(和)자가 보이는데, 바뀐 사정에 대해서는 기록되어 있지 않다. 이에 『속일본기』의 쓰임을 살펴보면, 초반에는 왜(倭)자만 쓰다가 겐메이 천황 시대의 와도(和銅) 6년(713) 5월 2일 칙명에 "기내(畿內) 칠도(七道) 여러 나라는 군과 향 이름을 좋은 글자로 쓰라"라고 되어 있다. 그렇지만 이때는 바뀐 예가 보이지 않으며, 그 후에도 여전히 왜(倭)자를 쓰고 있다.

쇼무 천황(聖武天皇) 시대의 덴표(天平) 9년(737) 12월 27일에는 '오호야마토노쿠니'를 '대왜국(大倭國)'에서 '대양덕국(大養德國)'으로 표기를 바꾸었다고 하나, 덴표 19년(747) 3월 16일에 '대양덕국(大養德國)'을 본래의 '대왜국(大倭國)'으로 다시 바꾸었다고 한다. 따라서 이 전후에도 역시 왜(倭)자를 썼음을 알 수 있다.

고켄 천황(孝謙天皇) 시대의 덴표쇼호(天平勝寶) 4년(752) 11월 3일의 "종4위상 품계의 후지와라노 나가테(藤原永手)를 야마토의 장관(大倭守)으로 임명하였다"라는 문장까지는 모두 왜(倭)자를 썼다. 그 후 덴표호지(天平寶字) 2년(758) 2월 27일의 칙명에 '대화국(大和國)'이라고 처음으로 쓰인 이래 전부 화(和)자로만 되어 있다. 이를 보면 덴표쇼호 4년(752) 11월에서 덴표호지 2년(758) 2월 사이에 바뀐 것 같다.

그것도 아무 생각 없이 화(和)자를 쓰기 시작한 것이 아니라 위의 양덕(養德, 야마토)의 예를 보면 화(和)자도 필시 칙명으로 개칭하였을 텐데, 『속일본기』에는 빠져 있다. 『류취국사(類聚國史)』[314] 등에도 보이지 않는다. 『습개초(拾芥抄)』[315]에 따르면 덴표쇼호 연간(749~757)에 '대화국(大和國)'으로 바뀌었다고 한다. 이는 근거가 있으리라.

---

314 편년체로 쓰인 육국사의 기사를 중국 류서(類書)를 모방하여 분류 재편집한 역사서. 스가와라노 미치자네의 편찬으로 892년에 성립하였다.
315 정식 명칭은 『습개략요초(拾芥略要抄)』. 남북조 시대의 백과사전식 생활편람으로, 당초 3권이었으나 6권으로 증보되었다.

다만 야마토노스쿠네(大倭宿禰)라는 성은 양덕(養德)으로 바뀌었을 때 이에 따라 '大養德宿禰'라고 표기하였으니 화(和)자로 다시 바뀌고 나서도 그에 따랐을 텐데, 덴표호지 원년(757) 6월의 기사까지도 여전히 왜(倭)자로 쓰여 있다. 같은 해 12월 기사에 비로소 '大和宿禰'라고 되어 있다. 이를 보면 덴표호지 원년(757) 6월부터 12월 사이에 바뀌었을 것으로 생각되기도 한다. 그러나 『만요슈』를 보면 권18까지 노래나 설명글 어디에도 화(和)자를 쓴 예가 없다.

『만요슈』 권19 덴표쇼호 4년(752) 11월 25일 니이나메노마쓰리(新嘗會)의 연회에서 조칙에 응하여 읊은 노래 여섯 수의 주에 "앞의 한 수는 야마토 국(大和國)의 후지와라노 나가테 조신의 노래다"라고 달려 있다.[316] 이것이 화(和)자를 쓴 최초의 예다. 그리고 권20에 "전 태상천황이 부종 대부에게 말씀하시기를, 여러 공경들은 잘 어울리는 와카를 지어 주상하시오…"[317]에 처음으로 화가(和歌, 와카)라고 썼다. 후지와라노 나가테를 야마토의 장관으로 임명한 것은 11월 3일의 일로 앞에서도 언급하였다. 거기에 왜(倭)자를 썼는데 여기에는 화(和)자를 썼으므로 11월 중에 고쳐진 것처럼 보이기도 한다. 앞의 성씨의 양상과는 다르다.

『만요슈』는 보고 들은 순서대로 적은 것이기에 여기에 처음으로 화

---

316 니이나메노마쓰리는 오늘날의 니이나메사이(新嘗祭)로, 그해에 나온 햇곡을 신에게 바치는 제의. 이 연회에서 고켄 천황의 명에 따라 후지와라노 나가테가 응수한 노래다.
317 앞의 각주 303번 참조.

(和)자가 쓰였음은 맞지만, 다소 후대에 쓰였을 수도 있다. 혹은 단 두 개의 예밖에 없으므로 잘못 베꼈을지도 모른다. 특히 대화국(大和國)도 화가(和歌)도 후대에는 일반적인 표기법이므로 자칫 왜(倭)자를 잘못 옮기는 일이 있을 수 있다. 또한 2일에서 25일 사이에 바뀌었다는 것은 지나치게 갑작스럽다고도 생각된다. 따라서 『만요슈』만 따르기도 어렵다.

『일본서기』에는 왜(倭)자를 쓸 때는 모두 왜(倭)라고만 쓰고, 화(和)자를 쓰기 시작하고서는 모두 화(和)라고만 쓰기 때문에 서사의 잘못이나 의심은 없다. 하지만 성씨에 쓰는 글자는 절대 임의로 쓰지 않는다. 어느 정도 지난 후에 따로 고쳐진 것일지도 모르니, 이것도 결정적인 근거는 되지 않는다. 단 그 글자를 국명보다 먼저 성씨에 쓰는 일은 있을 수 없다. 성씨는 반드시 후대의 일이기에 야마토노스쿠네를 '大和宿禰'라고 쓰기 전에 국명의 표기가 바뀌었음은 분명하다. 그러므로 덴표쇼호 4년(752) 11월부터 덴표호지 원년(757) 12월 사이에 화(和)자가 보이지 않는 이유를 이해할 수 있다.

이상의 논의는 모두 기내의 야마토 일국의 명칭을 어떤 글자로 표기하는가에 대한 것이지, 천하를 가리키는 총칭에 대한 것이 아니다. 총칭의 '야마토'는 『일본서기』를 비롯하여 대부분 일본(日本)이라 표기하고 왜(倭)자를 쓰는 일은 드물다. 문제 삼을 일도 아니다. 이후에도 일국의 명칭일 때는 반드시 대화(大和)라고만 쓴다. 그렇지만 왜(倭)자를 버리지 못하고, 『속일본기』에도 그 후 '야마토네코노 스메라미코토

(倭根子天皇)'와 같이 쓴 예가 많다. 때문에 후세까지 왜가(倭歌, 와카)라고 쓰는 일도 있는 것이다. 그렇기는 하나 '야마토'라는 총칭은 일국을 가리키는 별칭 '야마토'에서 나왔으므로, 본래의 별칭이 바뀐 이상 어쨌든 화(和)자를 써야 하는 것이다.

〔47〕묻기를, '와도(和銅)'라는 연호에 화(和)자를 쓴다. 또한 『속일본기』8권에는 '대화국(大和國)', '화금(和琴)'이라고 화(和)자를 쓴 예가 두 군데나 있다. 『만요슈』권7에도 '화금(和琴)'이라 쓰인 예가 있다. 덴표쇼호 연간(749~757)보다 이전인데도 이찌하여 화(和)자를 썼는가.

답하기를, 모두 서사 과정에서의 잘못이다. 그에 관해서는 앞에서 자세히 논한 바와 같다. 와도(和銅)의 화(和)자는 '야마토'의 뜻이 아니므로 별개다. 또한 『만요슈』권16의 목록에도 화(和)자가 쓰인 데가 있으나, 목록은 후대 사람이 가필한 것이므로 해당되지 않는다. 그 밖의 어떤 경우도 덴표쇼호 4년(752) 이전의 사항에 화(和)자가 쓰여 있는 것은 후대의 행위로 보아야 하리라.

〔48〕묻기를, 야마토를 '일본(日本)'이라 표기하는 것은 어떠한가.

답하기를, 우리나라 본래의 명칭은 '오호야시마'다. '일본(日本, 닛폰)'은 본래 다른 나라를 상대로 쓰인 것으로 후대에 만들어졌다. 이런 까닭에 조칙 등에는 항상 '오호야시마 스메라미코토(大八洲天皇)'라 하고, 다른 나라를 상대로 할 때는 '일본천황(日本天皇, 닛폰노 스메라미코토)'이라 하는 것이다. 율령에도 이러한 내용이 보인다.

　'일본'이라는 명칭이 언제 생겼는가 하면 확실히 전하는 기록은 없다. 『일본서기』를 살펴보면, 먼저 고교쿠 천황 조까지 '일본'이라고 쓰여 있는데, 이는 모두 편찬할 때 고쳐 쓴 것으로 옛 명칭은 아니다. 그 이전에는 다른 나라를 상대할 때 응당 '왜'를 사용하였다.

　고토쿠 천황(孝德天皇)이 즉위한 다이카(大化) 원년(645) 7월 10일 기사에 "고구려・백제・신라가 나란히 사신을 보내 조공하였다.… 고세노토코다(巨勢德) 대신이 고구려 사신에게 전한 조서에, 명신어우(明神御宇) 일본천황(日本天皇, 닛폰노 스메라미코토)이 말씀하시기를…. 또 백제 사신에게 전한 조서에, 명신어우 일본천황이 말씀하시기를…"이라는 대목이 있다. 이것이 최초로 '일본'이라는 국호가 쓰여 있는 문장으로, 이전과는 표기가 다르다.

　다이카 2년(646) 2월 15일 고토쿠 천황이 고시로(子代) 별궁에 행차하여 소가(蘇我) 우대신에게 주상하도록 한 조서에는 "명신어우(明神御宇) 일본왜근자천황(日本倭根子天皇, 닛폰 야마토네코노 스메라미코토)이 그곳에 모여 있는 경등(卿等)・신(臣)・런(連)・국조(國造)・반조(伴造) 신하들과 백성들에게 말씀하시기를…"이라고 쓰여 있다. 다른 나라에 보여주는 조서가 아닌데도 '일본'이라고 기술되어 있는 이유는 새로 이 명칭을 쓰기 시작한 무렵이기 때문으로 보인다. 또한 '왜'를 같이 쓴 것을 보면 '일본'이라는 명칭이 별개로 성립되었음을 알 수 있다. 그러므로 '일본'이란 고토쿠 천황의 치세에 처음으로 사용된 명칭이다. 무릇 이 시대에는 새롭게 제정한 것들이 많다. 연호도 처음으로 사용되기 시작하였으므로 더욱 근거 있는 듯 여겨진다.

이상을 중국 서적을 참고하여 생각하건대, 수나라 때까지는 '왜'라고만 하였고, '일본'이라는 칭호는 당나라 때가 되어 처음으로 보인다. 『신당서(新唐書)』에 "일본은 옛날의 왜노이다.… 함형(咸亨) 원년(670)에 사신을 보내 고구려 평정을 축하하였다. 후에 사신이 중국어 음에 조금 익숙해지자 왜(倭)라 하기를 꺼려 일본(日本)이라고 하였다. 사신의 말로는 해 뜨는 곳에 가까운 나라라서 그리 명명하였다고 한다"라는 대목이 있다. 이때 처음으로 '일본'이라는 이름을 들었다는 것일까. '함형'은 당 고종의 연호로, 그 원년은 덴치 천황(天智天皇) 9년에 해당한다. 이 사신은 『일본서기』 덴치 천황 8년 기사에 "이 해에 쇼킨추 가우치노아타이 구지라(小錦中河內直鯨)를 비롯한 사신들을 대당(大唐)으로 파견하였다"라고 되어 있는데, 이를 말하는 것일까. 그렇다면 다이카 원년(645)보다 24년 후의 일이다. 그 사이에도 왕래가 있었음은 우리나라 문헌에도 중국 문헌에도 보이지만, 당나라에 일본이라는 명칭이 알려지지는 않았을 것이다. 그리고 정확히 '함형 원년'이라고도 특정할 수 없는 문장이므로 그보다 조금 앞서 들은 것일지도 모른다. 어찌 되었든 간에 큰 차이는 없다.

또한 한반도에도 이윽고 알려졌을 텐데, 『동국통감(東國通鑑)』의 "왜국이 국호를 고쳐 일본이라 하였다. 스스로 말하기로는 해 뜨는 곳에 가깝다 하여 국호로 삼았다고 한다"라는 기사도 신라 문무왕 10년의 일로 함형 원년에 해당한다. 그러나 이는 『신당서』에 의거하여 쓴 기사로 보인다. 연도도 문장의 내용도 같기 때문이다.

〔49〕 묻기를, '일본(日本)'이라 명명된 까닭은 무엇인가.

답하기를, 만국 하나같이 빛을 우러르고 은혜의 빛이 두루 비치는 아마테라스 신의 나라인 까닭으로, 해가 뜨는 곳에 있는 나라라는 뜻이다. 또 서쪽에 있는 여러 나라들에서 보면 해가 떠오르는 방향에 있는 것도 절로 그 뜻에 부합한다. 그렇기에 옛날 중국에 사신을 보냈을 때, "해 뜨는 나라의 천자가 해 지는 나라의 전자에게 글을 보낸다"라고 썼던 것이다. 『수서(隋書)』와 『자치통감(資治通鑑)』 등에 실려 있다. 이는 스이코 천황 때의 일이다. 또 위에서 인용한 『신당서』의 취지도 같다. 이러한 사실은 우리나라의 사서에는 보이지 않는다. 후대의 역사서에는 실려 있지만 모두 중국 서적을 보고 쓴 것이기에 인용할 필요도 없다. 대개 중국 사서에 실려 있는 우리나라에 관한 기술은 어느 것이나 잘못된 것이 많은데다 증거로 인용할 만한 것도 없지만, 이것도 사안에 따라야 한다. 위의 기사는 원래 우리나라에서 말한 바를 그대로 써서 전한 것으로 틀리지는 않을 것이다. 그것이 오히려 우리나라에서는 소실되었다.

한편 앞에서 인용한 『신당서』의 문장 다음에 "혹자가 말하기를, 일본(日本)은 소국으로 왜(倭)에 병합되어 왜가 그 칭호를 빼앗아 취하였다"라고 기술되어 있다. 이는 근거가 없기 때문에 우리나라 사람이 언급할 필요가 없다. 그 나라에서 추정한 설이리라. 또 혹설에 '일본'은 측천무후 시대에 당나라에서 붙인 국호라 하는데 이도 틀린 것이다. 함형 원년인 670년경에는 그저 사신의 말을 들었을 뿐으로 아직 확실하지 않았는데, 몬무 천황(文武天皇) 치세에 아와타노 마히토(粟田眞人)가 견당사로 갔을 때 서간에 쓰여 있는 것을 보고 확실히 '일본'이라는 명칭을 알았으리라. 이때가 측천무후 시대에 해당하니 중국에서도 그 무렵부터 '일본'이라고 부르기 시작한 것을 잘못 전하였으리라.

〔50〕 묻기를, '히노모토(日の本)'라 함은 옛말인가.

답하기를, 앞에서 말한 바와 같다. 원래 그 뜻은 분명하여 해 뜨는 나라라는 뜻으로, '닛폰'이라고는 하였지만 '히노모토'라는 말은 없었다. 그것은 '日本'이라는 한자에 따라 나중에 생긴 말이다. 이러한 연유로 옛 문헌에는 보이지 않는다. 『만요슈』곳곳에 쓰인 '日本之'를 '히노모토노'라고 훈독한 것은 후대 사람들이 억지로 5음으로 읽으려 해서 생긴 잘못이다. 옛 노래에는 4음으로 된 구도 많으므로 모두 '야마토노'라고 읽어야 한다.

『만요슈』권1에 야마노우에노 오쿠라(山上憶良)가 당나라에 있을 때 읊은 노래 '자 모두들 서둘러 야마토로 돌아가자. 오토모의 미쓰 해변에 자란 소나무도 필시 애타게 기다리고 있겠지'[318], 또 권11 노래의

---

318 'いざ子ども 早く日本(やまと)へ 大伴の 御津の浜松 待ち戀ひぬらむ'(萬葉集1·63)

'야마토노 무로후의 털복숭아 무성하듯 수없이 말한 이상 이루어지지 않는 건 없을 테지'[319]와 같이 모두 이렇게 읽어야 한다.

'히노모토'라고 읽어야 하는 곳은 『만요슈』 권3 후지노야마(不盡山)를 읊은 장가 '히노모토노 야마토 국의…'[320], 『속일본후기』 권19 고후쿠지(興福寺)의 승려가 읊은 장가에 '히노모토노 야마토 국을', 또 '히노모토노 야마토 국은…'과 같은 예 정도다.[321] 단 이 노래들에 쓰인 '히노모토'는 국명을 말하는 것은 아니다. '히노모토'에 이어지는 '야마토'가 총칭의 '야마토'라면 번거롭게 국명을 겹쳐 말할 필요가 없다. 이는 단지 '야마토' 앞에 붙는 마쿠라코토바다.

마쿠라코토바로 쓰는 데도 두 가지 뜻이 있다. 첫째는 '야마토'를 일반적으로 '일본(日本)'이라고 표기하기에 그 글자를 훈독한 '히노모토'를 그대로 앞에 두는 경우다. '하루비노 가스가(春日之春日, 봄볕 화창한 가스가)'나 '도부토리노 아스카(飛鳥之飛鳥, 상서로운 새가 나는 아스카)' 등이 그러한 예다. 둘째는 '히노모토쓰 구니노 야마토(日の本つ國のやまと, 해 뜨는 나라 야마토)'라고 뜻을 살려 붙이는 경우다. 그렇다면 '닛폰'이라고 이름 붙여진 뜻을 취한 것이지 '히노모토'라는 말을 취한 것이 아니다. 어찌 되었든 마쿠라코토바인 것은 분명하므로 헷갈릴 필요가 없다.

---

319 '日本(やまと)の 室生の毛桃 本繁く 言ひてしものを ならずはやまじ'(萬葉集 11・2834)
320 '日本之(ひのもとの) 山跡國乃(やまとのくにの)…'(萬葉集3・319)
321 '日本乃(ひのもとの) 野馬臺能國遠(やまとのくにを)', '日本乃(ひのもとの) 倭之國波 (やまとのくには)…'(續日本後記19)

'히노모토'가 국호로 쓰이는 것은 후대의 일이다. 『일본서기』에도 '일본(日本)'이라고 쓰인 것은 모두 '야마토'라고 훈독하였다.

〔51〕묻기를, '야마토'라 할 때 '일본(日本)'이라는 글자를 쓴 것은 언제부터인가.

답하기를, '일본'이라는 명칭은 고토쿠 천황 때 시작되었다. 그보다 70년 후인 와도 5년(712)에 성립한 『고사기』에 아직 '일본'이라는 표기가 보이지 않는 점을 생각하면, 그 무렵까지는 '야마토'라고 할 때 '일본'을 사용하지는 않았던 것 같다. 『고사기』는 스이고 천황의 치세까지 기록한 것으로, 그때는 아직 이 명칭이 없는 까닭에 쓰이지 않았다. 총칭의 '야마토'에도 익숙하게 사용해왔던 '왜'만이 쓰였고 '일본'이라 쓴 예는 전혀 보이지 않는다. 이는 옛말을 우선하여 한자와 관계없이 썼기 때문이다. 그 후 『일본서기』에 처음으로 '야마토'를 '일본'이라 쓴 예가 보인다. 『일본서기』는 문장을 꾸미고 한자를 골라 썼기 때문에 '야마토'에도 좋은 글자를 취하였을 것이다. 『일본서기』 신대권에 있는 "日本, 이를 야마토라고 읽는다. 이하 모두 이에 따른다"라는 주는 세상 사람들이 아직 모르는 까닭에 달려 있는 것이다.

한편 『일본서기』 중에 보이는 '야마토'의 예를 살펴보면, 별칭으로는 주로 '왜'를 쓰고, 총칭으로는 '일본'을 쓴다. 또 별칭이지만 공적일 때는 '일본'이라고 썼다. 반드시 그렇지는 않으나 대개 이 규칙에 따른다. 그렇기에 인명도 이와 마찬가지다. 천자(天子)의 이름에는 '일본'을 썼고, 그 외에는 '왜'를 썼다. '간야마토 이와레비코노 스메라미코토(神

日本磐彦天皇)', '야마토히메노 미코토(倭姬命)' 등이 그러한 예다. 제대로 살펴보고 구분해야 한다. '야마토타케루노 미코토(日本武尊)'는 천자에 준하는 까닭에 존(尊)자를 붙이고, 그의 죽음에 대해 붕(崩)자도 썼다. 이러한 것들이 한자 하나하나에 세심한 주의를 기울여 쓴 예다.

〔52〕 묻기를, 우리나라의 국호는 많은데 '야마토'를 특히 '일본(日本)'이라 쓰는 것은 어째서인가.

답하기를, '아시하라노 나카쓰쿠니(葦原中國)'는 천상에서 지상을 가리켜 부른 것이다. '오호야시마구니(大八洲國)'는 그와는 상관없이 국토를 다스린다는 뜻을 지닌 명칭이다. '아키즈시마(秋津嶋)'는 '야마토'와 더불어 총칭으로도 쓰인다. 그러므로 이러한 명칭들은 '일본'이라는 한자를 쓴 취지와는 다르다. '야마토'는 원래 하나의 지역을 지칭하는 것으로 다른 지역에 대해 쓰는 이름인데, 이후 총칭으로 사용된 후에도 자연스레 그 뜻을 지니고 외국에 대해서도 썼다. 앞에 인용한 닌토쿠 천황의 노래도 그러한 뜻이다.

또 '일본'이라는 명칭도 『일본서기』에서는 별 생각 없이 총칭으로 사용되었다. '일본'은 본래 다른 나라에 보이기 위해 만든 명칭이고 한자도 그러한 뜻이다. 따라서 특별히 '야마토'라고 할 때 '일본'이라는 한자를 쓰는 데는 이유가 있다.【『일본서기』에 별 생각 없이 총칭으로 사용된 예는 바로 서명 등이다】

〔53〕 묻기를, 오호야마토(大日本), 야마토(大和)라고 쓸 때의 대(大)자는 중국에서 당대의 국호를 높여 대한(大漢)이나 대당(大唐)이라 하는 것에 따른 것인가.

답하기를, 아니다. 이토쿠 천황(懿德天皇)은 '오호야마토 히코 스키토 모노 미코토(大倭日子鉏友命)', 고안 천황(孝安天皇)은 '오호야마토 다라시 히코 구니오시히토노 미코토(大倭帶日子國押人命)', 고레이 천황(孝靈天皇)은 '오호야마토 네코히코 후토니노 미코토(大倭根子日子賦斗邇命)', 고겐 천황(孝元天皇)은 '오호야마토 네코히코 구니쿠루노 미코토(大倭根子日子國玖琉命)'라고 한다. '오호야마토 구니아레히메노 미코토(意富夜麻登登玖邇阿禮比賣命)'라고 가나로 쓴 이름도 있기에 옛말임이 확실하다. 이 당시 다른 나라의 국호까지 어찌 자세히 알았겠는가. '야마토'뿐만 아니라 앞에 '오호'라는 말을 붙인 경우는 이외에도 많다. 옛 서적을 보아야 한다.

'도요'를 붙인 말도 많다. 국호 '야시마', '야마토'에는 '오호'를 붙여 '오호야시마', '오호야마토'라고 한다. '아시하라노 나카쓰쿠니', '아키즈시마'에는 '도요'를 붙여 '도요아시하라노 나카쓰쿠니', '도요아키즈시마'라고 한다. 이는 신대부터 정해진 옛말이다. '도요'를 붙인 예는 중국에는 없다. 어디서 온 말인지 확실치 않다.

중국에서는 당대의 국모를 대후(大后)라 칭하였는데 우리나라에서는 당대의 정실 왕비를 오호기사키(大后)라 하였다. 『고사기』는 그렇게 쓰고 있다. 이것이 오호(大)의 용례이며, 중국을 따르지 않은 증거다. 그런데 『일본서기』에는 옛말을 버리고 국모를 황대후(皇大后)라 썼다.

이야말로 중국을 따라 한 것이다. 이렇게 잘난 척하며 중국 것을 배우는 데만 익숙해진 후대의 시각에서 신대의 옛말조차 의심하는 것은 실로 한심한 짓이다.

정말이지 '야마토'라는 말의 뜻을 설명하기 시작하면서 이러저러한 물음에 따라 가도(歌道)와는 무관한 것을 장황하게 말하였다. 시끄럽고 말이 많다고 하는 사람도 있겠지만, 이 또한 대강의 이치를 분별하여 가도를 이해하는 실마리라도 될 터이니 의미 없는 설명은 아니지 않겠는가.

〔54〕물기를, '야마토미코토우타(やまとみこと歌)'라 함은 무엇인가.

답하기를, 옛 문헌에는 보이지 않는 말이다. 『센자이와카슈』서문을 보면 "야마토미코토우타는"이라고 시작된다. 미나모토노 도시요리(源俊頼)의 『무묘쇼(無名抄)』[322] 서문에 "야마토미코토의 노래는"이라는 구절이 있는데, 이것이 시초일까. '야마토우타(和歌)'에 '미코토(御言)'를 붙여 칭송한 것이다.

〔55〕물기를, '시키시마의 야마토우타(敷嶋の和歌)'란 무엇인가.

답하기를, 이 또한 옛 문헌에는 보이지 않는 말이다. 『고슈이와카

---

322 미나모토노 도시요리가 1113년경에 집필한 가론서 『도시요리 즈이노(俊頼髄脳)』의 다른 이름이다. 가모노 조메이(鴨長明)의 『무묘쇼(無名抄)』와는 다른 책이다.

슈』서문에 보이는데, 그것이 처음인가. '시키시마'는 '야마토'의 마쿠라코토바다. 『만요슈』권13에 있는 『히토마로 가집(人麻呂歌集)』의 노래에 '시키시마의(志貴嶋) 야마토 국(倭國)'이라고 있고, 또 같은 권에 '시키시마의(式嶋之) 야마토 국(山跡之土)', '시키시마의(礒城嶋之) 야마토 국(日本國)'이 있다. 권9에도 같은 표현이 있다. 기노 쓰라유키도 '시키시마의 야마토에는 없는'[323] 이라고 읊었다.

한편 '야마토' 앞에 '시키시마의'라는 말이 붙는 이유는 다음과 같다. 『고사기』에 "아메쿠니 오시하루키 히로니와노 스메라미코토(天國押波流岐廣庭天皇)는 시키시마 대궁(師木嶋大宮)에 진좌하시어 천하를 다스렸다"라고 있는데, 이는 긴메이 천황(欽明天皇) 때의 일이다. 또한 『일본서기』긴메이 천황 원년 가을 7월 "도읍을 야마토 국(倭國)의 시키시마 군(礒城郡)의 시키시마(礒城嶋)로 옮겼다. 이에 이름 하여 시키시마의 가나사시 궁(礒城嶋金刺宮)이라 한다"라는 기사가 있으므로 '시키시마'는 원래 지명이다.

『고사기』에서 역대 도성 가운데 대궁(大宮)이라고 쓰는 것은 이 도성뿐인 것도 이유가 있어서일까. 훌륭한 치세에 오랫동안 다스리던 도읍의 이름이기 때문에 절로 야마토 국의 하나의 명칭이 되었고, 야마토 국을 수식하는 마쿠라코토바로도 계속 쓰였다. 그 예는 야마토의 한 명칭인 '아키즈시마'를 '아키즈시마(秋津嶋) 야마토 국(倭國)'이라

<hr>

323 앞의 각주 279번 참조.

고 이어 말하는 것과 같다. 도읍의 명칭이 일국의 명칭도 되는 경우는 '야마토'가 일국의 이름이면서도 천하의 총칭으로 쓰이는 것과 같다.

'시키시마'가 곧 '야마토'를 가리킨다는 증거로, 『만요슈』 권19 오토모노 구로마로(大伴黒麻呂)의 노래 '그대가 떠나 헤어지게 된다면 시키시마에 남은 사람은 자기 일처럼 삼가며 기다리겠지'[324]를 들 수 있다. 그와는 반대로 일국의 명칭을 특별히 도읍을 지칭하는 말로 쓰기도 하였다. 『일본서기』 닌토쿠 천황 조 황후의 노래에 '나라(奈良)를 지나 야마토를 지나…'[325]라는 구절이 있다. 이는 대대로 도읍 부근을 가리켜 특히 '야마토'라고 읊은 것이다. 『만요슈』 권1 지토 천황(持統天皇)이 요시노 궁(吉野宮)에 행차할 때 다케치노무라지 구로히토(高市連黒人)가 읊은 노래 '야마토에는 울고 나서 왔으려나 뻐꾸기가 기사 산(象山)을 울며 넘어가네'[326]는 야마토 국 안에서도 특히 도읍을 야마토라고 한 것이다.

'시키시마'라는 말이 '야마토'의 마쿠라코토바가 된 이후에 별칭으로도 총칭으로도 계속 쓰인 것은 위에서 예로 든 노래와 같다. 따라서 와카(和歌)를 말할 때도 '야마토우타' 앞에 '시키시마의'를 붙여 말한다.

---

324 다지마(但馬)의 지방관 다치바나노 나라마로(橘奈良麻呂)의 송별연에서 읊은 노래 세 수 중 오토모노 구로마로의 노래. '시키시마'에 남은 사람이란 도읍 야마토 국에 남은 사람을 뜻한다.(萬葉集19·4280)
325 앞의 각주 309번 참조.
326 701년 2월 몬무 천황의 행차에 함께 간 것으로 추정한다. 뻐꾸기는 아내를 부르는 새를 뜻한다.(萬葉集1·70)

〔56〕묻기를, 혹설에 『일본서기』 스진 천황 3년 가을 9월 조에 "도읍을 시키(磯城)로 옮겼다. 이를 미즈가키 궁(瑞籬宮)이라 한다"라고 있는데, 어찌하여 긴메이 천황의 시키시마 궁과 2대에 걸쳐 같은 말을 쓰는 것인가.

답하기를, 그럴 리 없다. 대개 옛일을 추측하여 말하는 것은 학문상의 논의에 불과하다. 이는 긴메이 천황 때부터 자연스럽게 굳어진 표현으로 보이므로 옛일까지 끼워 맞추어 말해서는 안 된다. 이 말은 긴메이 천황 당시의 '시키시마 궁'에서 나온 것이다. 게다가 스진 천황의 궁은 '시키'로 옮겼다고 했을 뿐, '시키시마'라고 하지는 않았다. 만약 스진 천황 때부터 이미 썼던 말이라면 훨씬 후대인 긴메이 천황의 궁 이름을 끌어다 썼을 리 없다. 여하튼 이 두 시기의 일을 한데 묶어 같은 말로 설명하려 해서는 안 된다. 자고로 만사에 둘 다 얻고자 하면 하나도 얻을 수 없는 법이다.

〔57〕묻기를, 가도(歌道)를 '시키시마의 도(敷嶋の道)'라 함은 어째서인가.

답하기를, 이는 앞의 뜻으로 바뀌고 나서도 한참 뒤의 일이다. '시키시마의'는 '야마토우타'에도 붙어 계속 사용되었기에 '우타'의 마쿠라코토바처럼 여겨진다. 이윽고 그것을 취하여 '시키시마의 도'라고 하게 된 것이다. 구체적으로 말하자면 '시키시마의 야마토우타의 도'라는 뜻이다.

예를 들어 '오시테루(바닷물 반짝이는) 나니와(難波)'라고 통상 말하는 까닭에 오토모노 야카모치는 나니와 궁을 '오시테루 궁'이라고도 읊었다. '아오니요시(푸른 빛 아름다운) 나라(奈良)'라고 이어 말하는 것에서 '아오니요시'를 결국 나라라고도 하였다. 또 '아시비키노 아라시(嵐)'가 '야마노 아라시(산의 바람)', '아시비키노 이와네(岩根)'가 '야마노 이와네(산의 바위)'를 뜻하는 것은 '야마(산)'의 마쿠라코토바인 '아시비키노(발을 끌며 오르는)'만이 남은 예다.

〔58〕 묻기를, '오시테루 궁'의 예를 생각하면 '시키시마'도 '야마토'의 마쿠라코토바이므로 '야마토의 도(大和の道)'라는 의미가 될 법도 한데, '야마토우타의 도(和歌の道)'라 하는 까닭은 무엇인가.

답하기를, 신도(神道)야말로 '야마토의 도'인데 가도(歌道)를 '야마토의 도'라 하면 지나치게 넓은 의미로 쓰는 것이니 그리 말해서는 안 된다. 이는 후대의 일이기에 말이 그 뜻과 다소 어긋나도 썼을 테지만, '야마토의 도'라는 말은 전혀 보이지 않으니 어디서 왔는지 알 수 없다. 가도(歌道)를 '야마토의 도'라 하는 예가 있다면 그리 말할 수도 있으리라.

한편 앞에서 나니와 궁을 '오시테루 궁'이라 읊은 것과 같은 예는 모두 『만요슈』에 보이며, 다소 오래된 노래에만 그렇게 쓰였다. 하물며 '시키시마의 도'는 훨씬 후대의 말로 '시키시마의 야마토'가 바뀌어 '야마토우타의 도'라는 뜻으로 생각된 것이다.

『고킨와카슈』의 이세(伊勢)가 읊은 노래에는 '가쓰라노 사토(계수나무 마을)'를 '히사카타노 나카나루 사토(영원한 달 속의 마을)'라고 표현한 구가 있다. 여기에서 '히사카타노(영원한)'라는 말은 '아메(하늘)'의 마쿠라코토바인데, 그 말이 '쓰키(달)'와도 이어져 수식한다. 더 나아가 '히사카타'가 달 자체를 가리켜 '히사카타노 나카나루'는 '쓰키노 나카나루 가쓰라(달 속의 계수나무)'의 뜻을 포함한다. 이러한 예를 함께 생각해야 한다. '아메노 나카나루 가쓰라(하늘 속의 계수나무)'라는 것은 없지 않은가.

'시키시마의 우타'라고 이어진 예는 없지만, '야마토우타'라고 말할 때는 항상 '시키시마'가 붙으므로 '야마토우타'의 마쿠라코토바로 생각되었다. 이에 그렇게 바꾸어 쓰인 것이다.

〔59〕 묻기를, '시키시마'라는 말의 정자(正字)는 무엇인가.

답하기를, 앞에서 말했듯이 글자를 문제 삼는 것은 좋지 않으나, 후세에는 무슨 일에나 오로지 글자에만 의거하여 말의 뜻을 해석하기 때문에 잘못된 것이 많다. 그렇기 때문에 한 번 듣고 속설에 미혹되어서는 안 된다.

대부분의 지명은 많게는 음을 빌리는 차자(借字)를 쓰지, 뜻을 취하는 정자(正字)를 쓰는 경우는 드물다. 본디 정자로 썼던 것을 다시 차자로 쓰는 경우도 많고, 또 정자가 없는 경우도 매우 많다. 시키시마도 본래 어떠한 연유에서 유래한 명칭인지 확실하지는 않다.

『일본서기』에 '시키시마'를 '磯城島'라 썼는데, 이 한자의 뜻에서 비롯된 것이 아니겠는가. '시(磯)'는 '이시(石)'의 '이(伊)'를 생략한 말이다. 이러한 예는 많다. '기(城)'를 '기(紀)'라 하는 것은 옛말로, '이시노키(磯

の城, 돌로 만든 성)'의 의미에서 붙인 지명이라 생각된다. 돌로 성을 쌓는 것은 근래의 일이라고만 생각하는 사람도 있겠지만, 문헌에 따르면 고대에도 있었던 것으로 보인다. 따라서 '磯城島'가 '시키시마'의 정자일 것이다.

요즘 흔히 '시키시마'를 '敷嶋'라고 쓰는 것은 당연히 차자다. 『만요슈』 등에도 보이지 않을 뿐더러 후대에 쓰기 시작한 글자다. 결코 부(敷)자에 뜻이 있다고 생각해서는 안 된다.

〔60〕 묻기를, '시키시마(磯城嶋)'라는 곳은 어디인가.

답하기를, 위에서 든 바와 같이 『일본서기』 긴메이 천황 조에 '야마토 국의 시키 군'이라 되어 있다. 그보다 앞서 진무 천황 조에 있는 "야마토 국(倭國) 시키 읍(磯城邑)에서… 본명이 구로하야(黑速)인 오토시키(弟磯城)라는 자를 시키의 현주(縣主)로 삼았다", 스진 천황 조의 "도읍을 시키로 옮겼다…"도 모두 같은 곳이다. 군의 명칭도 읍의 명칭에서 나온 것이다. 시키 군은 나중에 위아래로 나뉘어 시키노카미(磯城上)·시키노시모(磯城下)라 하였다. 고교쿠 천황 조에 '시키노카미 군(志紀上郡)'이 보인다.

후에 여러 국(國)·군(郡)·향(鄕)의 이름을 모두 두 글자로 정했기 때문에 '시(磯)'를 생략하고 기노카미(城上)·기노시모(城下)라고 쓰기도 하였지만, 그것을 옛날 그대로 시키노카미·시키노시모라고 말한다. 『화명류취초』에 보인다. 지금도 그렇게 부른다. 이러한 종류의 예는 실로 많다. 가즈라키노카미(葛上)·가즈라키노시모(葛下) 등도 같은 예다.

한편 시키시마(磯城嶋)는 미와(三輪)에서 하쓰세(泊瀨)로 가는 길에 지금도 그 이름이 남아 있는 곳이 있다. 이것이 시키시마 대궁의 흔적이리라. 찾아가보기 바란다. 이 근방에 시키노카미 군이 있다.

〔61〕 묻기를, '우타노미치(歌の道, 노래의 도)'라는 말은 상고 시대부터 쓴 것인가.

답하기를, 먼저 '미치(道)'의 뜻을 분별해야 한다. '미치(ミチ)'는 '御路', 즉 길이라는 뜻이다. '치(チ)'가 본래의 말이다. 지금도 야마지(山路, 산길), 노지(野路, 들길), 후나지(船路, 뱃길), 가요이지(通路, 오가는 길) 등은 '치(지)'라고 하는 것을 보고 알아야 한다. 그것에 '미'를 덧붙여 '미치'라고 말한다. 아름다운 길이라는 뜻으로 『고사기』에 '우마시미치(味御路)', 『일본서기』에 '우마시미치(可怜御路)'가 있다. 이는 신대부터 쓰인 옛말이다. 그렇기에 '치'도 '미치'도 같은 것으로, 둘 다 도로(道路)의 뜻으로만 쓰인다. 그 외의 뜻은 상고에는 전혀 없었다.

그런데 중국에서 한자가 들어오면서 쓰임이 넓어졌다. '도(道)'는 도로의 뜻만이 아니라 도덕(道德), 도의(道義), 천도(天道), 인도(人道), 도심(道心), 도리(道理) 등, 이 밖에도 여러 뜻을 지닌 글자다. 이 글자를 우리나라의 '미치'라는 말에 사용함에 따라 어떤 뜻으로 쓰든 모두 '미치'라고 읽었다. 때문에 후에는 도(道)자의 뜻과 더불어 '미치'라는 말도 어떤 뜻에나 자연스레 사용하게 되었다. 모든 말에 이러한 예가 많다.

즉 도(道)자는 여러 뜻을 지니지만, '미치'라는 말은 본래 도로(道路)의 뜻 외에는 없다. 그런데 후대의 학자들이 분별없이 도덕(道德) 등의 도(道)자의 뜻을 가지고, '미치'의 말뜻을 논하는 것은 견강부회로 터무니없다. 본말을 잘 분별해야 한다.

신도(神道)는 우리나라의 대도(大道)인데, 이를 '미치(道)'라 부르는 것은 고대에는 없었다. 한자 전래 후에 도(道)자의 쓰임을 배우고 나서 아마테라스 신이 전하여 황통을 계승한 천황이 옥좌에서 행하는 일을 '가미노미치(神道)'라 명명하였다. 그리하여 후에는 그에 준하여 중국에서 '도(道)'라 하는 것을 우리나라에서도 대소와 상관없이 모든 일을 '무엇의 도', '무슨무슨 미치'라 하여 잡다한 예능까지도 일컬었다. 그래서 노래를 읊는 것도 '우타노미치(歌の道)'라 하고, 후에는 이를 음으로 '가도(歌道)'라 하였다. 『속일본후기』 권19에 '고노미치(斯道, 이러한 도)'란 가도를 가리킨다. 『고킨와카슈』 한문 서문에도 '사도(斯道)', '오도(吾道)'가 보인다. 단지 가나 서문의 이 부분에 '미치(道)'라 쓰지 않은 것을 고려하면 그때까지도 일반적으로 널리 쓰인 것은 아닌 듯하다.

〔62〕 또 묻기를, 시(詩)와 노래(우타)는 본질이 같은 것인가.

답하기를, 시(詩)를 잘 모르기는 해도 옛 문헌에서 말하는 것을 보면 그 본질은 한결같이 우리나라의 노래와 같은 것으로 생각된다. 『시경』「풍아(風雅)」 3백편의 시를 보면, 시어는 중국풍이지만 의미는 우리나라의 노래와 조금도 다를 바가 없다. 자고로 사람의 마음은 어느 나라나 같기에 그도 그럴법하다. 그러나 후대로 내려오면 사람의 마음도 나라의 풍습도 제각각 변하는 법인지라 후세에는 중국과 우리나라가 모든 면에서 차이가 생겨 시와 노래의 정취도 확연하게 달라졌다.

〔63〕묻기를, 그 정취가 확연하게 달라졌다는 것은 무슨 말인가.

답하기를, 중국도 원래 『시경』의 시는 고대의 순수함이 남아 정취가 있고 끌리는 점이 많았다. 그런데 중국 사람의 마음은 대체로 똑똑한 것을 중시하고, 사소한 것에도 사람의 좋고 나쁨을 성가실 정도로 논한다. 무슨 일에나 잘난 척하며 말하는 것이 그 나라의 관습이다. 주나라 중엽 이후로는 세월이 흐를수록 그러한 관습만 남게 되었다. 따라서 시도 그러한 마음에서 지어진 만큼 정취가 있고 끌리는 부분은 사라지고 하나같이 호들갑스럽고 정도가 심한 것뿐이다. 그러므로 『시경』의 시와 후대의 시를 비교해보면 그 성질은 결코 같지 않다. 고금의 시의 변화는 시어에만 있을 뿐이고 뜻은 고대나 지금이나 전혀 변하지 않았다고 하는 이도 있지만 납득할 수 없다. 뜻도 말도 모두 변하였다.

우리나라의 노래도 세상의 변화에 따라 고대의 모습과는 다르게 변해버렸다. 하지만 우리나라 사람의 마음은 중국처럼 똑똑한 체하는 일 없이 느긋하고 부드러워 지금 읊는 노래도 역시 그러하다. 시처럼 잰체하는 마음은 조금도 섞이지 않았다. 그저 덧없고 절절하게 마음이 끌리는 것을 참신하게 현대풍으로 꾸며 읊을 뿐이다. 비록 말의 쓰임은 옛날과 지금이 달라졌을지 몰라도, 그 뜻하는 바는 신대나 지금이나 다르지 않다. 그러니 노래의 변화가 어찌 한시의 변화와 같다 하겠는가.

〔64〕 묻기를, 중국에서도 시(詩)는 성정(性情)을 읊는 것으로 온유돈후(溫柔敦厚)[327]를 취지로 삼는다 하였다. 그러니 후대에 시에 대해 마치 경학(經學)인 양 호들갑스럽게 논하는 것은 아니지 않은가.

답하기를, 그러하다. 이른바 경학은 중국에서도 특히 까다로운 학문이기에 다루기가 어렵다. 어쨌거나 사람의 좋고 나쁨에 대해 고약하게 따지는 것만을 훌륭하게 여기니 부드러운 풍아함은 전혀 모른다. 그에 비하면 시인의 마음은 충분히 정취 있고 각별하다. 그러나 우리나라의 노래에 견주어보면, 풍아하다고 여겨지는 것도 자연히 그 나라의 성향이 담겨 있어 잰체하고 야단스럽게만 들리니 끌리지 않는다. 극히 드물게 정취 있다고 하는 것조차 짐짓 더 꾸민 듯 보인다.

〔65〕 묻기를, 시(詩)는 격식을 중히 여기는 아주 훌륭한 것이고 남자라면 반드시 익혀야 한다고 한다. 반면 가(歌)는 오직 부질없고 진실하지 못한 것이라 하여 그저 아녀자들이 심심풀이로 즐기는 것이 되었다. 그렇다면 어찌 진실하

---

327 한시에서 풍기는 독실한 정취. 기교를 부리거나 노골적인 표현이 없는 것을 이르는 말로, 중국에서는 이를 시의 본분으로 여겼다.

고 훌륭한 것이라 생각할 수 있겠는가.

답하기를, 참으로 그러하다. 하지만 진실하고 훌륭한 것을 중시한다면, 경학이야말로 그런 것이다. 시는 원래 그리 격조 있고 딱딱한 것이 아니다. 『시경』을 보라. 꾸미거나 강하게 내세우지도 않으며, 후대와 같이 잰체하는 마음도 보이지 않는다. 이것이야말로 시의 본질인데, 제대로 알지 못하고 경학을 풀이하듯 이러쿵저러쿵 그럴싸하게 해석하는 자들이 많다. 또한 우리나라 사람들도 그러한 해석이 이치에 맞는 듯 보이는 것에 미혹되어 전적으로 옳다고 생각한다. 이는 모두 시의 본질과 나르며, 공자의 뜻에도 반한다.

왜냐하면 시는 본디 사람의 성정을 읊기에 논리적이지 않고 아녀자의 말 같은 것이어야 마땅하기 때문이다. 『공자가어(孔子家語)』[328]에 나오는 '시지실우(詩之失愚)'[329]라는 말에서 그 취지를 깨달아야 한다. 시에는 거짓 없는 진심을 담기 때문에 이치 따지기를 좋아하는 중국 사람들도 훌륭한 것이라 여기고, 공자도 육경의 하나로 정한 것이다.

그런데 후대의 시는 본뜻을 잊고 그저 만사에 똑똑한 척 돋보이려 하는 탓에, 꾸며서는 안 되는 성정마저 그럴싸하게 꾸며 격조 있는 듯 보여준다. 이는 진정한 마음의 표현이 아니다. 모두 거짓으로 꾸민 마음이니 아무리 멋들어지고 아름답다 한들 무슨 가치가 있으랴. 도무

---

328 위(魏)의 왕숙(王肅)이 엮은 것으로, 공자의 언행 및 제자들과의 문답과 논의를 수록한 책.
329 육경의 효용에 대해 논하는 대목 가운데, 『시경』을 배우지 못하면 어리석음에서 빠져나오지 못한다는 말.

지 마음에 들지 않고 볼썽사나울 따름이다.

〔66〕 묻기를, 이치에 맞고 멋들어진 것은 모두 위선이라 하고, 인간의 진실한 마음을 읊은 것은 논리적이지 않아야 한다는 이유는 어째서인가.

답하기를, 대개 사람이란 아무리 똑똑해도 마음속을 살펴보면 여자나 아이와 별반 다르지 않다. 무릇 인간의 마음은 분명치 않고 유약한데가 많다. 중국 사람도 마찬가지리라. 중국은 신국이 아닌 탓일까, 아주 옛날부터 악한 자들이 많고 도리에 맞지 않는 행동이 끊이지 않아 걸핏하면 혹세무민하여 세상이 혼란스러웠다. 그리하여 세상을 평안하게 하고자 만사를 고심하고 이리저리 궁리하며 어떻게든 좋은 방도를 구하니, 자연히 현명하고 깨달음이 깊은 자도 나왔다. 그러다 보니 굳이 그러지 않아도 되는 일에 더욱 천착하여 눈에 보이지 않는 심오한 이치까지 무리하게 덧붙이게 되었다. 이에 사소한 일에도 좋고나쁨을 가리는 것을 대단하게 여겼고, 그것이 자연스레 중국의 관습이 되었다. 너 나 할 것 없이 잘난 척하려는 까닭에, 본심이 약하고 부질없음을 부끄러이 여겨 말로 나타내지 않았다. 더욱이 글로 쓰는 경우에는 멋지고 이치에 맞는 것만을 그러모아 조금이라도 유약해 보이는 마음은 드러내지 않았다. 실로 나라를 다스리고 백성을 이끌고 교화시키려면 그래야 마땅하지만, 이는 모두 가식적인 마음이다. 진정한 마음의 모습이 아니다.

『사기(史記)』에 "기자(箕子)가 주나라에 알현할 때 옛날 자신의 고국

은나라의 폐허를 지나다가 궁궐이 허물어지고 옛터에 곡식과 기장이 자란 것을 보고 상심하였다. 소리 내어 울려고 해도 안 될 일이요, 소리 없이 울려고 해도 아녀자의 짓에 가까운지라 그러지도 못하였다. 결국 맥수지시(麥秀之詩)[330]를 지어 읊었다"라는 부분을 보라. 기자와 같은 사람조차 '모노노아하레'를 참기 힘들 때는 이러하다. 아녀자의 짓에 가까운지라 그러지도 못한다며 생각을 바꾼 것은 실로 현명했지만, 그것은 꾸며낸 겉모습이다. 그저 속절없이 아녀자처럼 울려 했던 마음이야말로 본심이다. 이 마음으로 세상 사람들을 보고 이해해야 한다. 격조 있고 훌륭한 것은 앞에서 '안 될 일'이라 하고 '아녀자의 짓에 가까운'이라 했던 바로 그 마음이다. 얼핏 생각하면 누구나 울음을 참는 것이야말로 대단하다 하겠지만, 그것이 반드시 사람의 진실한 마음은 아니다.

그런데 중국 사람은 말이며 행동이며 모두 본심을 드러내지 않는 것만을 좋다고 한다. 그래서 소리 내어 우는 것은 안 될 일이고, 소리 없이 우는 것은 아녀자 같다며 크게 문제 삼는다. '모노노아하레'는 다 잊어버리고 생각조차 하지 않으니, 유약하고 아녀자 같은 것은 꼴사납고 어리석게 여긴다.

그렇게 말하는 사람도 모두 마음 깊은 곳은 똑같이 연약하여 피할

---

330 기자가 나라가 망한 후 오랜만에 은의 옛 도읍지를 지나다 서글픈 감회를 못 이겨 지은 시. '보리 이삭이 점점 자라네, 벼와 기장도 무성하구나, 저 교활한 아이여, 나와 서로 좋을 수가 없었네(麥秀漸漸兮 禾黍油油兮 彼狡童兮 不與我好兮)'.

수 없는 것이 사람 마음이다. 평소에는 영리한 척 말하고 현명한 척 행동할지라도, 깊은 슬픔에 맞닥뜨리면 반드시 아녀자같이 꼴사나운 마음이 일어 진정이 안 되고 흐트러질 때도 많은 법이다. 이야말로 진실한 인간의 마음이다. 본디 누구나 그러한 법인데, 잘난 척하며 본마음을 드러내는 것을 부끄러이 여기는 풍조에 따라 이목을 꺼려 아무렇지 않은 듯 행동한다. 어떤 이는 세상천지 모든 일을 다 깨달은 얼굴로 잘난 척한다. 보는 사람도 그것을 대단하게 여긴다. 이는 무릇 누구나가 거짓된 겉모습만을 좋아하며 진실한 마음을 잊은 것이 아니겠는가. 슬픈 일도 슬퍼하지 않고 괴로운 일도 괴로워하지 않는 것은 목석과 다름없다. 하찮은 새와 벌레보다도 못한 것이거늘, 멋지다 여겨 부러워하고 흉내 내는 사람의 마음은 대체 무엇이란 말인가.

〔67〕 묻기를, 세상에 소중한 자식을 앞세우고 한탄하는 부모의 모습을 보면, 아비는 그래도 조용하고 침착하게 보인다. 반면 어미는 오로지 비탄에 빠져 눈물을 흘리는데, 어찌할 바를 몰라 듣기 거북한 말을 늘어놓으며 우는 모습을 보면 역시 부질없고 연약한 것은 아녀자의 행동이 아니겠는가.

답하기를, 그러하다. 아비가 흔들리는 마음을 진정시키고 있는 모습은 실로 사내답고 멋있어 보인다. 하지만 이는 남의 이목을 꺼려 부끄러이 여기는 까닭에 슬픈 마음을 억누르고 억지로 꾸민 겉모습에 지나지 않는다. 또 어미가 남의 눈도 신경 쓰지 않고 오로지 애타게 우는 모습은 참으로 연약하고 꼴사납게 보인다. 하지만 이야말로 꾸미지 않은 진정한 마음이다. 그러므로 볼썽사납지 않게 참고 견디는 것과 참지 못하는 것이 겉으로는 달라 보여도, 마음속 슬픔의 깊고 얕음은 아비나 어미나 다를 바 없다. 때문에 어느 쪽이 현명하다고도 어리석다고도 정할 수는 없다.

시가란 울적하고 참기 힘든 마음을 밖으로 읊어내는 것이다. 앞의 기자처럼 슬픔을 참으며 이건 '안 될 일'이라 하고 이건 '아녀자의 짓에 가깝다'며 마음을 가다듬는 데 급급하다 보면, 끝내 가슴에 슬픔이 차올라 참기 어려워져 시를 읊음으로써 그 슬픔을 풀어내는 것이다. 따라서 시는 반드시 아녀자처럼 연약할 수밖에 없는 것이다. 만약 사내답게 꾸며 말한다면 무엇으로 통곡하고 싶을 정도의 슬픔을 털어낼 수 있으랴. 그러므로 시가는 다른 글처럼 이러리라, 그러리라고 절대로 꾸며 말해서는 안 된다. 그저 좋든 나쁘든 마음 그대로를 읊어야 하는 것이다. 요즘의 시처럼 이건 나쁘고 이건 아녀자 같다며 본심을 부정하고 지은 잘난 척하는 시는 시의 본질에 맞지 않는다. 그저 분명치 않고 유약해 보이는 우리나라의 노래야말로 시가의 본질에 부합한다.

〔68〕 묻기를, 중국의 시는 시대가 변함에 따라 사람의 마음을 꾸며 멋져 보이게 하였다. 또 우리나라도 후대가 되면 만사 마찬가지인데, 어찌하여 오로지 노래만은 지금도 여전히 고대와 다름없이 사내다운 강한 것이 섞이지 않고 유약하다 하는가.

답하기를, 우리나라는 아마테라스 신의 나라로, 다른 나라들보다 뛰어나고 훌륭하며 영묘한 나라다. 이에 사람의 마음과 행위와 말도 그저 바르고 우미하여 천하가 평안하였다. 중국처럼 나라가 시끄럽고 불경스러운 일은 조금도 없었다. 그런데 중국에서 서적이 전해져 글을 읽고 쓰고 익히게 되었다. 글에 쓰인 중국의 모습을 보고, 만사가 멋지고 심오해 보이는 것에 끌려 우리나라 사람도 그것을 훌륭하다고 여기기 시작하였다. 그러다 보니 어느새 그러한 풍조를 흠모하여 따라 하게 되어, 나라 시대(奈良時代, 710~794)에 이르러서는 끝내 만사가 중국화하였다. 그렇지만 노래만은 그때도 여전히 다른 것과는 달리 말도 뜻도 우리나라 본래의 마음 그대로였다.

이는 어째서일까. 한시처럼 격조 있고 훌륭한 것은 시로 짓기에 걸맞다고 생각하여, 사람들이 하나같이 시에만 열중하고 노래는 버려둔 채 읊지 않았다. 『고킨와카슈』 한문 서문에 "오쓰 황자(大津皇子)가 첫 시부(詩賦)를 지은 것을 시작으로 문인과 재사(才士)가 그 시풍을 좇고 자취를 이어 중국의 글자로써 우리나라의 세속을 감화시켰다. 이에 백성의 언행이 일변하고 와카는 차츰 쇠퇴하였다"라는 것은 이때의 일이다. '와카는 차츰 쇠퇴하였다'란 세상의 풍습이 중국풍이 되었기 때문에 노래를 읊는 사람이 적어졌음을 뜻한다. 노래는 신대로부터 말과 뜻이 그대로이며 중국의 것이 섞이지 않았다. 중국풍으로 잘난 척하며 읊으려 하면 노래가 천해지고 우아하지 않으니, 당시 사람들이 애호하는 것과는 거리가 멀어져 자연스레 노래를 읊는 사람은 드물어졌으리라.

이렇게 노래가 쇠퇴한 것은 심히 한탄해야 할 일이다. 그렇지만 또 생각하면 심히 기뻐해야 할 일이기도 하다. 그 까닭은 당시 사람들의 취향대로 노래를 많이 읊고 즐겼다면 자칫 중국풍의 말과 뜻으로 함부로 읊어댔을 것이기 때문이다. 그랬다면 노래마저 중국풍으로 바뀌었을지도 모른다. 다행히 당시 사람들이 좋아하지 않았기 때문에, 노래는 쇠퇴하였다고는 하나 신대의 마음이 그대로 남아 있는 것이다.

후대에 이르러서는 모든 것이 더욱 중국풍이 되었지만, 노래만은 여전히 지금도 신대 그대로 우리나라의 말과 뜻을 지녔다. 조금도 다른 나라의 것이 섞이지 않았다. 매우 다행스러운 일이 아니겠는가.

이는 무슨 까닭이냐 하면 다른 나라의 거창하고 유식한 척하는 말과 뜻으로 읊으면 노래에는 어울리지 않아 심히 귀에 거슬리고, 어쩌다 한자음이 하나라도 섞이면 난삽하게 들리기 때문이다. 이 역시 본래 우리나라의 말과 뜻이 솔직하고 우아하며 뛰어나고 영묘하다는 증표다. 이처럼 생각해보면 사람들이 중국은 무엇이든 훌륭하다 여기는 것은 후대의 사고다. 그러므로 가도(歌道)를 우리나라의 대도(大道)라 하는 것도 일리가 있다.

본디 대도라 해야 마땅할 신도(神道)에서는 오히려 세상의 학자들이 중국 서적에 현혹되어 근거도 없는 이치를 가지고 억지를 늘어놓으며 유도(儒道)와 다름없는 방식으로 설한 탓에, 아마테라스 신의 위광(威光)을 더럽혀 소박하고 우아한 신국(神國)의 마음은 사라지고 말았다. 이 얼마나 한탄스러운 일인가. 그런데 가도만은 신대의 마음을 잃지 않았으니 더없이 기쁘지 아니한가.

　〔69〕 묻기를, 노래도 중국 시의 정취를 따라 읊는 일은 예로부터 많았다. 특히 백거이(白居易)³³¹의 시 등을 계속 취하여 읊었는데 어찌 중국 것이 전혀 섞이지 않았다 하겠는가.

　답하기를, 그렇게만 이해할 일인가. 다른 나라라 하여 만사가 반드시 다르겠는가. 무릇 세상사는 모습은 어디나 비슷하기에 애초에 우리나라와 같은 것도 많다. 특히 노래와 시는 원래 본질이 같은 것이다. 우리나라와 중국의 관습이 달라도, 그중에 어찌 같은 정취를 지닌 것이 없겠는가. 후대에도 당연히 그러한 정취가 변하지 않은 노래가 있을 터이기에, 한시의 정취를 취하려 함은 그저 우리나라의 옛 노래를 따라 읊는 것과 마찬가지리라. 그렇다고 우리나라의 정취와 다른 것이 전혀 섞이지 않았다고는 할 수 없다. 같은 점과 다른 점이 있음을 분별하라.

331　당나라의 시인으로, 사회와 정치 현실을 비판하는 풍유시(諷喩詩)를 비롯하여 일상사를 읊은 한적시(閑適詩), 감상시(感傷詩) 등 다채로운 내용의 시를 남겼다. 일본에 그의 시집 『백씨문집(白氏文集)』이 전래된 것은 844년의 일이다. 이후 일본 문학에 많은 영향을 남겼는데, 특히 헤이안 시대에는 「장한가(長恨歌)」로 대표되는 규원시(閨怨詩)의 수용이 두드러진다. 스가와라노 미치자네의 한시가 백거이의 시와 비교되고, 무라사키시키부가 쇼시 중궁에게 『백씨문집』을 강의하였다는 기록, 또 『마쿠라노소시』에 『백씨문집』이 언급되는 점 등을 통해 헤이안 귀족사회에 널리 침투되어 있었음을 알 수 있다.

〔70〕 묻기를, 특별히 중국 것을 배우지 않아도 시대의 변화에 따라 자연스럽게 노래의 모습도 변하는 것인데, 어찌 이 가도(歌道)만은 신대의 정취 그대로라 하는가.

답하기를, 앞에서도 말한 것처럼 노래 역시 그 모습이 대대로 변하지 않는 것은 아니지만, 그것은 단지 말의 쓰임이 변한 것일 뿐이다. 그 말의 정취는 신대나 지금이나 같다. 이 또한 변하는 점과 변하지 않는 점이 있음을 분별해야 한다. 그 변화에 대해서는 뒤에서 자세히 말하겠다.

앞에서도 말한 것처럼, 노래가 변하지 않은 까닭은 우리나라 사람들이 느긋하고 온화한 성정을 지녔기 때문이다. 읊는 노래도 그저 옛날 그대로의 섬약하고 진실한 마음을 좇는데다, 잘난 체하는 일이 없기 때문에 지금까지도 신대의 마음을 잃지 않은 것이다. 나라 시대처럼 오로지 중국을 따라 하며 만사에 이치를 따진 시대도 있었지만, 당시 사람들이 온전히 물든 것은 아니었다. 또한 그 시대에도 노래를 읊는 사람의 마음은 여전히 옛것을 그리워하고 순순하여, 노래는 그 마음을 잃지 않고 후대에 전해진 것이다.

한편 노래가 어떤 것이라고 정해지고 나서는 중국풍으로 시를 짓는 사람이 노래를 읊어도, 노래는 노래로서 구분되었다. 시로 인해 노래의 정취가 변하는 일은 결코 없었다. 또한 세상의 풍습에 이끌려 바뀌는 일도 없었다.

〔71〕또 묻기를, 사랑 노래가 세상에 많은 것은 어떤 이유에서인가.

답하기를, 『고사기』나 『일본서기』에 보이는 고대의 노래들을 비롯하여 역대 가집에도 특히 사랑 노래가 많다. 그중에서도 『만요슈』에 상문(相聞)이라는 것이 사랑 노래다. 『만요슈』의 노래는 잡가·상문·만가(挽歌)의 세 갈래로 나뉜다. 권8, 권10 등에 사계별 잡가, 사계별 상문으로 나뉘어 수록되어 있다. 상문 외의 노래는 모두 잡가라 하므로, 노래는 주로 사랑을 읊는 것임을 알아야 한다. 왜냐하면 사랑은 다른 어떤 정취보다 각별하여 사람 마음 깊숙이 스며드니 도저히 참기 어렵기 때문이다. 각별히 정취 있는 노래는 사랑 노래에 많은 법이다.

〔72〕묻기를, 대개 세상사람 누구나가 늘 간절히 바라는 것은 사랑보다 일신의 영화와 재물이다. 부귀영화를 좇는 그 마음이야말로 턱없이 많이 보이는데 어찌하여 그러한 모습은 노래로 읊지 않는가.

답하기를, '정(情)'과 '욕(欲)'의 구별이 있다. 무릇 사람 마음에 드는 갖가지 생각은 모두 정이다. 그 생각 중에서도 이랬으면 저랬으면 하고 바라는 것이 욕망이다. 그래서 이 둘은 떼려야 뗄 수 없다. 넓게는 욕망도 정의 한 종류지만, 특히 사람을 가엽다 애처롭다 생각하고 혹은 얄밉다 매정하다 생각하는 것 등을 정이라 한다. 정에서 욕망이 나오고, 다시 욕망에서 정으로 옮겨가는 등, 그 모습이 일정하지 않고 각양각색이다. 어쨌든 노래는 정에서 생긴 것이다. 왜냐하면 이 정은 무언가에 느낌을 받아 마음이 쉬이 움직여 깊이 감동하기 때문이다.

욕망은 오로지 무언가를 원하는 마음뿐으로 그토록 사무칠 만큼 절절하지는 않다. 별것도 아닌 꽃의 아름다움이며 새 울음소리에 눈물을 흘릴 정도로 깊지는 않다. 앞에서 말한 재화를 탐하는 마음이 바로 욕망이며, 정취를 느끼는 것과는 거리가 멀기에 노래가 나오지 않는 것이다. 사랑을 느끼는 것도 원래는 욕망에서 나왔지만 욕망보다는 오히려 정에 깊이 관련된 것으로, 살아 있는 모든 존재는 그것을 피할 수 없다. 하물며 사람은 각별히 정취를 잘 알기에 그 사랑의 절절함이 특히 깊어 견디기 힘든 마음이 곧 정이다. 사랑 외에도 여하튼 다른 모든 절절한 마음에서 노래가 나온다는 것을 알아야 한다.

그렇다 하더라도 정은 앞에서 말한 것처럼 마음이 유약함을 부끄러워하는 후대의 관습에 의해 드러내지 않으려 조심하는 일이 많았기에, 오히려 욕망보다 깊지 않은 듯 보인다. 하지만 노래만은 고대의 마음을 잃지 않고 사람의 진심을 있는 그대로 읊어, 아녀자 같이 유약한 마음도 전혀 부끄러워하지 않았다. 때문에 후대에 이르러 고상하고 품위 있게 읊고자 점점 절절한 정취만을 중시하고, 욕망은 철저히 꺼리게 되어 읊으려고도 하지 않았다. 드물게 『만요슈』 권3의 술을 찬양한 노래 같은 것이 욕망을 읊은 예다. 한시에서는 예사로 읊어 그러한 부류가 많았지만, 노래에서는 매우 볼썽사납고 탐탁지 않게 생각하여 더욱 선호하지 않았다. 그런 유의 노래는 볼 만한 가치가 전혀 없다. 그 까닭은 욕망은 천박한 마음으로 정취가 없기 때문이다. 그런데 중국에서는 절절한 정을 부끄럽게 여기고 너나없이 천박한 욕망을 훌륭하다 하니 어찌된 일인가.

〔73〕 또 사람이 묻기를, 고대에는 음식과 재물을 탐하는 마음을 읊은 노래도 드물게 보인다. 욕망으로부터 노래가 나오지 않는다고 함은 어째서인가.

답하기를, 털 속까지 들추어 흠집을 찾는다는 속담이 있다. 남의 말을 억지로 비난하려고 드문 예를 들어 트집 잡으며 더 일반적인 경우를 누르려는 태도는 말싸움을 하자는 것이다. 그런 사람이 꼭 있다. 불을 차갑다고 하고 찬물을 뜨겁다고 하려면 얼마든지 그럴 수 있다. 하지만 무엇이나 일률적으로 말할 수 없는 것이기에, 하나둘 예외는 있어도 그건 그렇다 치고 예가 많은 쪽을 취하여 어떻게든 결론짓는 것이다. 예컨대 황소가 있는데도 소는 검다고 말하지 않는가.

〔74〕 묻기를, 사랑에 대해서는 중국 서적에서도 다음과 같이 말한다. 『예기』에 사랑은 사람의 대욕(大慾)이라 하여 무릇 부부의 정을 각별히 깊은 것으로 친다. 그것은 서로가 각각 아내를 아끼고 남편을 그리는 것이기에 그리 말할 수도 있다. 그러나 노래에서의 사랑은 정식으로 혼인관계를 맺은 남녀 사이만을 읊는 것은 아니다. 어떤 것은 부모가 너무 애지중지 키운 여자를 연모하나 혼인을 허락받지 못하는 마음을 읊거나, 또 어떤 것은 규방 속 다른 사람의 아내에게 마음을 주는 것을 읊는 등, 대개 문란하고 좋지 않은 것이다. 그런 노래까지 훌륭하다 함은 어째서인가.

답하기를, 앞에서도 말했듯이 사랑에 빠지는 마음은 아무도 피할 수 없다. 분별을 잃고 사랑에 빠지면 현명한 자도 어리석은 자도 자연히 도리를 저버리는 짓을 많이 하게 된다. 결국에는 나라를 잃고 몸을 망치고 죽어서도 오명을 남긴 예가 예나 지금이나 수없이 많다. 도리에 어긋난 사랑은 누구나 나쁘다는 것을 알고 있으므로 각별히 경계하고 삼가야 한다.

그러나 사람은 모두 성인(聖人)이 아니다. 사랑뿐만 아니라 행동도 마음도 항상 바를 수만은 없다. 여하튼 바르지 못한 많은 것들 중에서도 사랑이라는 마음은 생각하고 또 생각해도 진정시키기 어렵다. 내 마음을 어찌하지 못해 나쁘다는 것을 알면서도 참지 못하는 예가 세상에는 많다. 하물며 보이지 않는 마음속을 누가 알 수 있으랴. 설령 겉으로는 현명한 척하며 남을 엄격하게 타이르는 자들도 마음속을 들추어보면 그러한 마음이 없는 것이 아니다. 특히 남들이 허락지 않는 사랑을 할 때는 그래서는 안 된다고 스스로 억누르다가도 점점 마음이 답답하고 울적해져 이러지도 저러지도 못한다. 이럴 때 특히 더 절절한 노래가 나온다. 그래서 사랑 노래에는 도리에 어긋난 문란한 것이 많다. 본디 그러한 법이다.

여하튼 노래는 '모노노아하레'라는 그 절절한 감정에 따라 좋은 것도 나쁜 것도 오직 마음 그대로를 읊는 것이다. 이것은 도리에 어긋난 일, 그것은 해서는 안 되는 일이라며 마음속에서 옳고 그름을 가리는 것은 본의가 아니다. 무릇 좋지 않은 것을 금하는 일은 나라를 다스리고 사람을 가르치는 도(道)의 역할이므로, 도리에 어긋한 사랑은 애초에 엄히 경계해야 한다.

그러나 노래는 그러한 가르침과는 전혀 상관없다. '모노노아하레'를 본질로 하는, 성격이 전혀 다른 도다. 그래서 옳고 그름을 따지지 않고 이러쿵저러쿵 말하지 않는다. 그렇다고 나쁜 짓을 좋다고 칭찬하지는 않는다. 다만 그런 마음에서 읊은 노래의 절절한 정취를 훌륭하다 하는 것이다.

모노가타리도 이러한 관점에서 감상하여 그 본질을 알아야 한다. 이에 대해서는 『겐지 모노가타리』 각 권에 쓰인 말을 예로 들어 별도로 상세히 썼으니 참조하라.[332] 대체로 가도(歌道)의 본질은 이 모노가타리를 통해 알 수 있을 것이다.

〔75〕묻기를, 중국에서는 한시도 다른 글도 사랑을 이야기하는 것이 드물다. 반면 우리나라의 글에는 사랑 이야기만 많이 보이고 신분이 높거나 낮거나 난잡해 보이는 것이 많은데, 그것을 나쁘다 하지 않음은 나라의 풍속이 문란하고 색을 밝히기 때문인가.

답하기를, 호색(好色)은 고금을 막론하고 어느 나라나 다 마찬가지다. 역대 중국 서적을 보면 그 나라는 더 문란한 예가 많다. 앞에서도 말했듯이 중국은 만사에 호들갑스럽게 선악(善惡)을 가리는 관습이 있어, 예의 잰체하는 학자들이 호색을 혐오하고 비난하며 실로 보기 흉

---

332 노리나가가 『겐지 모노가타리』를 평한 『시분요료』를 말한다.

하고 역겨운 듯 썼다. 자연히 한시도 그러한 관습에 따라 오로지 대장부의 용맹스런 성정만을 선호하고, 유약하고 볼썽사나운 사랑의 마음은 부끄러이 여겨 읊지 않았다. 이는 모두 꾸며낸 겉모습으로 사람의 진실한 마음이 아니다. 그것을 후대에 읽는 사람이 깊이 헤아리지 못하고 시문(詩文)에 적힌 것을 진실한 모습이라 여기며 중국 사람들은 호색적인 행동이 적었다고 생각하는 것은 어리석다.

우리나라는 만사 여유롭고 잰체하지 않는 까닭에 좋고 나쁨을 성가시게 따지지 않고, 오직 있는 그대로를 말과 글로 전하였다. 그중에서도 노래와 모노가다리는 특히 '모노노아하레'를 본질로 삼으니, 호색적인 사람의 갖가지 마음을 과장하지 않고 있는 그대로 쓴 것이다. 그런데 우리나라의 글 중에서도 중국 서적을 모방하여 쓴 역사서 등은 중국의 것과 별반 다르지 않다. 문체나 서식을 보면 알 수 있거늘 그를 분별하지 못하고 우리나라의 관습이 특히 호색적이라 생각하는 것은 역사서를 보지 않고 노래와 모노가타리만을 본 사람의 착각이다. 신뢰할 만한 기술은 아니지만, 심지어 『위지(魏志)』에는 우리나라에 대해 "그 풍속이 음란하지 않다"라고 쓰여 있지 않은가.

대체로 사랑뿐 아니라 만사에 중국에는 바르지 못한 사람이 유달리 많다. 그토록 가차 없이 훈계하는데도 여전히 고쳐지지 않는 것은 애당초 나라가 바르지 못한 탓이다. 우리나라는 예로부터 사람의 행동을 이러니저러니 칭찬도 비방도 하지 않고 느슨하게 그대로 두는데도 바르지 못한 사람이 많다는 소리가 안 들리는 것은 신국인 까닭이다.

〔76〕물기를, 승려가 사랑하는 일은 정말 있어서는 안 되는데 가도(歌道)에서는 힐난하지 않는다. 역대 가집에도 그런 노래가 많이 보이며 지금도 거리낌 없이 읊는 것은 어째서인가.

답하기를, 음욕(淫慾)은 불가에서 엄중히 금하므로 승려가 각별히 경계해야 함은 누구나 잘 아는 바다. 지금도 여전히 사랑에 미혹되는 것을 실로 한심스럽다고 보는 것 같다. 그렇지만 좋고 나쁨의 구별은 불도(佛道)나 유도(儒道)에서 이렇다 저렇다 말해대는 것이지 노래는 그와 다르다. 반드시 유불의 가르침에 따라야 하는 것도 아니니 행위의 선악에 대해 이러쿵저러쿵 말할 필요도 없다. 오로지 '모노노아하레'를 본령으로 하여 억누를 수 없는 감정을 읊는 것이 가도(歌道)다.

승려는 속세를 벗어나 불도에 들어간 이상 그 가르침을 엄중히 지키고 조금이라도 문란한 짓을 해서는 안 된다. 억지로 삼가는 육신의 수행으로 그렇게 보일 수는 있지만, 승려라 하여 갑자기 속된 마음과 인정(人情)이 변하는 것은 아니다. 무릇 불보살의 화신이 아니기에 아직 깨달음을 얻지 못했을 때는 마음 깊숙이까지 완전히 맑고 깨끗할 수는 없다. 더욱이 이 세상의 번뇌도 남아 있을 터이니 어찌 호색적인 마음이 없겠는가. 이는 애당초 자연스러운 것이다. 그러한 마음이 드는 것을 부끄러워할 필요는 없다. 또 비난할 만한 일도 아니다. 해서는 안 되는 잘못을 저지르는 것도 범부에게는 흔히 있는 일로 어찌할 도리가 없다. 불가의 계율이 엄한 것도 모든 사람이 헤어나기 힘들고 쉬이 미혹되는 까닭이다. 승려라 하면 사람들은 마음속까지 모두 부처와 같아야 한다고 생각하고 스스로도 짐짓 그러한 체하나, 그 죄는 무겁다.

지금 그 마음을 비유를 들어 설명해보자. 덕이 높은 고승이 한창 피어 있는 꽃과 단풍 앞에 잠시 멈춰 서서 참으로 아름답다고 생각한다. 다시 길을 가다 멋진 여인과 마주치자 눈길도 주지 않고 지나친다. 이두 경우를 생각해보자.

꽃과 단풍도 속세의 아름다움이므로 마음을 두어서는 안 되지만, 특별히 집착이 남을 정도는 아니니 승려가 그 아름다움을 조금 즐긴다 한들 잘못이라 할 수는 없다. 여인의 아름다움은 무엇보다 사람의 마음을 어지럽혀 반드시 나중에 죄장(罪障)이 될 터이고, 더욱이 속세를 떠난 자는 눈에 담아서도 안 될 것이기에 이 고승의 행동은 매우 고귀하다. 하지만 마음 깊은 곳에서 진정 그렇다고 한다면 크나큰 위선이리라. 그 까닭은 다음과 같다. 꽃과 단풍의 빛깔과 향기는 아름다움에도 한계가 있어 사람 마음을 끄는 바가 깊지 않다. 반면 사람의 아름다움은 끝이 없어 마음을 끄는 바가 비할 데 없이 깊다. 그런데도 꽃과 단풍의 유한한 아름다움을 사랑하는 마음으로 어찌 한없는 여인의 아름다움을 사랑스럽다 생각지 않을 수 있겠는가. 이는 예컨대 금백 냥은 갖고 싶지만 천 냥은 갖고 싶지 않다고 하는 것과 같다. 그러한 이치는 있을 수 없다.

아름다운 여인을 보고 조금도 마음이 동하지 않는 자는 참부처리라. 아니면 새나 벌레보다 못한 그야말로 마음이 없는 목석과 같다 하리라. 특히나 승려는 아내를 갖지 않고 욕정을 늘 삼가다 보니 점점 마음에 맺히는 것이 많아지기 마련이다. 따라서 속세보다도 오히려 사랑 노래를 많이 읊고 더욱 절절하게 읊는 것이다. 옛날에 시가데라(志賀寺)의 큰스님이 어느 후궁의 손을 잡고 읊었다는 다마바하키(玉箒)의 노래[333]는 승려의 마음에 걸맞게 절절하다. 그처럼 마음속에 깊이 쌓인 망념도 노래로 읊어 조금이나마 떨쳐내려는 것은 발로참회(發露懺悔)의 마음과도 같은 것이 아니겠는가. 노래를 읊은 연유는 적절치 않더라도 노래는 노래일 뿐이다. 노래에는 그러한 분별 자체가 의미 없는 것이리라.

---

333 『태평기』 권37 등 여러 문헌에 전하는 유명한 이야기다.(太平記④272~274) 오랜 세월 수행에만 전념했던 시가데라의 고승이 교고쿠노미야스도코로(京極御息所)에게 첫눈에 반하여 그녀를 찾아가 손을 잡고 노래를 읊었다. '정월의 첫 자일에 하사받은 구슬 달린 빗자루 손만 닿아도 구슬을 꿴 줄이 흔들려 마음이 설레네.' 그러자 그녀가 '극락정토의 연화대에 나를 데려가주오 흔들리는 구슬의 줄'이라고 답가를 읊어 스님을 위로하였다고 한다. 스님이 읊은 노래는 『만요슈』에 나오는 오토모노 야카모치의 노래다.(萬葉集 20 · 4493)

이소노카미 사사메고토 권3

〔77〕 어떤 사람이 나무라며 묻기를, 노래는 '모노노아하레'를 본령으로 하며 유불의 가르침과는 성격이 다른 도(道)라 하는데, 도무지 이해가 되지 않는다. 그 이유는 『고킨와카슈』 가나 서문에 "지금 세상은 겉으로 보이는 아름다움만을 추구하여 사람의 마음이 꽃과 같이 화려해짐에 따라 별 뜻 없고 부질없는 노래만 읊는다. 풍류가들 사이에서도 마치 화석이 된 나무나 다름없고, 억새의 이삭이 나와야 하는데 안 나오는 것처럼 공적인 자리에서 자취를 감추었다. 노래의 기원을 생각한다면 지금 같아서는 안 된다"고 한다. 옛날에는 역대 천황들이 때때마다 사람들을 불러 모아 무언가를 소재로 노래를 지어 올리게 하였는데, 그 마음을 보고 사람의 현명함과 어리석음을 구별하였다고 한다. 또한 한문 서문에는 "상고의 노래는 듣는 이의 눈과 귀를 즐겁게 하지 못하고 그저 교훈을 위한 것"이라 하고, "노래에 따라 그 사람의 어리석음과 현명함을 구별하여 백성의 바람대로 인재를 발탁하는 수단으로 삼았다"라 하였다. 또한 『신센와카』 서문에도 "노래는 인륜을 두텁게 하고 효경(孝敬)을 세운다. 위는 아래를 교화하고, 아래는 위를 풍자한다. 화려함을 위해 한문을 빌려 쓰지만, 교훈 속에서 그 뜻을 취한다"라고 나와 있지 않은가.

답하기를, 우리나라는 원래 문자라는 것이 없었기 때문에 글을 쓰고 책을 만드는 일이 없었다. 그런데 문자와 서적이 건너온 후에는 우리나라에서도 글을 쓰고 책을 만드는 것을 배워 알게 되었다. 원래 없었던 것이므로 글을 쓰려면 우리나라의 말과 뜻을 버리고 반드시 중국의 것을 배워 썼다. 후대의 가나 문장이야말로 말도 뜻도 오롯이 우리나라의 것이다. 나라 시대까지도 아직 우리 글자가 없어, 한마디를 쓰려 해도 모두 한문을 사용하였기에 그 정서도 중국의 것만을 모방해 썼다. 이것이 예사로운 일이었다. 특히 노래와 한시는 원래 정서가 같기에, 『고킨와카슈』의 한문 서문이나 『신센와카』의 서문 등은 온전히 한시의 정서를 빌려 쓴 것이다. 하지만 가론에는 맞지 않는 점이 많다. 더구나 이들 서문은 칙찬집에 실려 있는 것이다. 무릇 조정에 바치는 책에는 나라를 다스리는 데 도움이 되는 내용을 적는 것이 관례다. 한시의 효용론을 가져와 나라를 다스리는 데 도움이 되는 것을 중요한 쓰임이라 하였다. 또한 전대에 한시문만을 즐기고 조정에서 노래가 쇠퇴함을 한탄하였다. 노래가 이처럼 공적인 자리에서 사라져 아녀자들의 덧없는 놀이로만 전락해서는 안 되며, 조정에서도 반드시 읊어져야 한다는 취지에서 한문 서문은 물론이거니와 가나 서문에도 그렇게 쓴 것이다. 노래가 오로지 '모노노아하레'를 본령으로 하고 느끼는 바를 말하는 것이라고만 하면 쓸모없이 여겨져 자칫 나라를 다스리는 데 무용하다고 생각할 터이기에 그렇게 쓴 것이다.

〔78〕 묻기를, 『고킨와카슈』의 한문 서문과 『신센와카』의 서문이 가론에 맞지 않는다 함은 어째서인가. 기노 쓰라유키는 어찌하여 그리 쓴 것인가.

답하기를, 『신센와카』의 서문은 『시경』 서문의 내용을 그대로 가져
온 것이다. 『고킨와카슈』 한문 서문도 중국에서 시를 논한 취지만을
중시하고, 우리나라 고대의 노래는 깊이 생각하지 않고 쓴 것이다. 이
는 노래와 시가 그저 같은 정서를 가졌다고만 생각한 까닭이다.

그렇지만 앞에서도 자세히 서술한 것처럼, 그 근본은 다르지 않지
만 후대에는 매우 동떨어진 것이 되었다. 이는 양국의 풍습이 다르기
때문이다. 중국은 만사에 영리한 체하는 경향이 있기에, 옛 시를 무리
하게 가르치고 훈계하는 쪽으로만 이해하였다. 또 새로이 시를 짓는
자도 그 관례를 벗어나지 못하였다. 우리나라는 아마테라스 신의 나
라로 만사 풍습이 우아한지라, 노래로써 나라를 다스리는 데 도움을
주거나 또 위를 풍자하고 아래를 교화하는 일은 없었다. 극히 드물게
무언가에 빗대어 사람을 교화시키려는 것도 보이지만 일반적이지는
않다. 그저 각자의 마음에 넘쳐나는 '모노노아하레'를 읊었을 뿐이다.
자고로 무엇이든 대수롭지 않은 듯 말하면 가벼워 별것 없는 듯 보이
고, 반대로 야단스럽게 무언가 있는 것처럼 말하면 그럴 듯하다 믿는
것이 인지상정이다. 그렇지만 곰곰이 무언가에 대해 여러모로 생각하
고 옛 자취를 소상히 살피면 노래의 본령을 확실히 알 수 있으리라.

『고사기』, 『일본서기』, 『만요슈』에도 노래로써 교화한 일은 특별히
보이지 않는다. 시대를 거슬러 올라가도 사랑 노래만이 많다. 그러므
로 한문 서문에 '그저 교훈을 위한 것'이라 함은 맞지 않다. 옛 노래를
잘 살펴야 한다. 옛것을 생각하지 않고 그 서문에만 구애되어서는 안

된다. 근거 없는 이론으로 억지를 부리는 것은 더 말할 필요도 없다.

『고킨와카슈』 한문 서문에 "옛 천황은 경치가 아름답고 시절이 좋을 때마다 연회를 베풀어 신하들에게 와카를 지어 헌상케 하였다"라고 쓰여 있다. 간혹 그런 일도 있었으리라. 항상 있는 일은 아니었다. 전후의 문맥을 보면, 나라 시대부터 연회가 열릴 때마다 문인을 불러 한시를 지어 올리게 한 사실만 사서에 보이고 노래를 바친 일은 없었기에 그 사실을 한탄하여 이렇게 적은 것이다. "어리석음과 현명함이 이로 구별된다", "인재를 고르는 수단이다"라고 하는데, 이는 전혀 사실이 아니다. 중국에서도 당나라 때는 시를 짓는 능력을 가늠하여 인재를 선발하였다. 한문 서문은 이를 모방하여 쓴 것이다. 실제로 우리나라에서는 노래로써 사람의 현명함과 어리석음을 가리고 인재를 선발한 사실도 없기에 맞지 않다. 한시의 취지를 빌려 썼다고 함은 이와 같은 사실을 통해 알 수 있다. 모두 나라를 다스리는 데 유용한 것을 중요하다고 보고 공적으로 노래가 읊어지기를 바라는 마음에 이렇게 쓴 것이다. 실제로 그렇지 않다는 증거를 들어보겠다. "신묘한 생각을 훌륭하게 읊어 예나 지금이나 독보적"이라고 평가되는 가키노모토노 히토마로(柿本人麻呂)를 비롯하여, "바로 앞 시대의 고풍을 간직한 사람"이라는 육가선(六歌仙)[334]의 노래를 보라. 훈계가 될 만한 것은 전

---

334 헤이안 초기의 뛰어난 여섯 명의 가인. 아리와라노 나리히라, 헨조, 기센(喜撰), 오토모노 구로누시(大友黑主), 훈야노 야스히데(文屋康秀), 오노노 고마치를 말한다.

허 없고 오직 애절하고 정취 있는 사랑 노래만 많다. 특히 아리와라노 나리히라의 행동이나 노래가 어찌 세상의 가르침이 될 수 있겠는가. 고풍을 잃지 않은 사람으로 나리히라를 들고 있는데, 이를 보더라도 노래가 인재를 선발하는 수단이라는 말은 가론에 맞지 않음을 알아야 한다.

또한 "풍류인들은 꽃과 새를 읊은 노래를 사랑의 매개로 삼았다"라고 한다. 이런 쓰임은 노래의 본의가 아니라고 하면서 가집에 사랑 노래가 특히 많은 것은 어째서인가. 따라서 서문을 그대로 믿어 그것이 노래의 참모습, 가도(歌道)의 본질이라고 일률적으로 이해해서는 안될 것이다. 깊이 생각하고 분별해야 한다. 그런데 옛 사람의 말에 부합하려고 이러쿵저러쿵 얼토당토않은 논리를 갖다 대어 그럴싸하게 말하는 것은 모두 억지다.

〔79〕 묻기를, 그렇다면 노래는 각자 자신이 생각하는 것을 풀어내는 효용이 있을 뿐, 별반 세상에는 도움이 안 되는 것인가.

답하기를, 세상의 모든 일에는 근본과 쓰임의 구별이 있다. 이는 한문에서 말하는 체(體)와 용(用)이다. 노래에서도 근본이 되는 체(體)란 오직 '모노노아하레'라는 절절한 마음을 읊는 것으로, 그 외에 다른 것은 없다. 앞에서 상세히 서술한 바와 같다.

노래를 부르면 읊는 이나 듣는 이 모두에게 이로운 점이 많은데, 이를 용(用)이라 한다. 노래의 쓰임에 관해 구체적으로 말하자면 다음과 같다. 먼저 생각하는 바를 노래로 읊으면 가슴속에 쌓여 참기 힘든 마음이 절로 위로된다. 이것이 첫 번째 쓰임이다.

또 『고킨와카슈』 가나 서문에 "힘들이지 않고도 천지를 움직이고, 눈에 보이지 않는 귀신조차 감동시키며, 남녀 사이도 부드럽게 하고, 용맹한 무사의 마음까지 누그러뜨리는 것이 와카다"라고 한다. 이 또한 크게 이로운 쓰임이다. 이를 한문 서문에는 "천지를 움직이고, 귀신을 감동시키고, 인륜을 감화하고, 부부 사이를 좋게 하는 데 와카보다 좋은 것은 없다"라고 한다. 두 서문 모두 『시경』 서문의 "천지를 움직이고 귀신을 감동시키는 데 시보다 더한 것은 없다"라는 구절에 의거한 것이다. 이는 노래도 마찬가지다. '모노노아하레'를 느끼게 하는 것은 시보다 와카가 더욱 뛰어나다. 예로부터 그러한 예가 매우 많다.

이렇듯 사람은 물론 귀신까지도 감동시키는 노래의 효용은 매우 폭넓고 다양하다. 무릇 천지 간에 벌어지는 온갖 일은 좋은 일이든 나쁜 일이든 모두 신의 뜻에 의한 것이다. 갖가지 재앙으로 위정자와 백성이 편치 않을 때, 진노한 신의 마음을 잘 달래면 절로 재앙이 진정되어 세상이 평안해진다. 이것이 힘들이지 않고 신을 감동시키는 덕(德)이다. 사람을 감동시키는 것이 노래이므로 신의 마음을 누그러뜨리는 것은 말할 필요도 없다.

또한 사람을 감동시키는 노래의 효용을 말하자면 다음과 같다. 먼저 백성을 다스리고 정사(政事)를 행하는 자는 세상 사람들의 마음까지 세세하게 살펴야 하므로 '모노노아하레'를 모르면 안 된다. 그러나 대개 신분이 높은 자는 미천한 이들의 마음을 세세히 헤아리는 데 무심하다. 무릇 권세를 가진 자는 무슨 일이든 생각대로 되는 까닭에 일신의 괴로움을 알지 못한다. 이에 만사에 배려심이 적은지라 늘 근심이 많은 미천하고 궁핍한 이들을 이해하고 가여워하는 마음이 없다. 우리나라와 중국 서적에 쓰인 것을 읽거나 전해 들어 대강은 알 수 있다 해도, 직접 경험하여 깨닫지 못한 것은 보고 들어도 여전히 남의 일로 생각된다. 그러니 깊이 마음에 와 닿지 않는다.

그런데 노래란 제각각 마음속 깊이 느낀 기쁨이나 슬픔을 그대로 읊은 것이기에, 이를 보고 들을 때는 자신이 전혀 알지 못하는 일도 마음에 와 닿아 훨씬 더 잘 헤아리게 된다. 사람이 이런 일을 겪으면 이렇게 생각하는구나, 이러면 기쁘구나, 저러면 원망스럽구나 하고 세세히 이해하게 된다. 그리하여 세상 사람들의 마음이 맑은 거울에 비친 것보다도 더 또렷이 보이니 가엽다 여기는 마음이 절로 생긴다. 그래서 세상 사람들을 위해 나쁜 일은 해서는 안 된다고 생각하게 되는 것이다. 이것이 '모노노아하레'를 알게 하는 노래의 효용이다.

위정자뿐만 아니라 보통 사람도 '모노노아하레'를 모르면 만사에 배려가 없고 마음이 팍팍하여 매정한 처사가 많다. 무릇 무슨 일이든 겪어보지 않으면 그 심정을 모르는 법이다. 부자는 가난한 자의 마음을 알지 못하고, 젊은이는 늙은이의 마음을 알지 못하고, 남자는 여자의 마음을 알지 못한다. 흔히 자식은 부모 마음을 모르지만 자식이 생기고 나서야 비로소 부모의 은혜를 안다고 한다. 후지와라노 가네스케

(藤原兼輔)의 '부모 마음 늘 미망에 빠져 있지는 않으나 자식 일이라면 길을 헤매는구나'라는 노래도 있다. 후지와라노 슌제이가 병이 깊어지자 후지와라노 노리미쓰(藤原範光)에게 아들 데이카를 부탁하는 뜻으로 보낸 '바람 불면 곧 떨어질 이슬 같은 저는 오직 하나 자식 일만 염려됩니다'라는 노래를 들으면, 자식이 없는 사람도 절로 부모의 마음을 알게 되어 애잔한 마음이 든다. 다른 것도 모두 이와 같은 마음이다. 세상 사람들이 각기 신분에 맞게 자신의 일인 양 생각하여 이해가 깊어지니 직접 그러한 일을 겪지 않아도 그 심정을 헤아리는 것이 노래다. 다른 사람의 마음과 깊이 공감하면 세상을 위해서도 다른 사람을 위해서도 나쁜 일은 자연히 하지 않는 법이다. 이것이 '모노노아하레'를 알게 하는 노래의 효용이다.

이렇듯 다른 사람의 마음을 헤아려 공감하는 것이 스스로에게 훈계가 되는 경우가 많다. 위의 노래들을 듣고 부모가 자식을 생각하는 마음을 헤아리면 자연스레 부모의 은혜를 알고 불효를 저질러서는 안 된다고 생각하리라. 다른 것도 이에 견주어 생각해야 한다. 이 밖에도 노래는 '모노노아하레'를 알게 하는 데 크게 이롭다.

〔80〕묻기를, 『고킨와카슈』한문 서문에 "고대의 노래는 단지 교훈을 위한 것"이며 오로지 정사(政事)에 쓰였다고 한다. 이는 맞는 말인데, 어찌하여 그것을 가론에 맞지 않는다고 함부로 옛 사람을 비난하는가. 대체로 선학들이 말한 것은 좋든 나쁘든 그대로 믿어야 한다. 하물며 옛 가선(歌仙)의 말에 어찌 잘못이

있겠는가.

답하기를, 고대에 노래를 오로지 정사에 쓰고 일신의 훈계로 삼았다는 말은 보이지 않는다. 본디 노래는 그러한 것이 아니다. 앞에서 말한 바와 같이 그 근본은 '모노노아하레'를 읊는 것이다. 다양한 효용이 있다는 말은 노래의 쓰임에 관한 것이다. 체(體)와 용(用)의 구별이 있다는 것도 같은 맥락에서 말한 것이다.

그런데 『고킨와카슈』 한문 서문은 체와 용의 구분 없이, 애초부터 노래를 교화의 수단으로 삼아 정사에만 쓰는 듯 말한다. 마치 고대의 노래는 다 그러했던 것처럼 말하므로 맞지 않다. 단 한문 서문은 조정에 바치는 것을 목적으로 하였기에 오로지 한시의 취지를 차용하여 쓴 것이다. 따라서 심히 비난할 일은 아니다. 하지만 노래의 본말을 자세히 알고자 한다면 더욱 깊이 생각하고 함부로 믿어서는 안 된다.

무릇 선학들이 말한 것이라 하면 좋고 나쁨을 분별하지 않고 무턱대고 믿는다. 간혹 의심스러운 부분도 그럴 수도 있겠지, 엉터리는 아니겠지 생각한다. 또한 내심 틀렸다고 생각하면서도 선학을 비난하면 신뢰를 잃을까 저어하여, 오히려 있지도 않은 이치를 끌어와 좋게 꾸며 말하는 것이 보통이다. 이는 선학만을 중시하고 도(道)는 대수롭지 않게 생각하는 것이다. 설령 도가 틀리고 엉터리여도 잘 따져보지 않고 오로지 선학을 좋게만 보려 한다. 이를 문제 삼지 않는 것은 도를 위해서나 선학을 위해서나 바람직하지 않다. 양식 있는 사람이라면 자신의 이름보다도 도를 중시하기에 잘못된 점을 발견하면 기꺼이 바로잡아 도에 어긋나지 않도록 하리라. 이야말로 선학들이 기뻐할 일이다. 세간의 가인들처럼 도에 반하는 것을 생각하지 않고 그저 선학을 따르고자 함은 오히려 선학의 진정한 가르침에 부합하지 않는다. 또한 옛 가선이 틀릴 리 없다는 생각도 매우 어리석다. 가키노모토노 히토마로도 기노 쓰라유키도 신이 아니다. 어찌 맞는 말만 하겠는가. 이에 대해서는 다시 상술하겠다.

〔81〕묻기를, 한시는 와카보다 세상의 도리를 상세히 말하고 사상(事象)을 표현하는 것으로 사람도 신도 깊이 감동시키는데, 감동을 느끼게 하는 것은 한시보다 와카가 낫다고 앞에서 말하였다. 이는 무슨 말인가.

답하기를, 이는 한시와 와카의 본질을 깊이 알지 못한 자들이 하는 말이다. 원래 중국에서도 시는 우리나라의 노래와 같은 것이다. 한시도 와카도 세상의 도리를 상세히 말하거나 어떤 일을 접했을 때의 마음을 노골적으로 표현하는 것은 아니다. 그러나 앞에서 말한 바와 같이 중국은 영리한 체하고 거창한 것을 좋아하는 성향이 있다. 시에 대해서도 그렇게만 생각하여, 다른 문장처럼 각별히 이치만 따지는 말을 늘어놓고 사람을 가르치려 든다. 혹은 당대의 정사를 비방하는 등, 모두 과하게 도리를 내세우려는 마음가짐으로 짓는다. 때문에 얼핏 듣기에는 그럴 듯하지만 터무니없는 것이 섞여 있어 좀처럼 마음에 깊이 스며들기 어렵다. 더구나 귀신을 감동시킬 수 있을지 의심스럽다.

그 본질에 대해 예를 들어 말하자면 다음과 같다. 죄 없는 두 사람을 잡아다 죽이려는 자가 있다 치자. 옆에서 보고 가엽게 생각한 자가 온 힘을 다해 칼을 빼앗으려 하지만 전혀 말을 듣지 않는다. 또 다른 자가 다가가 아무런 이유 없이 사람을 죽이는 것은 나쁘다고 차근차근 말해주고 비유를 들기도 하며 그 마음을 차분하게 타이른다. 그러면 조금은 이해하는 듯하지만 그만둘 생각이 들 정도는 아니라서 여전히 죽이려 한다. 그때 잡혀 있던 사람 중 한 사람이 미련을 버리고 결심한 듯 말한다. "모든 일이 이리 될 운명이라 생각하니 죽는 것도 전혀 두렵지 않구나. 단지 도리에 어긋나게 사람을 죽이는 자의 앞날이 안타까울 뿐이다. 진정 나쁜 짓이거늘." 이 말을 듣고 더욱 화가 나 결국 그 자를 베어 죽인다. 나머지 한 사람은 더없이 슬퍼하며 어찌할 바를 몰라 울면서 이마에 두 손을 모으고 목숨만은 살려달라고 외친다. 죽이려는 자도 목석이 아니기에 불쌍히 여겨 칼을 버리고 살려준다.

이에 견주어 한시와 와카의 차이를 분별해야 한다. 옆에서 보던 자가 죽이지 말라고 온 힘을 다해 충고한 것은 마치 여러 중국 서적에서 노골적으로 사람의 잘못을 훈계하는 것과 같다. 다른 한 사람이 죽여서는 안 된다는 도리를 비유를 통해 차분히 설명해주는 것도 한시와 같다. 그 말을 듣고 어느 정도는 그렇다 생각하면서도 여전히 남의 일이기에 깊이 와 닿지는 않는다. 때문에 그 말을 듣고 그만둘 정도는 아닌 것이다. 또한 죽을 처지에 놓인 사람이 미련 없이 말하는 것도 한시와 같다. 슬픈 모습은 전혀 보이지 않고 오직 사람을 죽이는 죄의 무서움만을 깨닫게 하여 화를 면하려 하였다. 이는 현명하나 애절함이 없어 실로 얄밉게 여겨지는 면이 있으니 더욱 분노를 산 것이다. 대개 중국 사람들의 행동은 이러하다. 그런데 죽을 처지에 놓인 나머지 한 사람이 그저 간절히 살려달라고 하는 것은 와카와 같다. 참으로 볼썽사납고 연약하며 분별없는 행동이지만, 막상 이런 일을 당하면 누구나 그럴 것이다. 슬픔을 숨기지도 꾸미지도 않고 있는 그대로 행동하기에, 그 모습을 눈앞에서 보고 들으면 아무리 거친 무사라도 마음을 헤아려 자연스레 가엽게 여기는 법이다.

앞의 후지와라노 가네스케의 와카를 참조하면 깨달을 수 있으리라. 말하자면 한시는 부모에게 효도해야 하는 도리를 비유로써 깨닫게 하려는 것과 같다. 듣는 사람은 실로 맞는 말이라 생각하면서도 애절한 마음이 별로 들지 않기 때문에 더 이상 깊이 와 닿지 않는다. 대개 무슨 일이든 각별히 꾸며 이치를 과하게 설명함으로써 사람들을 일깨우려는 것은 오히려 맞는 말이라고 생각되지 않는다. 설령 그때는 맞는 말이라고 생각했던 것도 쉽게 변하기 마련이다. 그러나 후지와라노 가네스케가 읊은 앞의 노래처럼, 와카는 부모의 은혜가 깊다는 것도 효도해야 한다는 도리도 언급하지 않는다. 그저 자식을 생각하는 부모의 마음을 있는 그대로 바라보면서 그 애절함을 느끼게 한다. 때문에 누가 깨우쳐 주지 않아도 절로 깊은 은혜를 알게 되어 효도해야 한다는 이치를 깨닫는 것이다. 이는 스스로 깨닫는 것이니 마음속 깊이 스며든다. 그리하여 무엇이나 도리를 분명히 알고 그 마음도 깊이 이해하는 것이다. 한시보다 와카가 사람도 신도 깊이 감동시킨다는 것은 위의 예를 통해 알 수 있다.

〔82〕묻기를, 그렇다면 세상 사람들의 심경을 이해하고 삼라만상의 이치를 알기 위해서는 다른 사람들이 읊은 옛 노래를 잘 보기만 하면 되는가. 스스로 읊지 않아도 되는가.

답하기를, 옛날에는 다른 사람의 노래를 듣고 누구나 잘 알아들었기 때문에 과연 그러했으나, 요즈음에는 남의 노래를 들어도 스스로 읊지 않는 자는 그 마음을 이해하지 못하는 일이 많다. 대강의 뜻은 누구나 다 아는 노래라도 미묘한 말의 쓰임에 깊은 정취가 담겨 있어 세세한 데까지는 다 알지 못한다. 글자 한두 군데가 달라짐에 따라 뜻이 크게 바뀌기 때문에 대강 보아서는 소용없는 경우가 많다. 때문에 스스로 읊어보지 않으면 세세한 것은 알기 어려운 법이다.

또한 스스로 노래를 읊지 않더라도 소양이 있어 옛 서적의 뜻을 잘 파악하고 옛 노랫말을 제대로 익혀 잘 아는 자가 있다. 그러한 경우는 어떠한가 하니 역시 옛 노래의 뜻을 이해하는 데는 부족하다. 스스로 노래를 읊음으로써 비로소 옛 노래 한 수를 보더라도 이해하는 바가 깊어 진정한 의미를 알게 되는 것이다. 무릇 노래는 사람의 마음속에서 나오는 것으로, 아무렇지도 않은 사소한 말 한마디에도 한없는 정취가 담겨 있다. 그러므로 한 번 대강 들어서는 겉으로만 알 뿐, 그 속의 깊은 마음까지는 이해하기 어려운 법이다.

〔83〕 묻기를, 지금 세상을 보면 노래를 읊어도 정취를 모르는 자가 많고, 노래를 읊지 않아도 정취를 아는 자가 많다. 따라서 반드시 노래를 읊어야만 한다고는 생각되지 않는다. 대개는 덧없는 유희거리로 쓸모도 없지 않은가.

답하기를, 후대가 되면서 가도(歌道)는 그저 거문고와 피리 연주 같은 무익한 유희나 마찬가지 취급을 받아왔다. 더욱이 노래를 지금 시대에 어울리지 않는 묘한 것이라 할 뿐, 사람들이 돌아보지도 않고 꼭 읊어야만 하는 것으로 생각하지도 않는다. 그러면 날이 갈수록 노래에 관심을 갖는 사람은 줄어들 것이다. 노래는 세상의 온갖 유희거리와 똑같이 치부해서는 안 된다. 이 세상에 살아 있는 모든 것은 응당 그러하지만 특히 인간은 마음이 깊다. 또한 늘 번잡한 일을 많이 겪기 때문에 무언가에 접하여 마음이 움직이는 일이 끊이지 않는다. 그러므로 보고 듣는 것을 자연스럽게 노래로 읊는 것이다.

고대에는 말할 것도 없고, 중고에도 좋고 나쁨의 차이는 있어도 귀한 자도 천한 자도 각자의 신분에 맞게 무슨 일이 있을 때마다 누구나 노래를 읊었다. 그것은 특별히 배워서 흉내 내지 않더라도 신대부터 자연스럽게 그러하다. 지금 시대에도 아직 철모르는 젖먹이조차 길게 소리 내며 떠듬떠듬 노래한다. 사람만이 아니라 하찮은 새와 벌레에 이르기까지 마음이 있는 한 그때그때 아름다운 소리로 지저귀면서 저마다 노래한다. 그런데도 사람으로서 노래의 도를 전혀 모른다면 실로 부끄럽지 않은가. 노래를 읊지 않아도 충분하다고 생각하는 것은 '모노노아하레'를 조금도 모르는 비정한 목석과 같은 것이리라.

안개와 함께 다시 새봄이 찾아오는 새벽녘부터 눈과 함께 한 해가 저무는 저녁 무렵까지, 세상만사 어느 것 하나 정취 없는 것이 있겠는가. 꽃을 보거나 새소리를 듣고도 안타깝게 그냥 지나쳐버리고 노래 한 가락도 없이 공허하게 세월을 보내는 것은 참으로 풍류를 모르는 유감스러운 일이다. 그때그때 정취 있고 멋있게 느껴지는 것에 대해 좋든 나쁘든 느끼는 바를 한 가락 노래로 읊으면 이 세상 그 무엇이 이보다 낫겠는가.

그뿐만 아니라 뒤에서도 계속 말하겠지만, 노래에는 여러 가지 효용이 있다. 특히 사람이 마땅히 익히고 배워야 하는 것이 노래의 도다. 하물며 나라를 통치하고 백성을 다스리는 자는 반드시 노래를 읊지 않으면 안 된다. 또한 다른 재주는 제아무리 훌륭하다 해도 살아 있을 때뿐이다. 설령 이름이 남는다 하더라도 후세까지 남기는 어렵다. 중국에서도 문장의 도(文道)만이 만대불후하여 이름을 떨친다. 오랜 세월이 지났어도 전해 내려온 글을 볼 때는 바로 가까이서 마치 그때의 모습을 보고 듣는 것처럼 그 글을 지은 이와 마주한 기분이 들어 왠지 뭉클해지는 것이다. 노래도 바로 그러하다.

〔84〕 묻기를, 마음에 넘치는 생각을 표현하는 것이야말로 노래의 본뜻이리라. 그런데 지금 세상에서 진심으로 느끼지도 않는 것을 마음과 말을 몹시 꾸며 멋지게 읊는 것은 모두 거짓이니 더욱 쓸모없지 않은가.

답하기를, 원래대로라면 그저 마음에 정취 있다고 느낀 바를 말로 표현하는 것이 노래지만, 그것은 보통의 말처럼 제멋대로 말한다고 해서 되는 것은 아니다. 반드시 말에 기교를 더하여 마침맞게 읊은 것을 노래라 한다.

일부러 꾸미려 하지 않아도 깊이 감동했을 때는 자연스럽게 말에 기교가 들어간다. 노랫말의 기교와 아름다움에 따라 깊은 감정도 표출되므로 노래를 듣는 신도 인간도 정취 있다고 느끼는 것이다. 그런데 남에게 감동을 주어야지 생각하면 좋은 노래를 읊으려 하기에 시대가 내려올수록 점점 마음도 노랫말도 꾸미게 되어 자연히 거짓도 많아진다. 결국에는 마음에도 없는 것을 읊게 된다.

옛날과 지금은 시대가 달라지면서 사람의 마음도 말도 행동도 많이 바뀌었다. 그렇다고 노래가 마음에 떠오르는 대로 읊는 것이라 하여 요즘 사람의 마음을 요샛말로 그대로 읊으면, 보통의 아녀자들이 부르는 유행가[335]처럼 매우 비속하고 볼품없는 노래가 된다. 그리 되면 설령 진심에서 읊은 노래라 할지라도 신도 인간도 결코 감동하지 않는다. 따라서 후대의 품위 없는 마음과 말로는 좋은 노래를 읊기 어려우니, 고대의 기품 있는 마음과 말을 배우고 익혀야 한다. 그렇게 읊으면 지금 생각과 많이 달라 거짓처럼 보여도, 본래 노래의 도는 말을 마침맞게 가다듬는 것이므로 후대에 그리 되는 것은 자연스러운 이치다.

---

335 고우타(小歌·小唄), 하야리우타(はやり唄) 등 15~16세기 이후 민간에서 유행한 짧은 가요를 말한다.

〔85〕묻기를, 노래로 신과 인간을 감동시키는 것은 과연 그럴법하다. 그러나 사람이야 멋진 말을 좋아한다 해도 이해가 되지만, 신은 그저 인간의 진심을 들어줄 뿐인데 말이 아름다워야 감동을 받는다는 것은 납득이 가지 않는다.

답하기를, 무릇 한문에서는 눈에 보이지도 않는 것에 대해 이것은 이래야 하고 저것은 저래야 한다고 논한다. 대체로 중국인은 무엇이든 인간의 이성으로 주변의 보고 듣는 것에 대해 온갖 도리를 추구한다. 별것 아닌 일도 크게 보아 천지 간의 모든 일이 도리에 어긋남이 없다고 정해두고 만사를 본다. 때문에 조금이라도 생각하는 바와 다르면 이상히 여기고 의심하며 있을 수 없는 일이라 판단하는 것이다.

우리나라 사람들도 중국 서적을 보고 배우면서 점차 이를 훌륭하다고 여겨 자연스레 그와 비슷한 성향이 되었다. 후대에는 학문을 하지 않는 어리석은 자들까지 따라 하여 세상은 온통 그러한 사고에 젖어, 중국인의 사고방식을 태고부터 불변하는 당연한 이치라 믿게 되었다. 따라서 신이 그저 인간의 진심을 들어주리라 생각하는 것도 한문적 사고다. 일견 누가 보아도 참으로 그러하다고 생각하겠지만 대단히 잘못된 것이다. 왜냐하면 삼라만상의 이치는 인간의 얕은 이성으로 일일이 다 헤아릴 수 있는 것이 아니기 때문이다. 아무리 분별 있고 학식이 높아도 인간의 이성은 한계가 있다. 중국 옛 성인들이 심사숙고하여 남긴 말 중에도 후대에 누구나 마땅하다고 굳게 믿지만 의외로 틀린 것이 많다.

신대에 있었을 영묘한 일에 대해서도 한문에 미혹된 후대 사람들의 기준에서 있을 수 없다 의심하거나 미루어 짐작하여 이러저러한 이치를 붙여 그럴 듯하게 푸는 것은 심히 분수를 모르는 짓이다. 신도(神道)에도 크게 반한다. 애당초 신은 다른 나라의 부처나 성인과 같은 부류가 아니므로 세상의 흔한 이치로 헤아려서는 안 된다. 신의 뜻은 좋은 일이든 나쁜 일이든 인간의 마음으로 이해하기 어렵다. 이 세상 모든 것은 신의 뜻에서 생기고 신이 하는 일인지라, 사람이 생각하는 바와는 다르고 또 한문의 도리와도 많이 다르다. 우리 조정에서는 그처럼 도리를 따지지 않고 교설도 세우지 않았다. 모든 일은 오직 신의 뜻에 맡기고 세상을 다스리며, 천하의 백성들도 오직 그 큰 뜻을 마음으로 따르고 받들어 모신다. 이것이 바로 신도다. 그러므로 가도(歌道)도 쓸데없는 한문의 도리를 버리고 이러한 취지에서 생각해야 한다.

〔86〕 묻기를, 요즘 세상의 마음과 말로 노래를 읊어야 알기 쉽고 또 그래야 요즘 사람들은 감동할 것이다. 아무리 아름다워도 옛 마음과 말은 요즘 사람들에게는 낯설고 이해할 수 없는 것이 많지 않겠는가.

답하기를, 다른 사람을 감동시키는 것이 노래의 본질이다. 그렇다고 귀에 익숙하여 알기 쉽다는 것만으로 감동을 주려 함은 가도에 어긋난다. 왜냐하면 마음과 말이 아름답고 풍아함에 감탄하는 것이 노래의 본성이기 때문이다. 노랫말이 좋든 나쁘든 상관없이 남들이 알아듣기 쉽게만 읊으려 하면, 설령 남들이 정취 있게 생각한다 해도 그것은 본연의 노래가 아니다. 그것은 평소에 쓰는 말로 자세히 설명하여 이해시키려는 것과 다를 바 없다. 이 차이를 제대로 알아야 한다.

그런데 아름답고 우아하게 노래를 읊기 위해서는 옛 마음과 말이 아니면 어렵다. 후세의 마음과 말은 비속하고 볼품없는 것이 많기 때문이다. 그 두 가지를 견주어보면 아무리 정취를 모르는 자가 노래를 들어도 역시 우아한 쪽을 뛰어나다고 하리라. 하물며 조금이라도 정취를 아는 자라면 어찌 비속한 쪽을 좋다고 하겠는가.

〔87〕 묻기를, 그렇다면 말은 옛것을 배운다 치자. 하지만 마음까지 옛것을 배우라는 말은 납득이 가지 않는다. 말은 시대마다 변하여 옛말은 고상하나 요샛말은 저속하니 그렇게 말할 수도 있겠다. 그러나 마음은 예나 지금이나 변함없을 텐데 지금 느끼는 감정을 읊는 것도 어찌 안 된단 말인가. 옛 마음이라 해서 각별히 차이가 있는 것도 아닌데 어째서인가.

답하기를, 세상의 모습은 예나 지금이나 다른 나라나 우리나라나 신분이 높거나 낮거나 특별히 변한 것 없이 대개는 비슷하다. 그러나 한편으로는 시대에 따라 그 나라의 관습에 따라 또는 그 신분에 따라 사람의 행동거지며 쓰는 말은 자연히 다르다. 옛날과 지금을 비교해보면 무엇이나 현격히 좋아진 것이 많다.

마음은 바뀌지 않는 것 같아도 그 또한 엄밀히 말하자면 사람마다 차이가 있다. 부모형제라도 심중까지 똑같은 경우는 없고 모두 제각각이다. 시대에 따라 막연하기는 하나 마음이 변해버린 일도 많이 있다. 요새 사람들의 감정을 그대로 읊은 노래를 옛것과 비교하면 이루

말할 수 없을 만큼 촌스럽고 저속하다. 결코 똑같지 않다. 이를 보더라도 그 차이를 알 수 있다. 옛 마음과 지금 마음을 분간하는 것은 노래를 읊는 자가 가장 중요하게 생각해야 하거늘, 옛 마음이 따로 있겠느냐 생각하는 것은 대단히 잘못되었다. 노랫말뿐 아니라 마음도 반드시 옛날의 고상함을 배워야 좋은 노래를 읊을 수 있다.

요즘 사람의 감정이 옛날과 많이 다르기는 하지만 그것은 시대의 풍습에 이끌려 어느새 변한 것이다. 때문에 지금 사람들도 가도에 들어서서 밤낮으로 가집과 모노가타리 책을 가까이 하며 그 마음을 잘 음미하고, 자신도 그것을 따라 읊으며 오로지 옛것에 심취하여 세월을 보내다 보면, 눈앞에 옛 사람을 벗으로 삼은 듯 친숙해질 것이다. 그러면 절로 그러한 취향을 가지게 되고 진정으로 우아한 마음이 생겨나리라. 또한 전혀 고상함을 모르는 요즘 사람들이 각별히 풍취 있다고 보지 않는 꽃이나 눈에도 마음이 가고 감탄하는 일이 많아지리라. 그리하여 읊는 노래는 조금도 거짓이 섞이지 않은 진정한 노래가 된다.

이는 노래의 힘으로 지금의 속되고 비루한 마음이 우아하고 기품 있는 옛 마음으로 바뀌는 것이다. 그러므로 옛것을 익히는 것은 처음에는 거짓처럼 보여도 결국에는 진실한 것이 된다. 또한 말에 기교를 더하는 가도에도 부합한다.

따라서 노래를 읊으려는 자는 어떻게든 옛날의 품격 있는 마음과 말에 감화되어 그 취향에 익숙해져야 한다. 그런데도 지금 느끼는 것을 있는 그대로 읊는 것이어야만 진정한 노래라 생각하는 것은 오히려 가도에 맞지 않는다. 마음과 말이 격이 낮으면 신도 인간도 감동할 수 없으므로 무의미한 것임을 알아야 한다.

〔88〕 묻기를, 가도는 느낀 바를 표현하는 것이니, 이 세상에 눈에 보이고 귀에 들리는 모든 것은 마음 가는 대로 폭넓게 무엇을 읊더라도 그것이 노래의 본질이 아닌가. 오직 옛 노래에만 연연하여 옛날에 읊지 않은 것은 지금도 읊어서는 안 된다 하고, 더욱이 편협한 규칙으로 이것저것 따지는 것은 어째서인가. 넓은 길을 일부러 좁히는 꼴이 아닌가.

답하기를, 얼핏 생각하면 누구라도 그리 생각하리라. 허나 앞에서도 거듭 말했듯이, 본래 가도는 말을 마침맞게 멋스러움을 더하여 듣는 이를 감동시키는 것이다. 고로 상고 시대의 노래라도 역시 기교가 있다. 보통의 말과는 분명 다르다. 하물며 시대를 내려오면서 한결같이 좋은 노래를 읊으려고 하니 마음도 말도 공들여 고르고 다듬는 것은 당연하다.

그런데 마음도 말도 좋은 것만 고르려고 하면 읊을 만한 것이 적어 폭이 좁아지는 것 또한 당연하다. 대개 천지 간의 온갖 것들은 모두 노래로 읊어졌지만, 개중에 많은 것들이 읊어도 좋지 않은 까닭에 버려졌다. 이는 노래만이 아니다. 자고로 세상만사 좋은 것은 적은 법이다. 대개는 나쁜 것이 섞여 있기 마련이고 그것을 버리고 나면 반드시 적어진다. 따라서 좋은 노래를 읊으려는 자는 지금의 딱딱한 규칙을 지키는 것은 물론, 거기서 나쁜 것은 빼버리고 좋은 것 중에서도 더 좋은 것을 찾아 우아하고 고상한 마음과 말을 골라야 한다. 읊을 만한 것이 적고 가도가 좁다고 하는 것은 이 뜻을 깊이 생각하지 않음이다. 나쁜 것이 아니라면 무엇이든 어찌 읊지 말라 하겠는가.

〔89〕묻기를, 뜻[336]도 말도 모두 옛것을 따라 어느 쪽도 높은 격을 추구할 때, 뜻을 우선해야 하는가 아니면 말을 우선해야 하는가.

답하기를, 뜻도 말도 모두 품위 있게 가다듬어 격이 낮은 것은 골라 버려야 한다. 말이 저급한 것은 알아채기 쉬우나 뜻이 저급한 것은 알기 어렵다. 근래의 노래 중에 그러한 것이 많이 보인다. 심하게 저급한 것을 읊는 것도 아닌데, 보통말이라면 멋스러운 것이 노래로 읊으면 좋지 않다. 예컨대 사람의 행동을 지나치게 상세히 하나하나 설명하려 하면 그 노래는 필시 장황하고 속된 것이 된다. 그 밖에도 옛 노래들을 잘 보고 음미해서 깨달아야 한다. 이를 모르고 무분별하게 흔치 않은 것을 읊으려는 탓에 자칫하면 저급한 뜻이 섞이게 된다. 아무리 진귀하다 할지라도 뜻이 저급한 이상 좋지 않은 노래다. 때문에 후대의 심히 저급한 것은 말할 것도 없고, 옛날의 고상한 것 중에도 노래로서는 속되게 들리는 것이 있음을 잘 분별하여 버려야 한다. 대체

---

336 바로 이전까지는 '마음'이라고 번역하였으나, 원문에서 '情·心'이 '意'로 바뀌었기에 한자 표기를 존중하여 여기서는 '뜻'이라 번역한다. 일본어 음은 '고코로'로 같다.

로 뜻을 고상하게 읊고자 하면 이 점을 주지해야 한다.

그런데 중고 이래 근래까지 선인들은 뜻과 말 중에 뜻을 중시하도록 가르쳤다. 그저 말만 멋지게 꾸며 읊으니 뜻이 불분명하여 애매하다고, 혹은 말에 비해 뜻이 별로 깊지 않다고 경계하였다. 이도 틀린 말은 아니다. 아무리 고상하다 한들 뜻이 통하지 않는다면 실로 변변찮은 것이기 때문이다. 하지만 이는 평범한 사람들에 해당되는 말이다. 중고의 훌륭하고 뛰어난 노래 중에는 뜻이 분명히 드러나지 않는 것도 많이 있지 않은가. 노래는 한없이 깊은 마음의 감동을 단 한두 마디 말로써 읊어내는 것인시라, 그 미묘한 부분에 말할 수 없는 정취가 담겨 있다. 뛰어난 노래란 자고로 그러해야 한다. 그러니 감춰진 구석도 없이 명료하게 뜻이 전달되는 것만을 훌륭하다 하는 것은 역시 이류(二流)에 불과하다.

한편 말은 그나마 알기 쉬워 지나치게 격이 낮은 것은 쓰지 않는다. 그런데 예나 지금이나 분명 품위 있는 말인데도, 개중에는 보통말로 썼을 때와 노랫말로 썼을 때 차이가 나는 말도 있다. 그 점을 근래에는 분간하지 못하고 읊는 경우가 많다. 그러므로 주의를 기울여 좋은 말 중에도 더욱 좋은 말을 골라야 한다. 조금이라도 저급한 말이 섞여 있으면 한 수 전체의 격이 더할 나위 없이 떨어진다.

노래의 뜻과 말에 대해서는 예로부터 설이 분분하여 어느 쪽이 먼저라고도 말하기 어려우나, 뜻을 중시하라는 쪽이 그럴 듯하게 들린다. 누구나 대체로 그렇다고 생각한다. 하지만 지금 다시 생각건대,

노래는 역시 말이 우선이 아닐까 한다. 그 까닭은 저속한 뜻을 고상한 말로 담기는 어렵기에, 말을 품위 있게 가다듬기만 하면 저속한 뜻은 절로 섞이지 않을 것이기 때문이다. 또한 뜻은 그다지 깊지 않아도 뛰어난 말에 끌려서 감탄하게 되는 노래는 많이 있으나, 말이 나쁘면서 좋은 노래는 없기 때문이다. 따라서 어느 쪽이랄 것도 없지만, 굳이 말하자면 말을 더 우선시해야 하리라.

〔90〕 묻기를, 예로부터 무수히 읊어진 노래에 마음도 말도 좋은 것은 모두 다 썼을 텐데, 그렇게 옛것만을 고집하여 읊으러 하면 말하고자 하는 바는 하나같이 이미 낡은 것이 된다. 지금 보면 진부하지 않겠는가. 이 점은 어떠한가.

답하기를, 그렇지 않다. 몇 번이나 읊어 익숙해진 마음과 말도 단지 한두 글자를 바꿔 약간만 변화를 주어도 더없이 참신하게 들려 감성을 일깨우는 것이 바로 노래다. 그것을 아무런 정취도 없다고 낮게 평가하는 것은 노래를 전혀 모르는 자의 말이다. 그러한 자는 좋고 나쁨을 분간도 못하기에 좋은 노래를 들려주어도 아무 소용없다. 고양이에게 황금을 보여준들 무슨 소용 있으랴는 속담이 바로 이럴 때 쓰는 말이다.

근래에는 이런 종류의 노래가 많다. 조금이라도 남에게 알려질 정도가 되면 남과 비슷해서는 내세울 것이 없다 생각하여 어떻게든 당세풍의 놀랄 만한 구를 읊으려고만 한다. 때문에 듣도 보도 못한 취향과 말을 좋다 하고 멋지다 생각한다. 실로 정취 없는 것이다. 그저 몇 번이고 옛 마음과 말을 계속해서 새롭게 읊는 것이야말로 노래에 능한 것이다. 아무리 세월이 흘러도 마음의 씨앗이 다하지 않으면 말의 잎도 다하지 않으리라. 노래를 잘 읊고자 하는 자는 지금이나 앞으로나 옛 마음과 말로 읊더라도 당세풍의 새로운 노래를 지어내지 않겠는가.

좋은 것은 일찍 없어지려니 하는 생각은 참을 수 없다. 대개 뛰어난 사람은 무엇이든 자신이 생각한 것 그 이상은 없으리라 생각하지만, 역시 한계는 있다. 세상은 넓고 의외로 뛰어난 것도 자꾸 생긴다. 따라서 노래가 쇠한 시대라 하여 가도를 버릴 수는 없다. 성심으로 깊이 배우면 어찌 훌륭한 옛 노래보다 더 뛰어난 것이 나오지 않겠는가.

〔91〕 묻기를, 노래에 꽃과 열매라는 것이 있다는데 그 구분은 어찌 이해해야 하는가. 또 어느 쪽을 우선해야 하는가.

답하기를, 위의 말은 본디 문장에서 온 것이다. 『고킨와카슈』 한문 서문의 "그 열매 모두 떨어지고 그 꽃 홀로 활짝 피었네"라는 구절 때문에 노래에 대해 사람들이 항상 하는 말이지만, 아무 쓸모없다. 『춘추좌씨전(春秋左氏傳)』의 "꽃만 있고 열매를 맺지 못하였다"라는 구절에 "행동보다 말만 앞선다"라고 두예(杜預)가 주를 달았는데, 가도에서 말하는 것도 이런 뜻이다. 꽃이란 그저 말로 화려하게 꾸미는 것을 말하고, 열매란 마음의 진실됨을 말하는 것이리라. 그렇기 때문에 어느 쪽도 경시되어서는 안 된다. 굳이 따지자면 아래와 같다.

열매 없이 꽃만 피어서는 참으로 좋지 않으니 열매를 중시하라 하면 사람들은 과연 그러하다 여기겠지만, 오히려 노래는 꽃을 우선시해야 한다. 대체로 앞에서 마음과 말에 대해 언급했던 것과 마찬가지다. 이것을 초목에 빗대어 말하자면, 먼저 꽃을 피우지 않고 열매가 맺히는 일은 없는지라 열매를 얻으려 할 때도 먼저 꽃을 피워야만 하는 것이다. 승려 겐쇼(顯昭)가 천오백번 노래경합(千五百番歌合)의 판정에서 꽃과 열매를 비교하여 노래는 꽃이 먼저라고 하였다. 그야말로 맞는 말이다.

〔92〕 묻기를, 육의(六義)란 무엇인가.

답하기를, 이를 가도에서 매우 중시하나 그릇된 것이다. 쓸데없는 것임을 알아야 한다. 이 또한 원래 중국에서 시의 형태를 구분할 때 쓰던 것으로, 『시경』 서문에 보인다. 『고킨와카슈』 한문 서문에 언급한 육의를 가나 서문에도 취하여, 한시의 여섯 부류에 우리나라 노래를 끼워 맞춘 것이다. 그렇기는 하나 육의는 중국에서 각 시대 학자들이 저마다 말한 것으로 확실히 규정짓기 어렵다. 그것을 우리나라 노래로 가져와 이러쿵저러쿵 규정짓는 것은 결코 있어서는 안 된다. 때문에 본문과 주에 나오는 노래를 보더라도 전혀 맞지 않는 것뿐이다. 하물며 후대 사람들이 제각기 정한 것은 어차피 맞지도 않는다. 개중에 한두 개 정도는 뜻이 통하는 것도 있겠지만, 어찌 정확히 여섯 부류로 나누겠는가. 본디 노래에는 그런 것이 없기에 아무리 생각해도 딱 들어맞는 설은 생겨나기 어려웠으리라. 또한 적합한 설이 생겼다 한들 대체 무슨 소용이 있으랴. 몰라도 그만이다.

〔93〕물기를, 앞에서도 여기서도 『고킨와카슈』 서문의 내용을 받아들이지 않는 것 같은데 어째서인가. 가선(歌仙)이라 불리는 기노 쓰라유키 등이 조정의 칙령을 받들어 쓴 것에 그렇게 틀린 말은 없을 터, 더 깊은 뜻이 있으리라. 후대 사람들이 쉽게 비난하는 것은 실로 주제넘은 짓이다. 무릇 선인들의 말은 그대로 지켜야 하지 않는가.

답하기를, 이는 앞에서도 말했다. 기선의 설이라 해서 조금도 틀린 데가 없다고 굳게 믿는 것은 실로 어리석다. 기노 쓰라유키라 해서 틀리지 말라는 법은 없다. 중국에서는 선인의 말에도 잘못이 있다면 주저하지 않고 거듭 궁리한다. 그래서 후대에 좋은 설이 많이 나온다. 이것이 사람들이 치밀하고 학문이 발달한 까닭이다. 우리나라는 그야말로 고대의 따지지 않는 성향이 남아 있어 학문을 하기에 부적합하다. 이러저러한 규정들도 지금 보면 실로 어리석고 헛된 것이 많다.

한편 후에 그 좋고 나쁨을 구별하여 다시 고치려는 사람도 없다. 오로지 옛 설만을 믿으며 잘못된 것도 그럴만하다고 생각하거나, 또는 그것을 일부러 꾸며 억지로 좋게 만들거나, 혹은 이해할 수 없는 것이 섞여 있으면 비사(秘事)라고 대단한 것인 양 말하기도 한다. 실로 언짢은 일이다. 한번 잘못된 것은 올바르게 돌이킬 수 없기에, 가도는 세월이 갈수록 점점 쇠락할 뿐이다. 실로 슬픈 일이 아닌가.

지금 세상은 사방의 바다에 파도가 잔잔하고 바람도 일지 않는 평온한 시절이다. 미천한 자들도 마음 편히 무엇이든 배우고 익혀 옛날에 비해 모든 도가 훨씬 번성하고 있다. 옛글을 잘 보고 그 뜻을 깊이 생각하면 선인들이 남긴 말의 좋고 나쁨도 잘 알 텐데, 오로지 선인들의 말만을 믿고 참뜻을 찾으려 하지 않는 것은 정말이지 애석하고 보람 없는 일이다. 가도를 위해서도 실로 안타까운 일이다.

〔94〕 묻기를, 앞에서 노랫말의 쓰임은 시대에 따라 계속 변했지만 말뜻은 신대나 지금이나 같다고 말하였다. 가도만이 지금도 오직 신대의 마음을 잃지 않고 있다고 말하였다. 이것은 실로 납득하기 어렵다. 옛 노래는 대범하고 솔직하며 품위 있고 정취 있는 데 반해, 중고 이후 지금까지의 노래는 말도 마음도 몹시 꾸며 똑똑한 체한다. 비교하면 어찌 같다 하겠는가.

답하기를, 그것은 변한 점만을 보고 변하지 않은 점을 보지 못한 것이다. 대개 세상이 변함에 따라 노래의 모습이 한결같지 않음은 자연히 그럴만하여 바뀐 것이다. 그렇지만 그것은 진부해진 것을 새롭게 바꾸려다 보니 같은 뜻이라도 말의 쓰임에 따라 미묘하게 바뀌고 의미가 더욱 깊어진 것이다. 그중에는 노래의 형식이 좋은 것도 나쁜 것도 섞여 있지만, 그것도 똑같은 것을 참신하게 꾸미는 정도의 차이가 있을 뿐이다. 말하려는 뜻은 모두 옛날과 같다.

봉우리의 만개한 벚꽃을 바라보고 피어오르는 구름인가 의심한다거나 청명한 가을 달을 바라보고 절로 눈물이 흐른다거나 아내가 그리워 견디지 못하는 모습이나 신세를 한탄하는 마음에 이르기까지, 우리나라 노래는 읊는 것 모두 덧없고 몹시 애틋한 것들뿐이다. 한시처럼 과장된 구석은 조금도 없다. 『만요슈』의 노래도 지금의 노래도 대체로 마음은 거의 바뀌지 않았다. 따라서 가도만이 지금도 여전히 신대의 마음을 잃지 않고 있다고 말하는 것이다. 드물게 조금이라도 잘난 척하고 이치를 따지는 듯 읊은 노래는 천박하여 끌리지 않는다. 이 또한 우리나라 풍습이 다른 나라보다 뛰어난 증거가 아니겠는가.

〔95〕묻기를, 가도는 마음에 떠오르는 바를 읊는 것이므로, 항상 보고 듣고 느낀 것을 자신의 분에 맞게 적당히 읊어야 한다. 그런데 지금은 미천한 자가 지체 높은 사람에 대한 일도 잘 아는 듯 읊는다. 또는 잘 알지도 못 하는 먼 나라의 바다와 산을 눈앞에 보는 것처럼 읊어댄다. 이는 실로 있어서는 안 되는 일이지 않은가.

답하기를, 신분에 따라 지금 자신의 마음에 떠오르는 일만 읊는 것이 노래의 참뜻이겠지만, 앞에서도 거듭 말했듯이 가도란 말을 꾸미는 것이기에 평범하게 지금의 마음을 지금의 말로 읊으면 볼품없다. 그렇기에 말도 마음도 풍아하게 가다듬어 읊으려면 반드시 좋은 옛 노래를 익혀야 한다.

그런데 미천한 자가 읊은 옛 노래는 거의 전해지지 않는다. 대개 옛 노래는 모두 중류 이상의 높은 분들이 읊은 것뿐이니, 지금 미천한 자가 그것을 배워 따라 읊기에는 필시 자신의 신분에 어울리지 않는 것이 많으리라. 지금 것을 모조리 제쳐두고 옛것을 배운다면 미천한 자가 지체 높은 사람의 일을 따라 읊는 것도 무슨 상관이 있으랴.

옛날과 지금은 세상의 모습도 풍습도 몹시 달라졌다. 설령 왕자들이나 높은 관료라도 지금 신분만 고집하여 읊는다면 옛것에 부합하지 않는 것도 많으리라. 그런 그들이 지금 신분을 제쳐두고 옛것만을 배우기에 지금 노래에는 상하의 구별이 없는 것이다. 옛날 황공하기 그지없는 천황의 노래에도 비천한 자의 일을 읊은 전례가 많기 때문에 지금 신분이 낮은 사람이 높은 사람의 일을 읊는 것 또한 허물이 될 수 없다. 후대를 살면서 고대 사람들의 마음을 짐작하여 높은 사람은 낮은 사람의 일까지 세세히 헤아리고, 낮은 사람은 높은 사람의 일도 면밀히 살펴 서로 그 신분에 맞지 않는 일도 미루어 안다. 이것이 노래의 덕이 아니겠는가.

또 아득히 먼 포구나 산을 눈앞에 보는 것처럼 읊는 것도 마찬가지다. 이도 단지 옛것을 배우는 것이니 아는 곳이든 모르는 곳이든 무슨 상관이 있겠는가.

〔96〕 묻기를, 노래가 상하 5구 31자로 정해진 것은 깊은 까닭이 있는 것인가.

답하기를, 상구는 하늘을 상징하며 17자로 양(陽)의 수, 하구는 땅을 상징하며 14자로 음(陰)의 수다. 5구는 오행(五行), 오상(五常), 오륜(五倫)에 해당하고, 31자는 세상의 글자를 익힐 때 끝나면 다시 시작하는 무한한 이치다. 이런 식의 설은 매우 많다. 평범한 사람은 까닭이 있는 것처럼 여겨 기꺼이 동조하겠지만, 이 같은 설은 모두 틀린 것이다.

먼저 음양오행 같은 것은 옛날에 전혀 없었다. 이는 전부 다른 나라에서 아는 체하기 좋아하는 사람이 말하기 시작한 것이다. 대개 중국 사람은 무슨 일에나 야단스럽게 도리를 따지는 버릇이 있어, 이처럼 짝을 이루는 것은 반드시 음양의 이치로 설명한다. 그러나 그 본질을 밝히면 실은 모두 지어낸 것이다.

우리나라의 도는 단지 솔직하고 풍아하여 그와 같이 보이지도 들리지도 않는 숨겨진 이치를 캐내어 이러쿵저러쿵 말하는 일이 결코 없다. 불은 그저 불이며, 물은 그저 물이나. 하늘은 그저 하늘, 땅은 그저 땅, 해와 달은 그저 해와 달로 볼 뿐이다. 도대체 어디 음양이라는 것이 있는가. 그런데도 누구나 천지간 만물에 자연스레 음양의 이치가 갖춰진 듯 생각하는 것은 모두 한문의 영향을 받아 마음이 미혹된 탓이다. 실제로 그러한 것은 없다. 우리나라 말로 옮기면, 남녀(男女), 또는 화수(火水) 외에는 맞는 것이 없다. 오행은 더더욱 지어낸 것이다. 이것도 중국 사람의 버릇으로 만물을 이 다섯 가지로 나누어 그 이치를 야단스럽게 말하지만 모두 견강부회다.

한문이라면 그래도 괜찮을 수 있겠으나 우리나라 사람이 신대의 일에 하나같이 음양오행을 끌어다 그럴싸하게 설명하는 것은 매우 잘못되었다. 신도의 뜻에도 반하는 것이다. 신도에서는 태양신이 여신, 달의 신이 남신임을 생각하면 무릇 음양의 이치 같은 것은 없다. 오행은 더 말할 것도 없다. 신도를 숭앙하는 자는 조금도 이러한 불경스러운 짓을 해서는 안 된다. 따라서 31자 노래에 대해 그 이치를 설명하려는 것도 결국 지어낸 것일 뿐이다. 이러한 것을 억지로 끌어다 만물의 이치를 설명하려는 것은 필시 제멋대로 꾸며 말하는 것이다.

또 숫자로 설명하는 것에 대해 말하자면 하나에서 열까지 얼마든지 있다. 반드시 모든 수가 들어맞지는 않는데, 어쩌다 맞는 것에 끼워 맞추어 음양천지(陰陽天地), 삼재(三才), 사시사상(四時四象), 오행오상(五行五常)이라고 야단스럽게 설명한다. 실로 번거롭고 무익한 짓이다. 하물며 노래는 원래 31자로만 정해진 것도 아니다. 고대에는 느끼는 바대로 얼마든지 계속 구를 연결하였으며, 구의 수도 정해져 있지 않았다. 그런데 오로지 31자에 대해서만 이러쿵저러쿵 말하니 그 억지스러움을 깨달아야 한다. 실로 그러하다면 31자가 아닌 신대의 노래는 만물의 이치에서 벗어난다고 할 텐가.

〔97〕 묻기를, 고대에는 노래가 길든 짧든 마음 가는 대로 다양하게 읊었다. 중고부터 오로지 31자로만 읊게 된 것은 심오한 이치가 있기 때문인가.

답하기를, 5구 31자의 노래는 길지도 짧지도 않게 운율이 적당히 정리된 것이다. 그중에서도 빼어난 노래만이 남았기에 이러한 모습이리라. 그 자체에 실로 심오한 이치가 있다. 그렇지만 만물의 이치란 끝을 알 수 없는 오묘한 것이다. 더욱이 사람의 마음으로 헤아려 알 수 있는 것이 아니다. 때문에 억지로 알려 해서는 안 된다. 만사를 오로지 신의 뜻에 맡기고 인간의 지혜를 조금도 개입시키지 않는 것이 신국의 마음이다. 이를 억지로 다 파악하려 함은 중국에서나 하는 짓이다. 음양오행설로 만물의 이치를 전부 밝혀야 한다고 생각하는 것은 실로 주제넘고 오히려 어리석은 일이다.

〔98〕 묻기를, 한 구가 5음과 7음으로 된 것은 어째서인가.

답하기를, 고대 노래들을 보면 5음과 7음만이 아니다. 3음, 4음, 6음, 8음으로 된 구도 많이 보이므로 본디 정해진 것은 아니리라. 그렇지만 8음은 지나치게 남고, 3음, 4음은 부족하여 남는 것은 줄이고 부족한 것은 늘려 읊었을 것이다. 지금 세상의 미천한 아녀자가 읊는 노래를 통해 짐작할 수 있다. 그중 말을 늘려 길게 읊는 편이 운율이 좋아 통상적으로 4음이 많다. 3음도 꽤 있다. 또 짧게 줄여 읊는 것은 운율이 좋지 않기에 8음의 구는 적다. 드물게 보이는 것도 구의 중간에 아, 이, 우, 오 등의 음이 들어가 8음이 된다. 그런 음이 들어가지 않은 8음의 구는 매우 드물다. 6음은 음을 늘려 7음처럼, 혹은 음을 줄여 5음처럼 읊을 수 있다. 3음, 4음이 많은 것을 고려하면 이도 음을 늘려 7음처럼 읊은 것이 많으리라.

한편 이렇게 늘리거나 줄여 읊는다 해도 노래할 때 운율은 맞아야 한다. 그저 읊조릴 때는 음이 부족한 것도 남는 것도 알기 어렵다. 고대에는 모든 노래를 곡조를 붙여 불렀기에 그러했으리라. 그런데 5음과 7음은 음을 늘리거나 줄이지 않아도 노래할 때 운율이 좋다. 그뿐만 아니라 그저 읊조릴 때도 길지도 짧지도 않고 적당하다. 그래서 중고 이래 대체로 5음, 7음으로만 정착되었다. 3음, 4음의 구는 없어졌다. 드물게 5음을 6음으로, 7음을 8음으로 읊는 것이 있지만, 그러한 경우는 모두 사이에 아, 이, 우, 오의 음이 들어가 있다. 이러한 음이 없이 8음, 6음으로 읊은 것은 전혀 없다. 후대에는 이 운율을 모르고 그저 자수가 남는 것을 규칙처럼 여겨 6음이나 8음으로 읊기도 한다. 매우 듣기 거북하다.

이상은 자연스럽게 그리된 것이다. 어쨌든 5음과 7음으로 정리된 것은 그 자체로 심오한 이치가 있는 것이리라.

〔99〕 묻기를, 장가도 단가도 5·7·5·7로 구가 이어지고, 마지막을 7·7로 맺는 것은 옛날부터 그러했는가.

답하기를, 고대 노래는 구를 연결하는 규칙 같은 것은 없었다. 또 첫 구도 마지막 구도 그저 나오는 대로 읊었다. 그렇다 해도 첫 구를 7음으로 하는 것은 매우 드물다. 첫 구는 항상 3음, 4음, 5음이다. 마지막 구는 7음이 많다.

〔100〕 묻기를, 장가, 단가, 혼본가, 선두가 등 여러 형식에 대해 차례로 듣고 싶다. 먼저 장가는 어떠한가.

답하기를, 고대에는 몇 구인지에 따라 각각 이름을 붙여 장가니 단가니 나누어 부르는 일도 없었으리라. 그저 마음 가는 대로 3구로 시작하여 4구로 5구로 6구, 7구, 8구, 9구, 10구, 그 이상으로도 얼마든지 읊었다. 『고사기』, 『일본서기』에 실린 노래를 보더라도 알 수 있다. 그러므로 어떤 것을 장가, 어떤 것을 단가라 부를 만한 경계는 없었다.

『만요슈』에 이르러서도 확실히 장가라 할 수 있는 노래는 보이지 않지만, 권13에 잡가(雜歌)라는 표제 밑에 작게 "그중 장가 16수"라는 주가 달려 있다. 이 주는 후대 사람이 붙인 것이 아닌가 하는 의심도 있지만, 짧은 노래를 단가라고 부르는 예가 곳곳에 보이기 때문에 긴 노래를 장가라고 부르는 것도 이미 있었으리라 짐작된다. 이외에도 주에 단가, 장가라 달린 예가 많다.

확실히 장가라고 쓰인 예는 『속일본후기』의 가쇼(嘉祥) 2년(849) 기사에 보인다. 또한 『하마나리시키(濱成式)』[337], 『기센시키(喜撰式)』[338], 『히코히메시키(孫姬式)』[339] 등의 가학서(歌學書)에도 장가라고 한 예가 있지만, 이 책들은 후대 사람이 지은 것으로 취할 만한 것이 없다.

앞에서 언급한 『만요슈』 장가 16수 중에는 8구의 노래도 두 수 있다. 그렇다면 8구부터 장가라 해야 하는가. 그 노래는 다음과 같다.

---

[337] 『가쿄효시키(歌經標式)』의 통칭. 현존하는 가장 오래된 가학서로, 후지와라노 하마나리(藤原濱成)가 772년 칙명에 의해 썼다고 전한다. 중국의 시학을 와카에 응용한 것이다.

[338] 『와카사쿠시키(和歌作式)』라고도 한다. 헤이안 시대의 가인 기센(喜撰)이 썼다고 전해지나, 성립연대는 미상이다.

[339] 『와카시키(和歌式)』라고도 한다. 10세기 전반의 가학서로 전해지나, 정확한 저자와 성립연대 모두 미상이다.

미모로 산(三諸山)은, 사람들이 소중히 여기는 산,

산기슭에는, 마취목 꽃피고,

꼭대기에는, 동백꽃 피었네,

아름다운 산이구나, 우는 아이 지키듯 애지중지하는 산[340]

누나 강(沼名川), 강바닥 옥,

구하여, 얻을 수 있는 옥인가,

주워, 얻을 수 있는 옥인가,

그 옥같이 얻기 어려운 당신, 나이 느는 것이 아섭네[341]

또 권16에 7구의 노래가 있다.

밥을 먹어도, 맛있지 않고, 어디를 돌아다녀도, 마음이 편치 않네,

아름다운, 당신 마음, 잊을 수 없네[342]

이것도 장가라 할 것인가. 또 『고킨와카로쿠조(古今和歌六帖)』에 보면,
『만요슈』에 실린 11구의 노래를 인용하면서 '소장가(小長歌)'라고 제목
을 달았다. 이외에는 보이지 않는다. 장가라 하면 매우 긴 노래만을

---

340 작자 미상의 노래.(萬葉集13・3222)
341 작자 미상의 노래.(萬葉集13・3247)
342 작자 미상의 '아내를 그리는 노래 1수'.(萬葉集16・3857)

가리키다 보니 이 노래는 짧아서 그렇게 말할 수밖에 없었으리라.

또 『고킨와카슈』에는 장가에 '단가'라고 제목이 달린 예가 있는데, 매우 잘못되었다. 이에 대해서는 예로부터 여러 설이 있어 마치 까닭이 있는 듯하나, 억지로 덧붙인 것으로 맞지 않다. 후지와라노 기요스케의 가학서 『오기쇼(奧義抄)』, 후지와라노 슌제이의 『센자이와카슈』 등에도 이에 따라 장가를 '단가'라고 싣고 있지만 잘못되었다. 긴 노래를 단가라 부를 수 있겠는가. 『고킨와카슈』에도 단가라 내세우면서 각 노래 제목에는 어떠어떠한 장가라 쓰여 있다. 그러므로 원래는 장가였던 것을 후에 단가라고 잘못 옮겨 적었음에 틀림없다. 이에 관해서는 게이추가 『고킨요자이쇼』에 상세히 밝혀놓았으니 참고하라.

〔101〕묻기를, 단가는 어떠한가.

답하기를, 보통의 31자 노래다. 그것을 단가라 부르는 예는 『만요슈』 곳곳에 보인다. 본디 장가와 대비하여 쓴 것이다. 그렇지만 당시에는 일반적으로 긴 노래를 많이 읊었기에, 반드시 장가와 대비되지 않더라도 그저 단가라 하는 예가 많았다. 중고 시대가 되면 장가는 극히 드물어졌기에 굳이 구분해서 단가라 부르는 일도 보통은 없었다. 단지 장가와 대비될 때 사용하는 명칭이 되었다.

〔102〕묻기를, 화답가는 어떠한가.

답하기를, [미완]

모들아카데미 04

모노노아와레

등록 1994.7.1 제1-1071
1쇄 발행 2016년 6월 30일

지은이　모토오리 노리나가
옮긴이　김병숙 이미령 배관문 신은아 신미진
펴낸이　박길수
편집인　소경희
편　집　조영준
관　리　위현정
디자인　이주향
펴낸곳　도서출판 모시는사람들
　　　　서울시 종로구 삼일대로 457(경운동 88번지) 수운회관 1207호
전　화　02-735-7173, 02-737-7173 / 팩스 02-730-7173
홈페이지　http://modl.tistory.com/

인　쇄　상지사P&B(031-955-3636)
배　본　문화유통북스(031-937-6100)

값은 뒤표지에 있습니다.
ISBN　979-11-86502-55-6　94160
SET　978-89-97472-52-9　94160

이 도서의 국립중앙도서관 출판예정도서목록(CIP)은 서지정보유통지원시스
템 홈페이지(http://seoji.nl.go.kr)와 국가자료공동목록시스템(http://www.
nl.go.kr/kolisnet)에서 이용하실 수 있습니다.(CIP제어번호: 2016013565)